聂 聂卫平围棋 道场系列

聂卫平围棋习题精解
综合训练
（从入门到10级）

聂卫平 ◎主编

邵 佳 王守伟 ◎编

人民邮电出版社

北京

图书在版编目（CIP）数据

聂卫平围棋习题精解. 综合训练. 从入门到10级 /
聂卫平主编；邵佳，王守伟编. -- 北京：人民邮电出
版社，2018.7
（聂卫平围棋道场系列）
ISBN 978-7-115-48331-7

Ⅰ. ①聂… Ⅱ. ①聂… ②邵… ③王… Ⅲ. ①围棋—
题解 Ⅳ. ①G891.3-44

中国版本图书馆CIP数据核字(2018)第086938号

内 容 提 要

本书是为围棋水平在零基础到10级的棋友专门写作的习题集。全书共提供了738道习题，覆盖了连接和分断、吃子技巧、死活基础、逃子与对杀及基本死活常形等内容，且习题类型灵活多变，考察深入到位。此外，在开始进行习题练习前，书中会对即将运用的知识做出简单回顾并提供相关例题，以帮助棋友进一步巩固学习基础，提高练习效率。

◆ 主　　编　聂卫平
　　编　　　　邵　佳　王守伟
　　责任编辑　刘　蕊
　　责任印制　周昇亮
◆ 人民邮电出版社出版发行　北京市丰台区成寿寺路 11 号
　　邮编　100164　电子邮件　315@ptpress.com.cn
　　网址　https://www.ptpress.com.cn
　　涿州市般润文化传播有限公司印刷
◆ 开本：700×1000　1/16
　　印张：14.5　　　　　　　2018 年 7 月第 1 版
　　字数：235 千字　　　　　2025 年 10 月河北第 41 次印刷

定价：49.80 元
读者服务热线：(010)81055296　印装质量热线：(010)81055316
反盗版热线：(010)81055315

序 一

围棋是中国传统文化中的瑰宝，古人留下的智慧结晶。围棋蕴含的文化底蕴丰富而深远。对于中国人来说，围棋不仅是一种休闲活动，更是对人类智慧的无止境探索。

20世纪90年代，我致力于创建一个围棋训练场所，让更多的人有机会了解、学习围棋，使围棋爱好者能够专心研习棋艺，成长为更优秀的职业棋手，抱着这样的初衷便有了聂卫平围棋道场。道场不仅是棋手们的家，更是他们之间相互交流学习的平台。道场成立以来，培养了许多位世界冠军和职业棋手，也实现了我当年的愿景。

围棋是我一生的至爱，我曾不止一次说过，对围棋有利的事情，我就会去做。作为国内第一家围棋道场，聂卫平围棋道场不光为职业棋手提供训练、对弈的场所，同时也为小朋友们打开了围棋世界的大门。围棋之法与人生开悟相辅相成，我经常对道场的老师说，既然是围棋学校，首先教做人，再教下棋。围棋的魅力也不仅在于棋局本身，还在于传递一种快乐。

围棋是一项竞技智力的运动，这两年随着人工智能的发展以及阿尔法围棋的横空出世，围棋再次引起了社会各界的关注。很多家长也非常认同围棋在少儿智力开发方面的作用，我也坚信围棋应该进入学校，成为校本课程，惠及更多的孩子。基于这些考虑，为了在围棋普及方面多做些贡献，传承我国优秀的传统文化，聂卫平围棋道场教研组为读者打造了从围棋零基础入门到围棋业余5段这一完整的围棋学习体系。该体系以道场老师们多年的成功经验和教学心得为基础，同时结合少儿的智力发展规律得以完成。希望"聂卫平围棋道场系列"图书能带领更多的孩子走进围棋的世界，启迪智慧，茁壮成长。

聂卫平

序 二

小朋友们，大家好！我是柯洁哥哥。

你们喜欢下围棋吗？围棋是中国的国粹。我在6岁的时候便开始学习下围棋了，7岁来到聂卫平围棋道场接受专业的训练。记得刚来道场的时候我经常输棋，后来经过道场老师的悉心指导，进步很快。我11岁成为职业棋手，不到20岁便拿下了4个世界冠军。

我是一个在围棋上追求尽善尽美的人，从事围棋运动我从来不后悔，因为它总是能带给我快乐。每当下棋下累了的时候，我就坚定地告诉镜子里的自己："我一定能行"。我认为最幸福的事情，莫过于挑战最强大的对手，在对手面前，我从不言败。

2017年我代表人类和阿尔法围棋大战三局，让我更加惊叹围棋的无穷变化。人机大战让更多的小朋友了解了围棋、喜爱上了围棋。为了让小朋友们像当年的我一样喜欢围棋运动，聂卫平围棋道场的老师们精心编写了"聂卫平围棋道场系列"图书。这套书覆盖了从围棋零基础入门到业余5段的学习内容，循序渐进、系统性强，既有进阶教程，又有专项训练练习册，是聂卫平围棋道场的老师们多年教学经验的总结。

希望"聂卫平围棋道场系列"图书的发行，可以帮助更多的小朋友学习并爱上围棋，了解围棋的魅力。

柯洁

目 录

第一章
连接和分断

　　围棋中，连接和分断是非常重要的战术手段。如果棋子能够有效连接起来，往往会发挥出一加一大于二的强大力量；相反，如果棋子被对手分割开来，各个击破，就会很容易地被逐个吃掉。所以，学会分辨断点，进而连接自己的棋子，分断对方的棋子，是棋手攻防能力的重要组成部分。

1.1 连接

作为重要的防守手段，连接的方法有很多。入门阶段需要掌握的连接方法，除了粘之外，还有小尖和虎，吃掉对方的关键子也能起到连接我方棋子的作用。

例1 粘的连接

图1 问题图

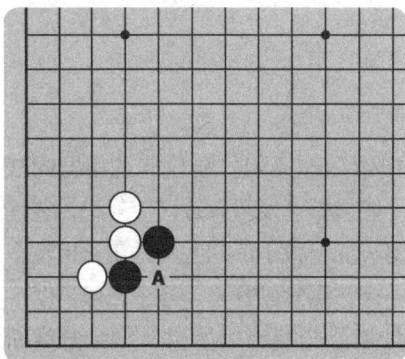

黑棋两子在A位有断点，这是黑棋最大的弱点。怎样才能把黑棋两子连接起来呢？

图2 正解图

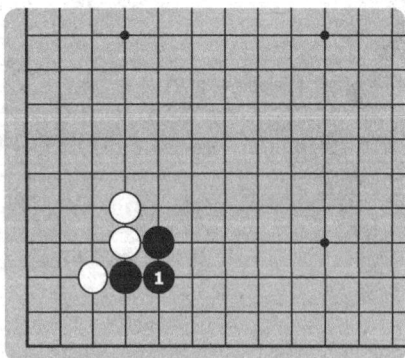

用黑1粘，三颗子就连接成了一块棋。那么，它的气也变成了五口。

例2 小尖的连接

图1 问题图

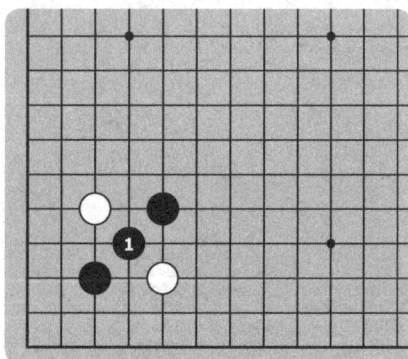

黑1小尖可以把黑棋两颗子有效连接起来吗？

图2 正解图

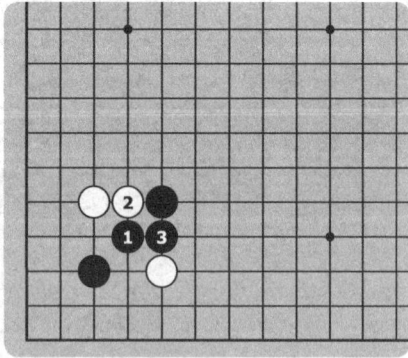

小尖的连接非常坚实。白2如果企图分断，黑3粘连接；相反，白棋如果下在黑3位，黑棋就下在白2位。

例3 虎的连接

图1 问题图

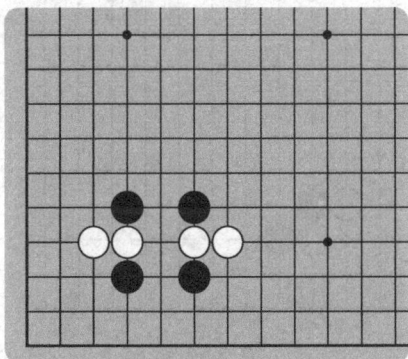

黑棋四颗子看起来很松散，有什么下法能够把它们连接在一起。

图2 正解图

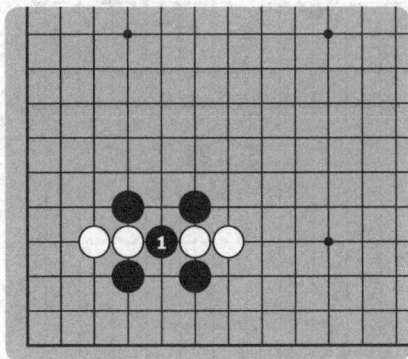

黑1有效地把黑棋连接在一起，使黑棋呈现出两个虎口形。

例4 提子连接

图1 问题图

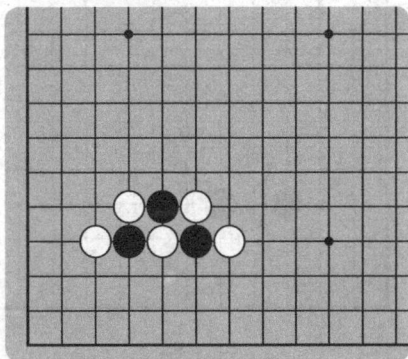

吃掉对方的关键子，也能达到连接我方棋子的目的。上图中3颗黑子被分断了，都非常危险，还有办法将它们连接起来吗？

图2 正解图

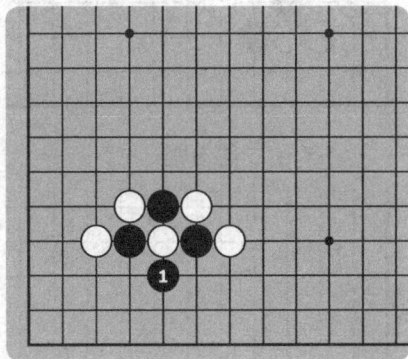

黑1吃掉白棋中间一子，黑棋就连接起来了。

连接（一）

黑先，请把黑棋连接起来，在要下子的地方写1。

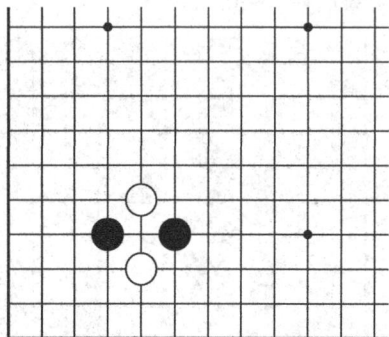

第 1 题

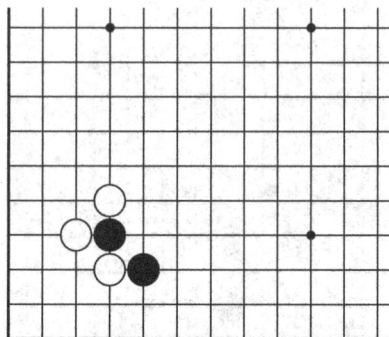

第 2 题

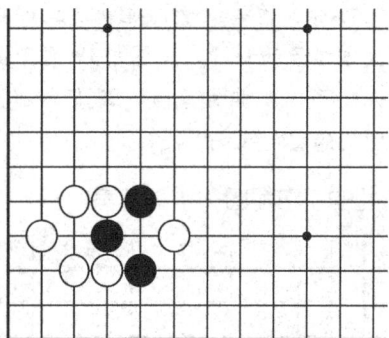

第 3 题

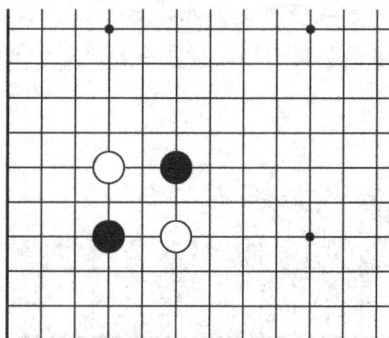

第 4 题

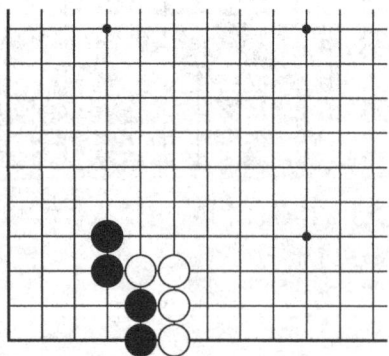

第 5 题

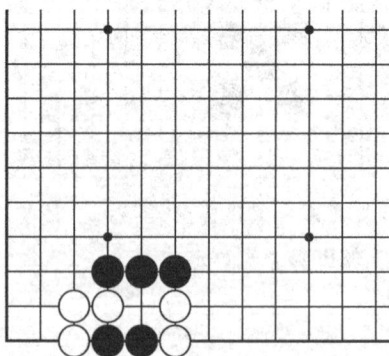

第 6 题

连接（二）

黑先，请把黑棋连接起来，在要下子的地方写1。

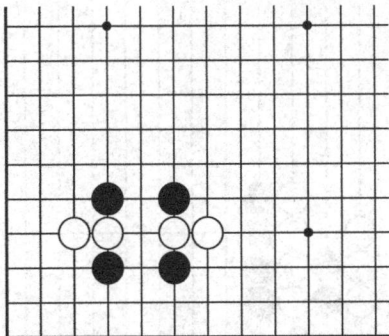

第 7 题

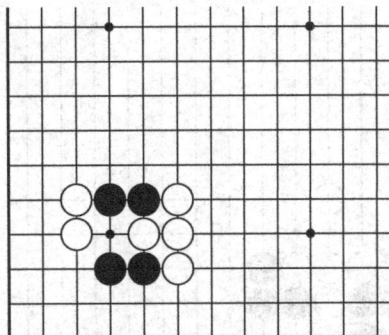

第 8 题

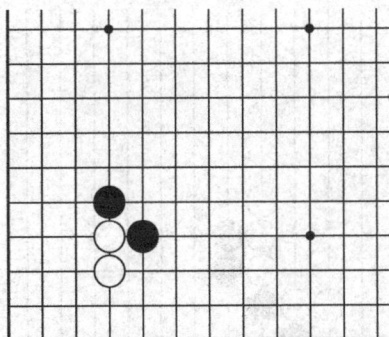

第 9 题

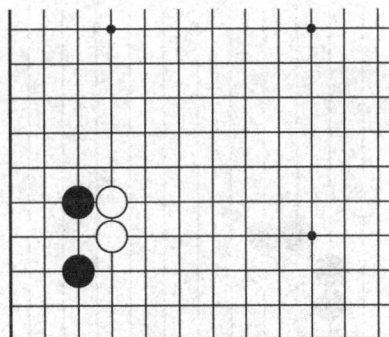

第 10 题

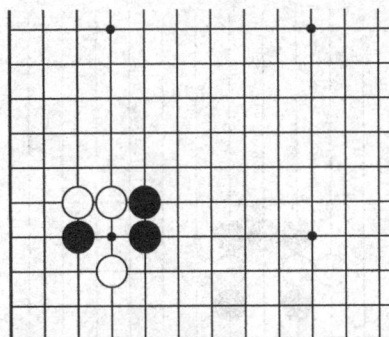

第 11 题

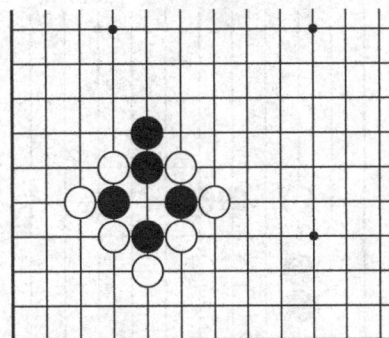

第 12 题

连接（三）

黑先，请把黑棋连接起来，在要下子的地方写1。

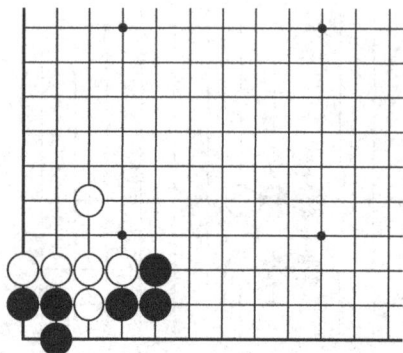

第13题

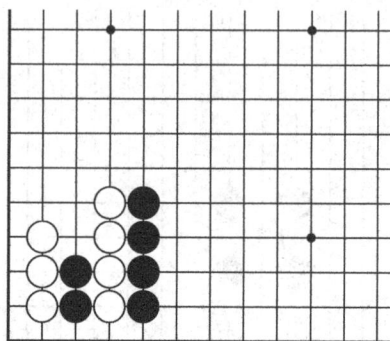

第14题

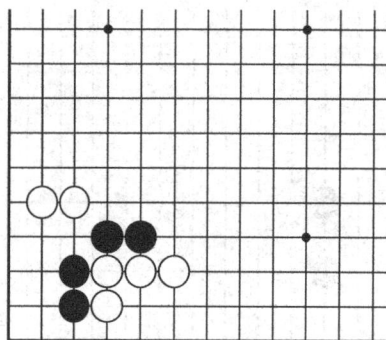

第15题

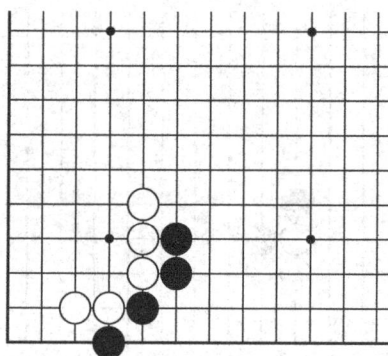

第16题

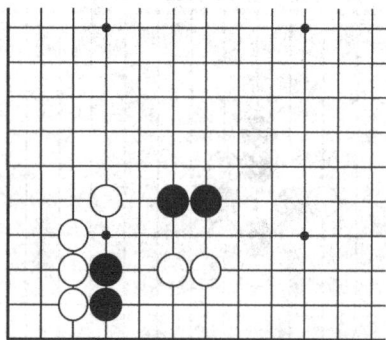

第17题

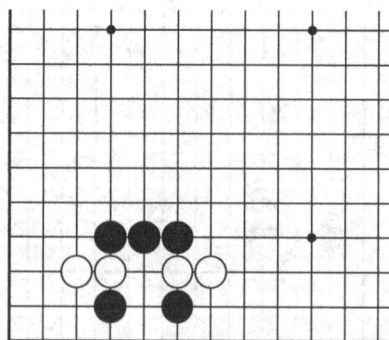

第18题

连接（四）

黑先，请把黑棋连接起来，在要下子的地方写1。

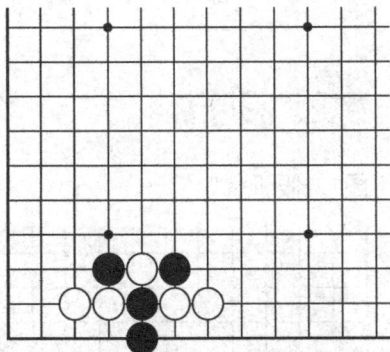

第 19 题

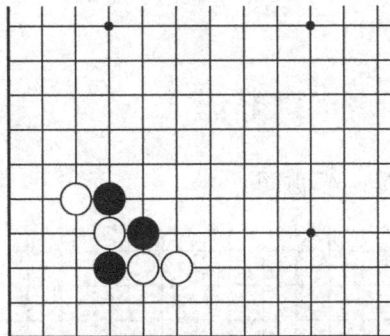

第 20 题

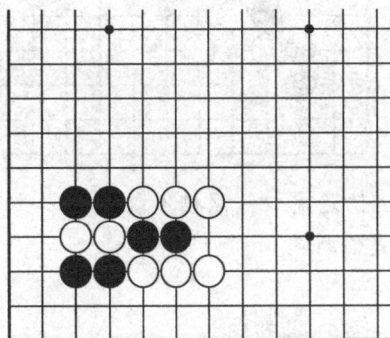

第 21 题

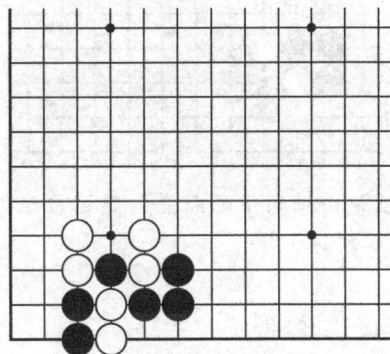

第 22 题

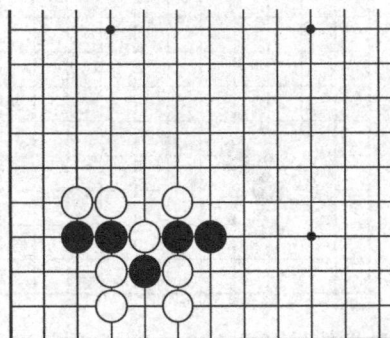

第 23 题

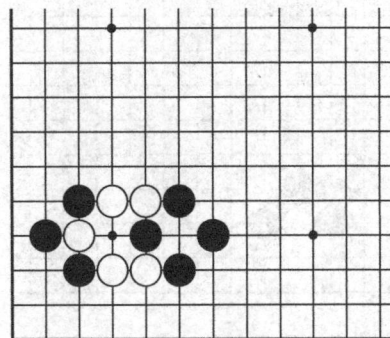

第 24 题

1.2 分断

棋谚说得好："棋从断处生。"分断是重要的攻击手段，可以让对方的棋子变弱。需要注意的是，在切断对方棋子的时候，要认清哪个是真断点。哪个是假断点。

例1 真断点

图1 问题图

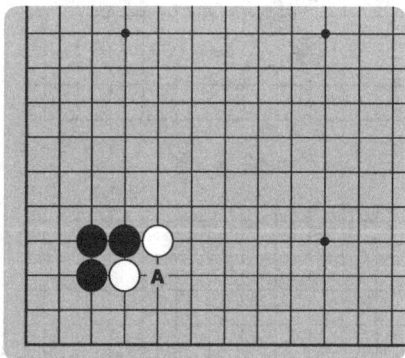

A位是白棋两子的断点，黑棋应该如何下？

图2 正解图

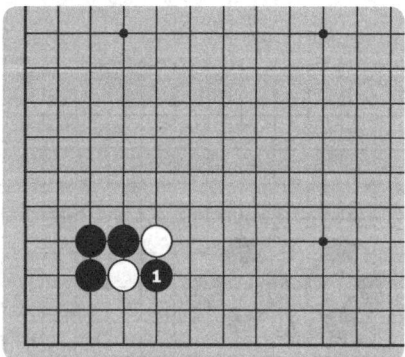

黑1切断，是严厉的下法，白棋的两颗子都变得危险了。

例2 假断点

图1 假断点1

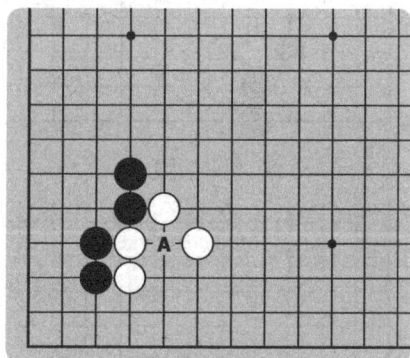

A位是虎口，黑棋不敢切断，所以是假断点。

图2 假断点2

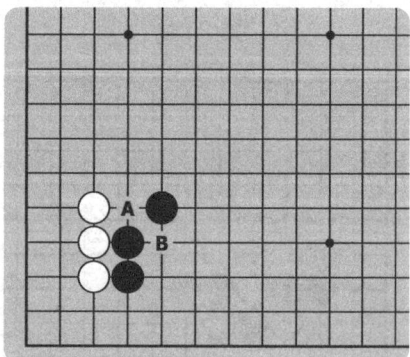

黑棋的棋形是小尖，A、B两点必得其一，白棋无法分断黑棋。

分断（一）

黑先，请分断白棋，在要下子的地方写1。

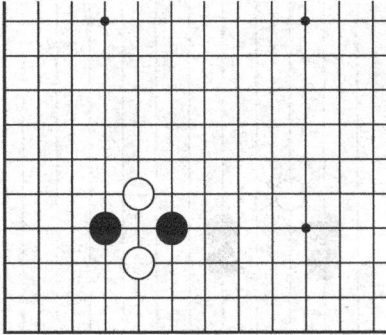

第 25 题

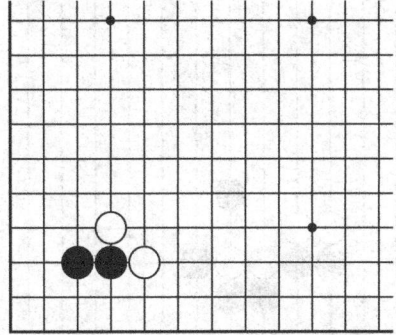

第 26 题

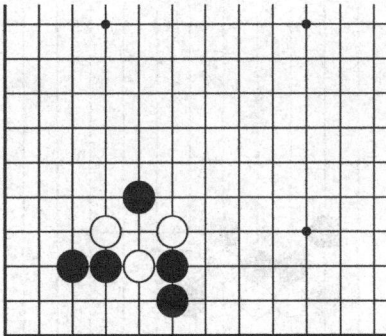

第 27 题

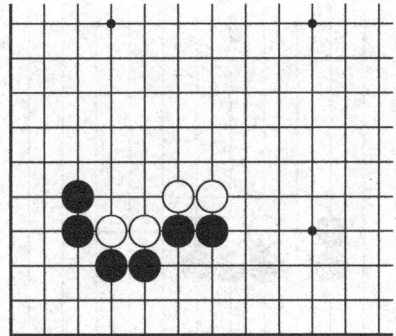

第 28 题

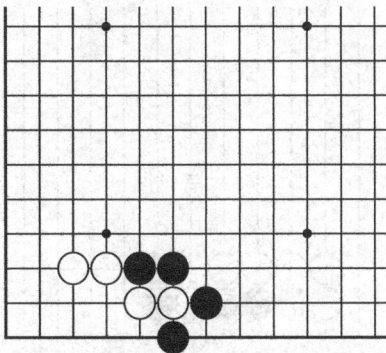

第 29 题

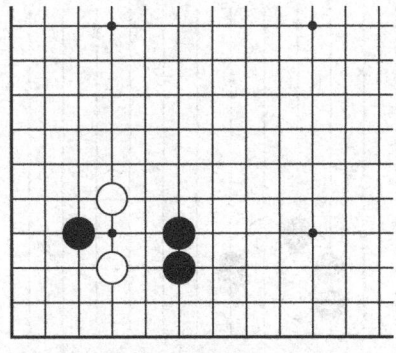

第 30 题

分断（二）

黑先，请分断白棋，在要下子的地方写1。

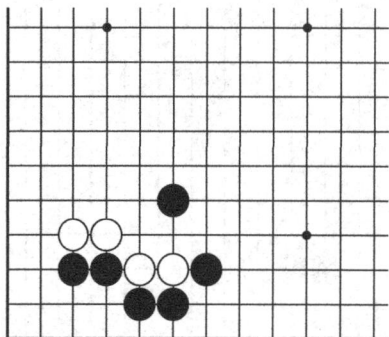

第 31 题

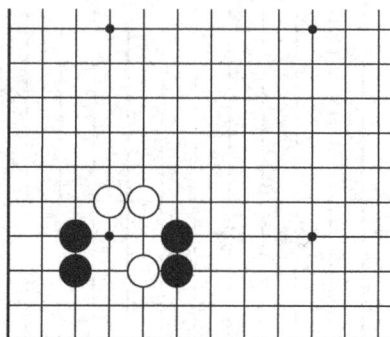

第 32 题

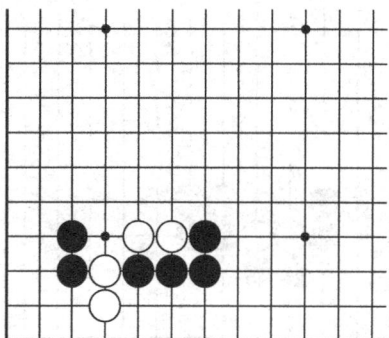

第 33 题

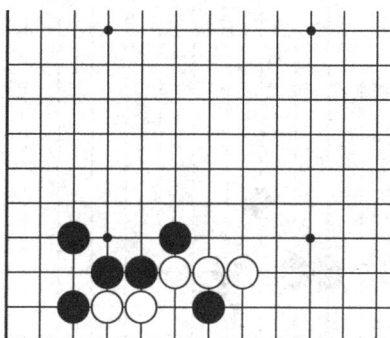

第 34 题

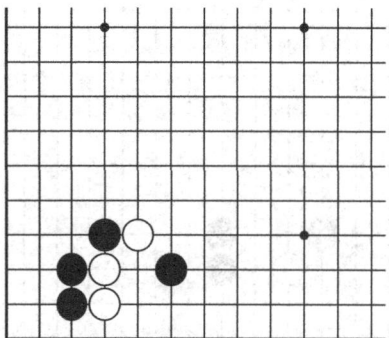

第 35 题

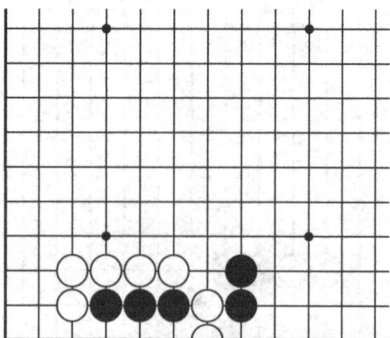

第 36 题

第二章
吃子技巧（一）

　　吃子是围棋的入门基础。掌握各种吃子的技巧，对棋力的提高起着十分重要的作用，所以千万不要忽视这方面的训练。本章重点介绍了最基础的五种必备吃子技巧。

2.1 双打吃

　　双打吃是一种分断吃子的下法。我方下子之后，对方两块棋都只有一口气，我方必定能吃到其中一块。

例1 双打吃1

图1　问题图

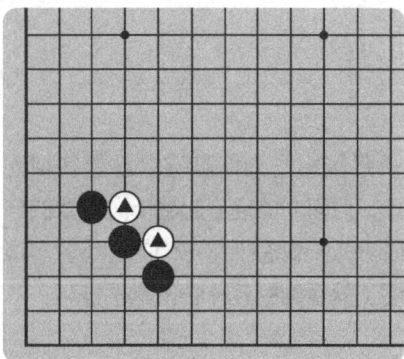

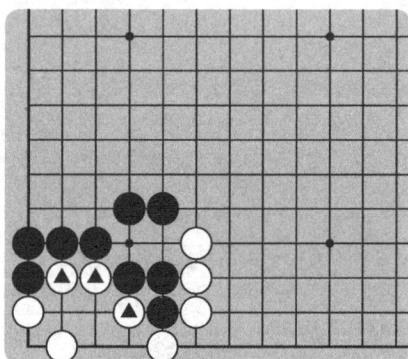

黑先，如何双打吃▲。

图2　正解图

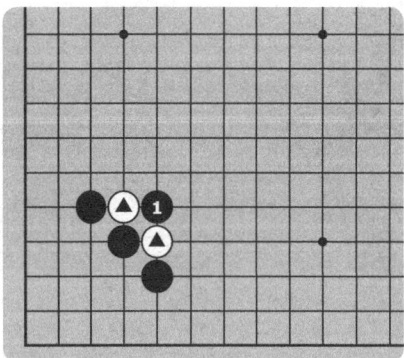

黑1双打吃，白棋两子各只有一口气。

例2 双打吃2

图1　问题图

黑先，如何双打吃▲。

图2　正解图

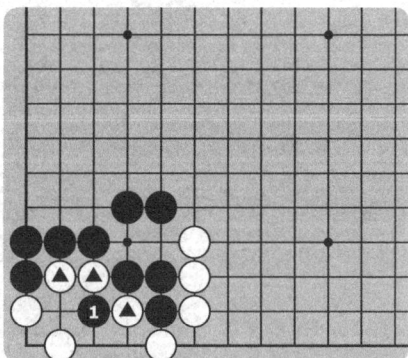

黑1双打吃，被分断的两块白棋各只有一口气。

双打吃（一）

黑先，请利用双打吃吃掉白棋，在要下子的地方写1。

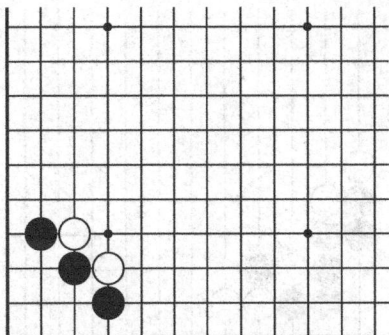

第 37 题

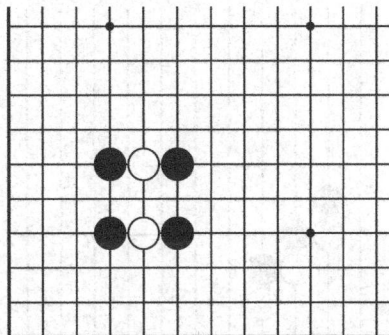

第 38 题

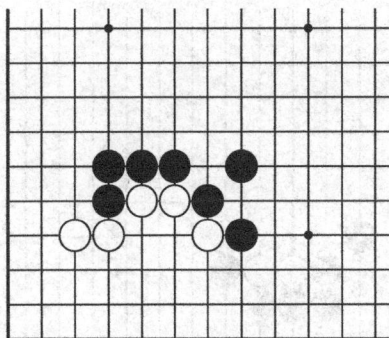

第 39 题

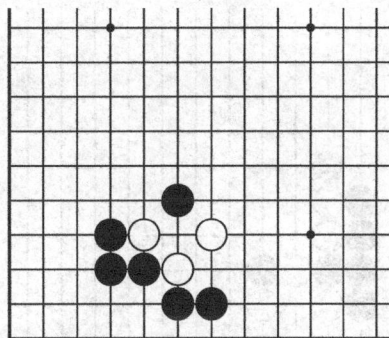

第 40 题

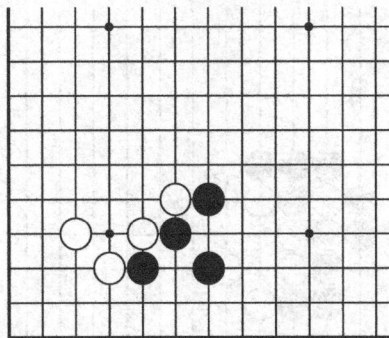

第 41 题

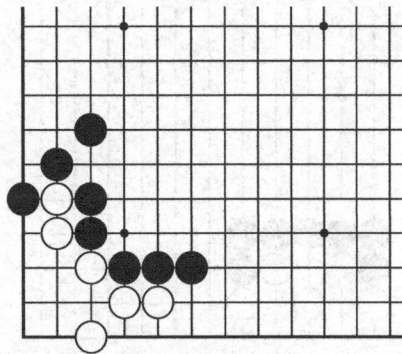

第 42 题

双打吃（二）

黑先，请利用双打吃吃掉白棋，在要下子的地方写1。

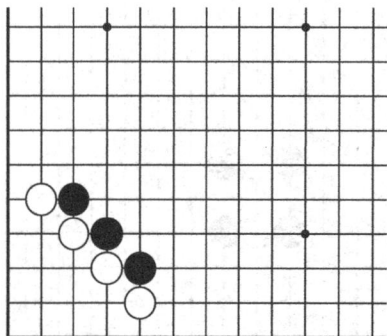

第 43 题

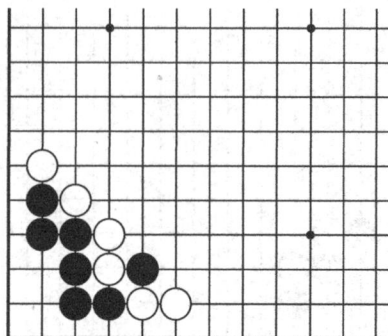

第 44 题

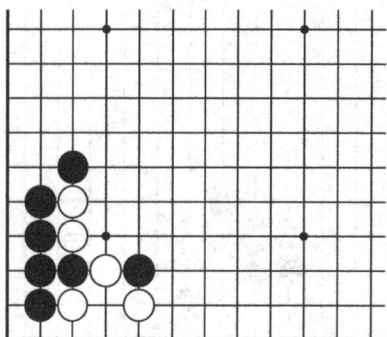

第 45 题

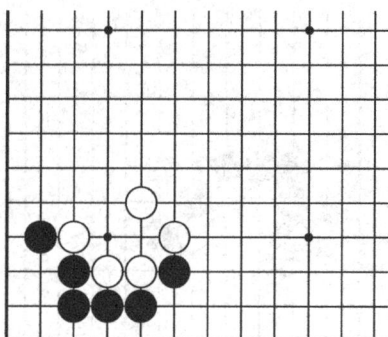

第 46 题

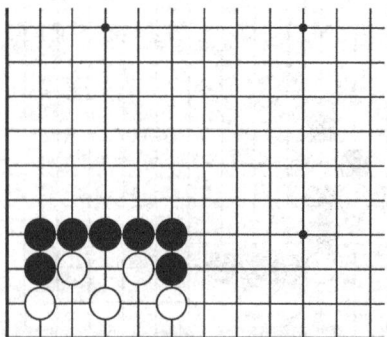

第 47 题

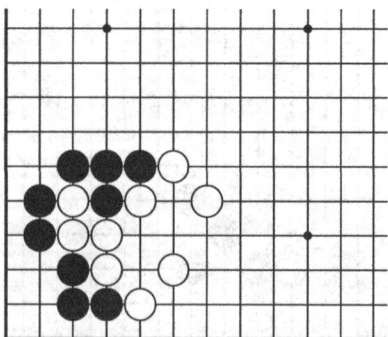

第 48 题

双打吃（三）

黑先，请利用双打吃吃掉白棋，在要下子的地方写1。

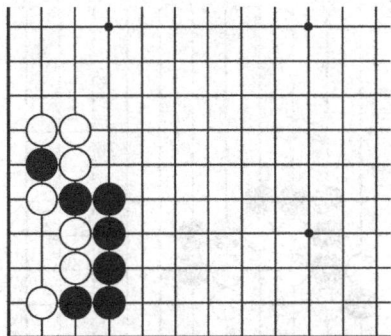

第 49 题

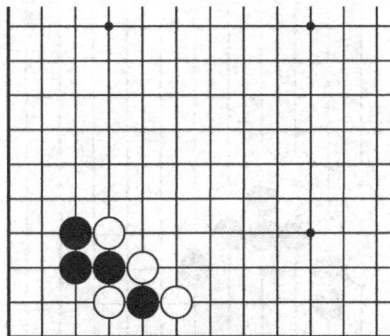

第 50 题

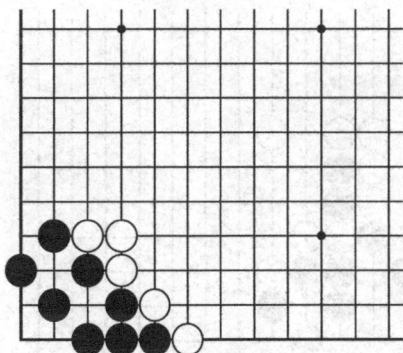

第 51 题

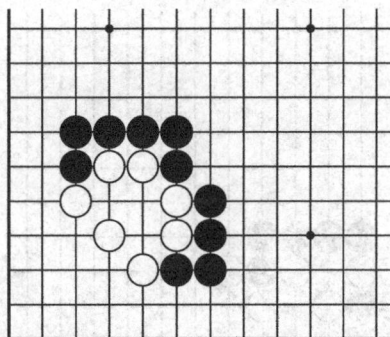

第 52 题

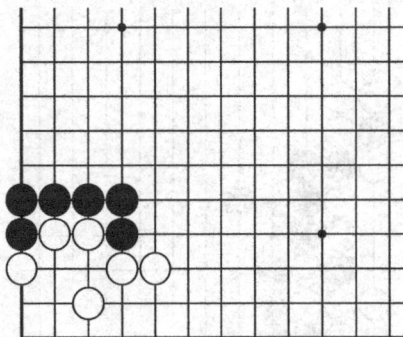

第 53 题

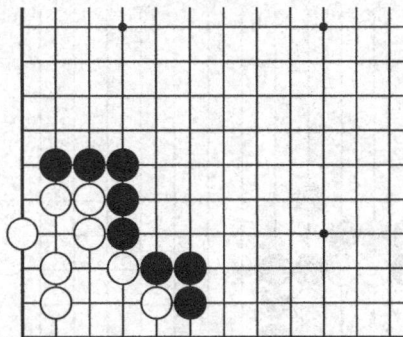

第 54 题

双打吃（四）

黑先，请利用双打吃吃掉白棋，在要下子的地方写1。

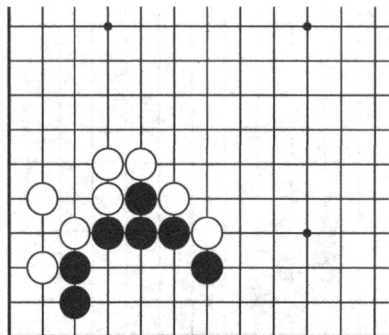

第 55 题

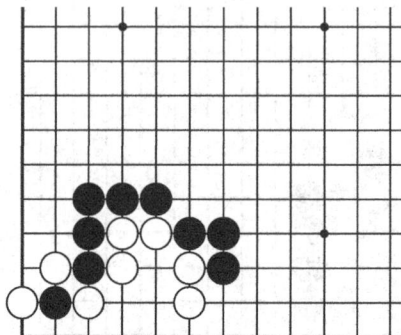

第 56 题

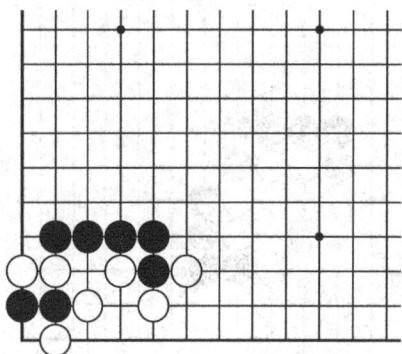

第 57 题

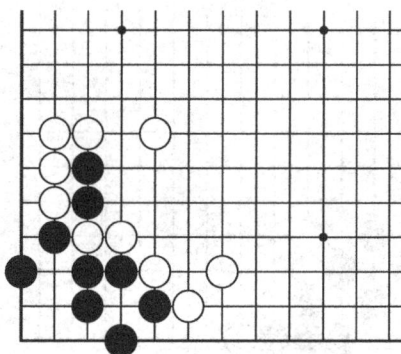

第 58 题

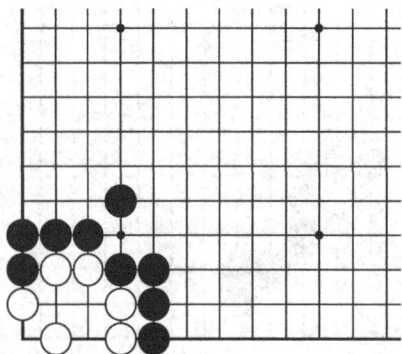

第 59 题

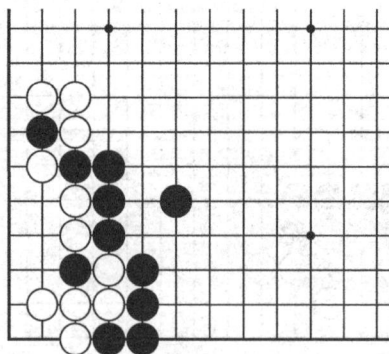

第 60 题

双打吃（五）

黑先，请利用双打吃吃掉白棋，在要下子的地方写1。

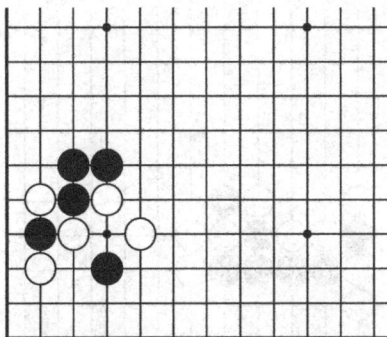

第61题

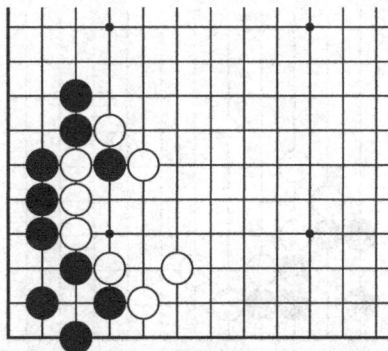

第62题

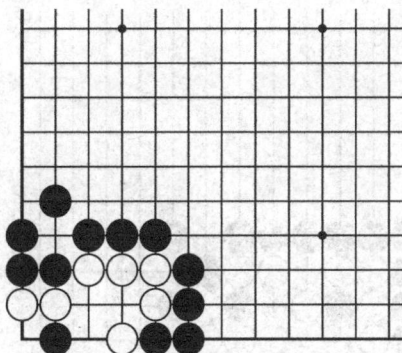

第63题

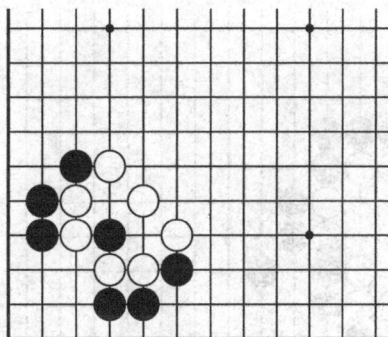

第64题

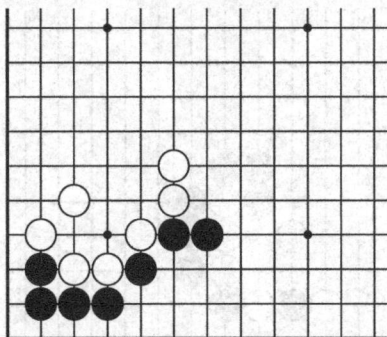

第65题

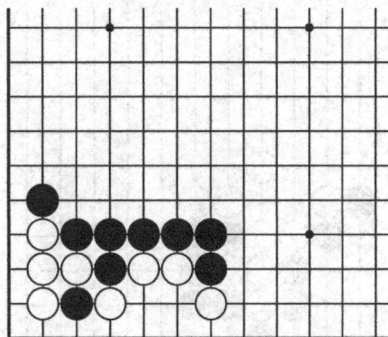

第66题

双打吃（六）

黑先，请利用双打吃吃掉白棋，在要下子的地方写1。

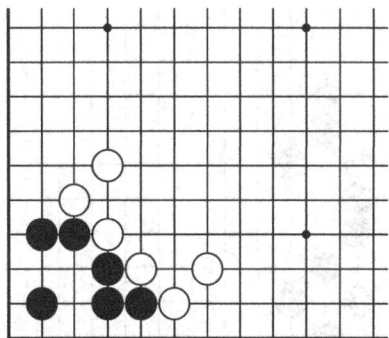

第67题

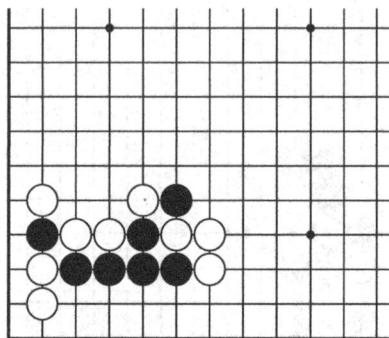

第68题

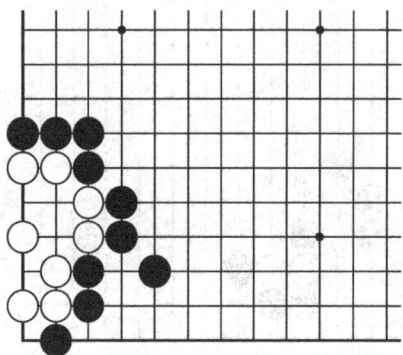

第69题

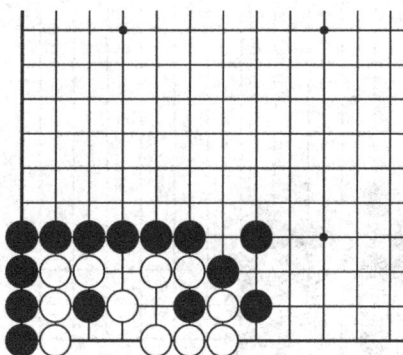

第70题

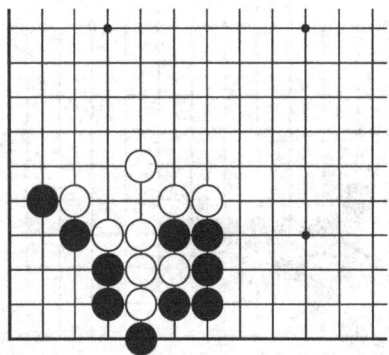

第71题

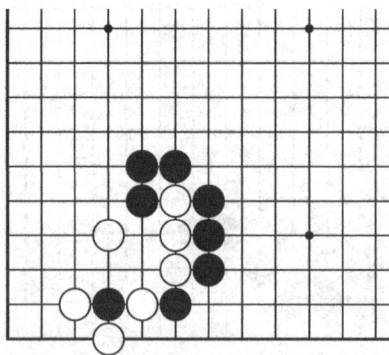

第72题

2.2 征吃

征吃是连续打吃对方棋子的吃子方法，也叫"扭羊头"。

例1 征吃1

图1 问题图

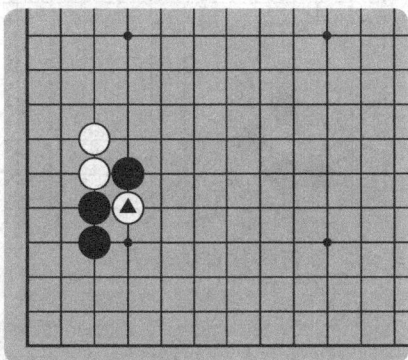

黑先，如何征吃△。

图2 正解图

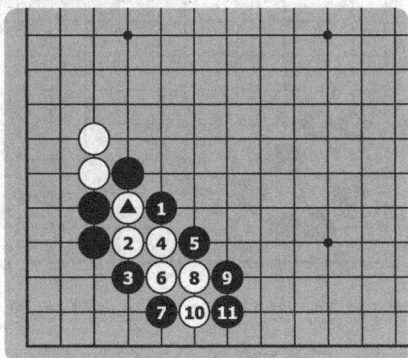

黑1征子，白棋往哪个方向逃，黑棋就从哪个方向堵，最后白棋无路可逃。

例2 征吃2

图1 问题图

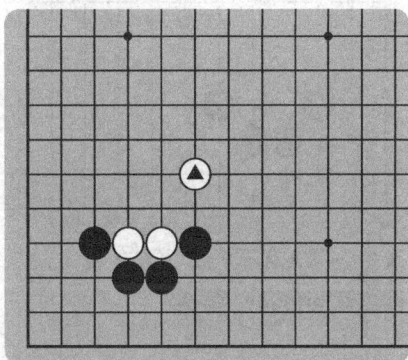

黑先，△是引征子，黑棋必须让白棋引征子无效。

图2 正解图

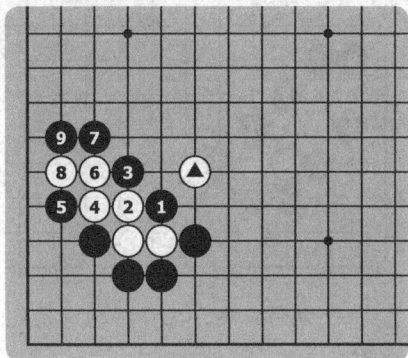

黑1征子，同时分断白棋的引征子，至黑9，白棋被吃。

例3　征吃3

图1　问题图

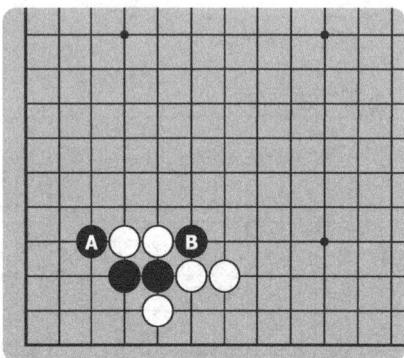

黑先，黑A有三气，黑B有两气，黑棋应该如何征吃白棋？

图2　正解图

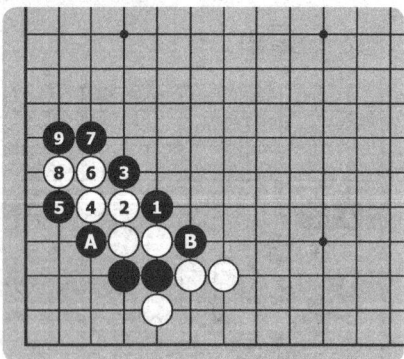

黑1征子方向正确，应该帮助有两气的黑B。

例4　征吃4

图1　问题图

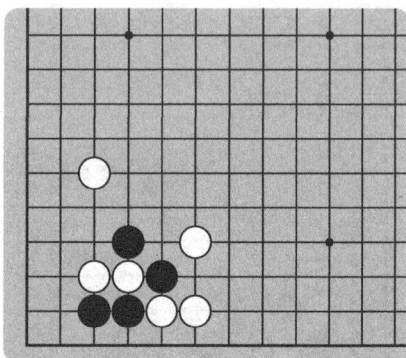

黑先，如何吃掉白棋两子？

图2　正解图

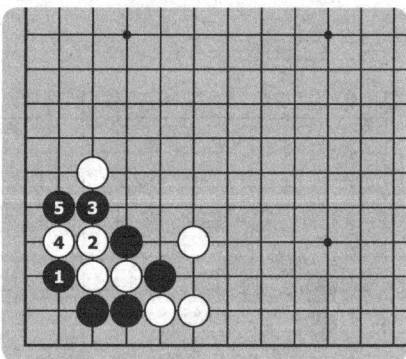

黑1征子，黑3分断，当白4跑到二路线时，黑棋一定要下在黑5处打吃。

征吃（一）

白先，判断白棋能否逃出；若能逃出，在棋盘下方的括号中画√，不能逃出则画×。

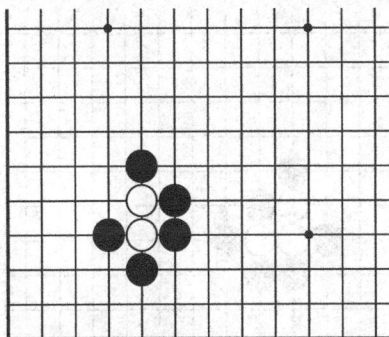

第73题 （　　）

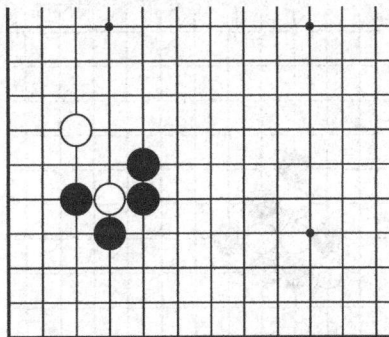

第74题 （　　）

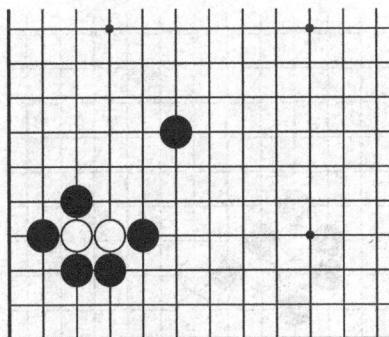

第75题 （　　）

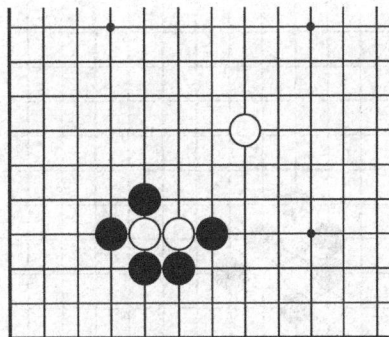

第76题 （　　）

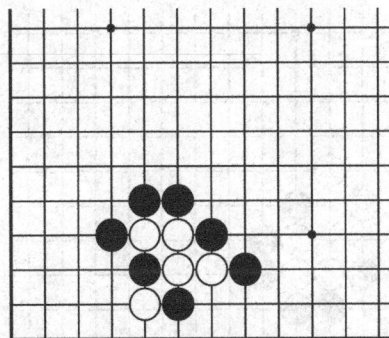

第77题 （　　）

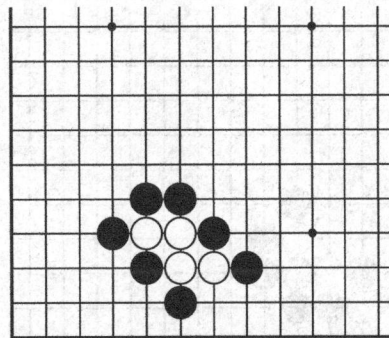

第78题 （　　）

征吃（二）

白先，判断白棋能否逃出；若能逃出，在棋盘下方的括号中画√，不能逃出则画×。

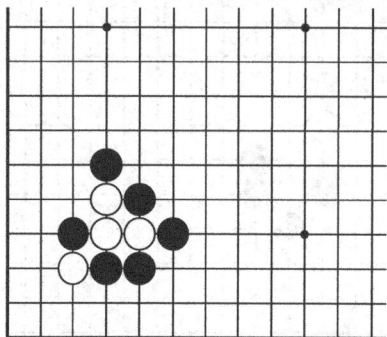

第 79 题 （　　　）

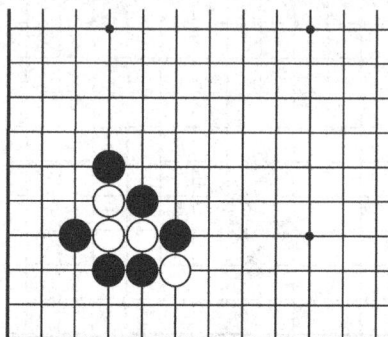

第 80 题 （　　　）

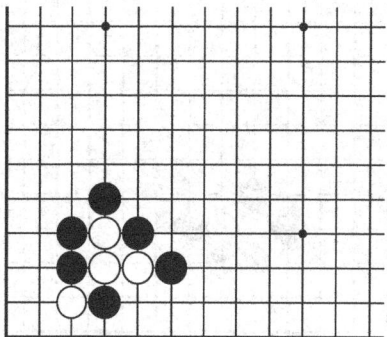

第 81 题 （　　　）

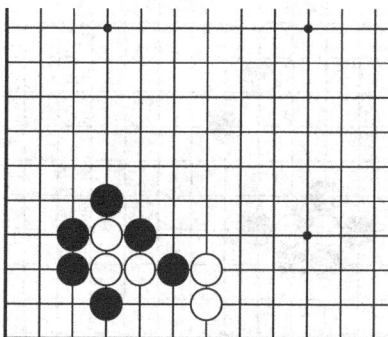

第 82 题 （　　　）

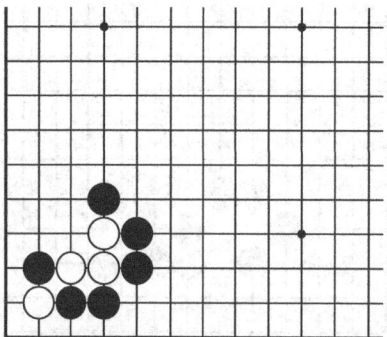

第 83 题 （　　　）

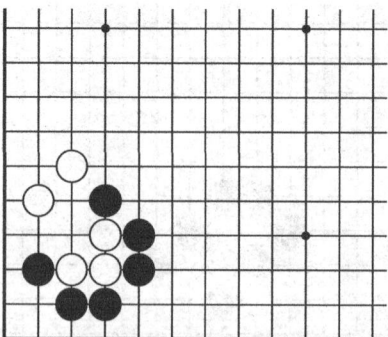

第 84 题 （　　　）

征吃（三）

黑先，请利用征子吃掉白棋，写出必要的过程。

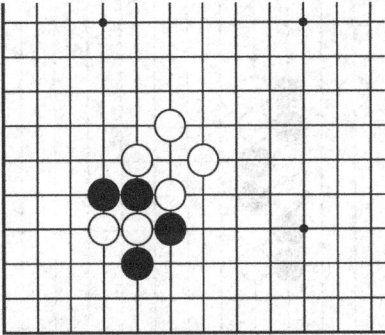

第 85 题

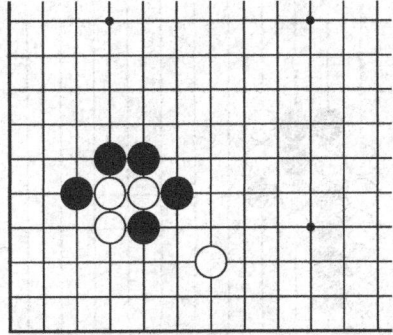

第 86 题

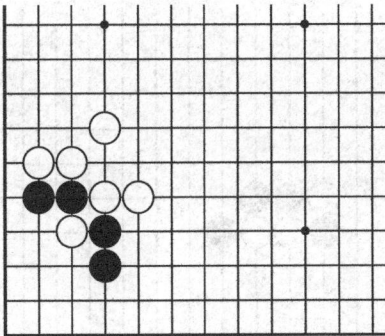

第 87 题

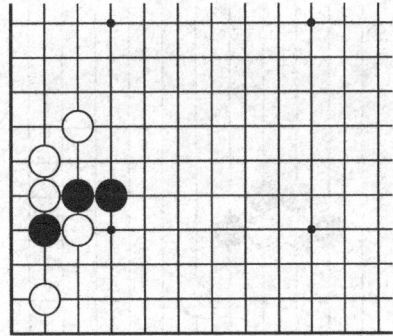

第 88 题

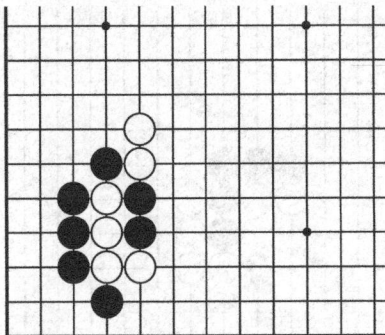

第 89 题

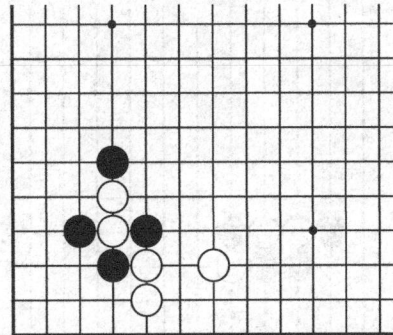

第 90 题

征吃（四）

黑先，请利用征子吃掉白棋，写出必要的过程。

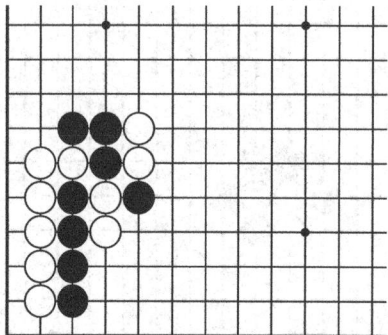

第 91 题

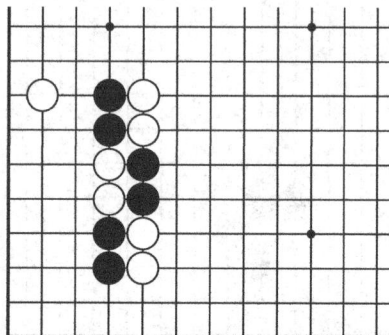

第 92 题

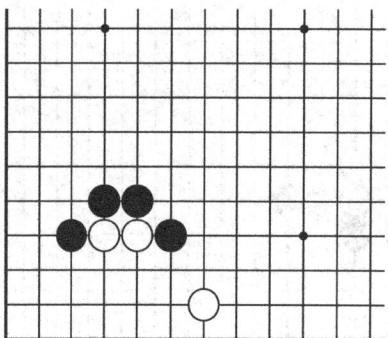

第 93 题

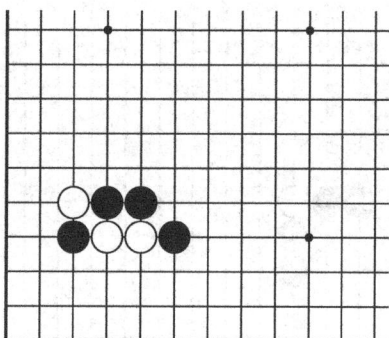

第 94 题

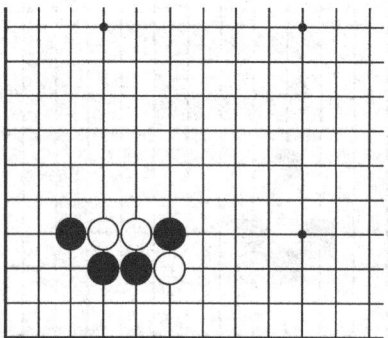

第 95 题

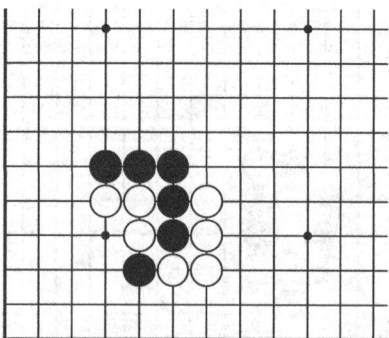

第 96 题

征吃（五）

黑先，请利用征子吃掉白棋，写出必要的过程。

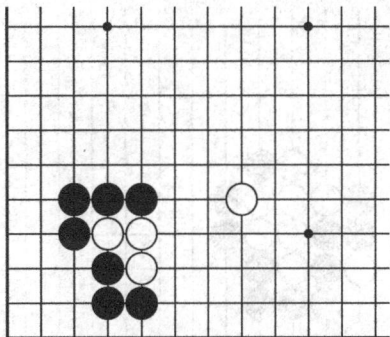

第 97 题

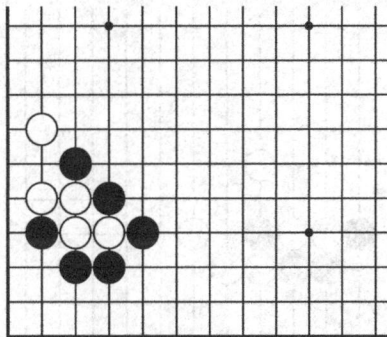

第 98 题

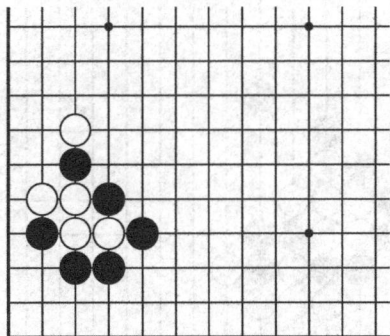

第 99 题

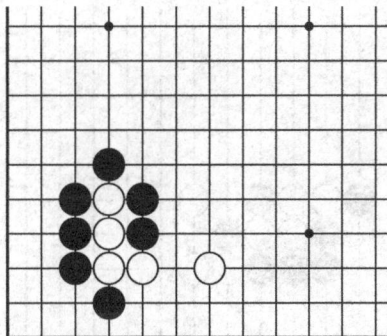

第 100 题

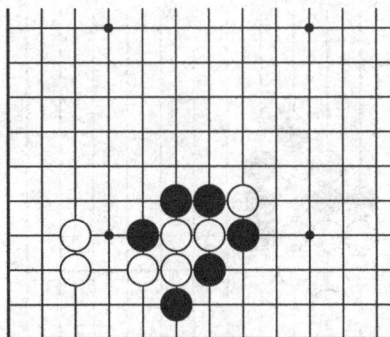

第 101 题

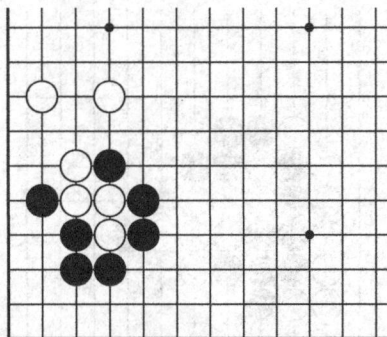

第 102 题

征吃（六）

黑先，请利用征子吃掉白棋，写出必要的过程。

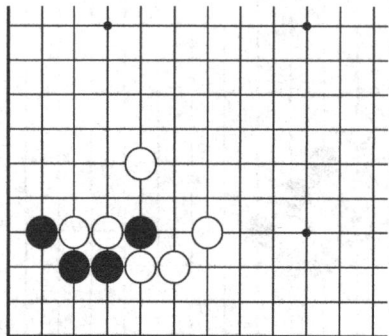

第 103 题

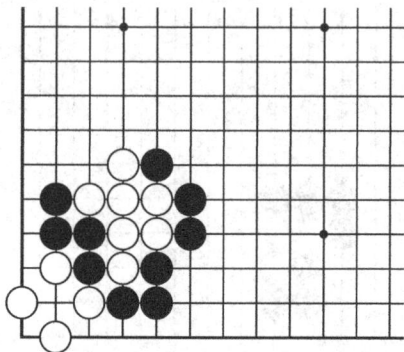

第 104 题

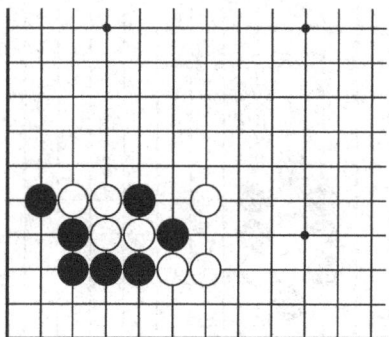

第 105 题

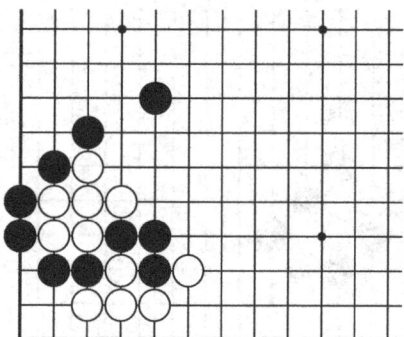

第 106 题

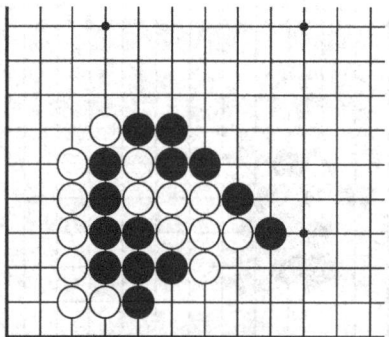

第 107 题

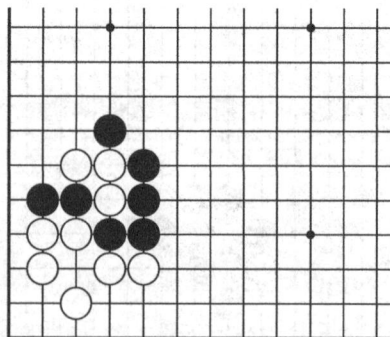

第 108 题

征吃（七）

黑先，请利用征子吃掉白棋，写出必要的过程。

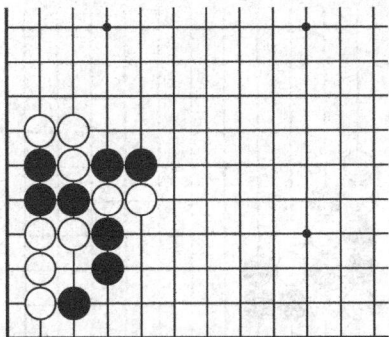

第 109 题

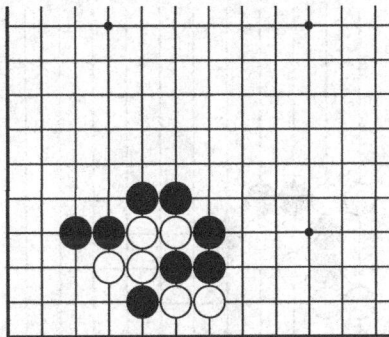

第 110 题

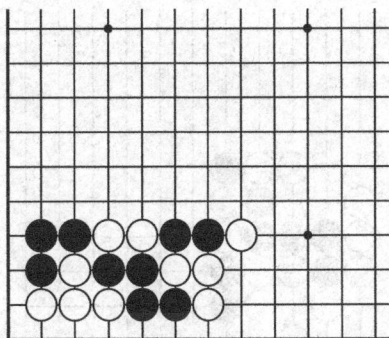

第 111 题

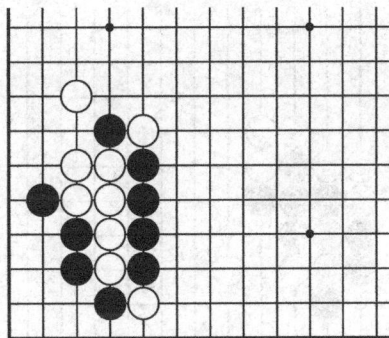

第 112 题

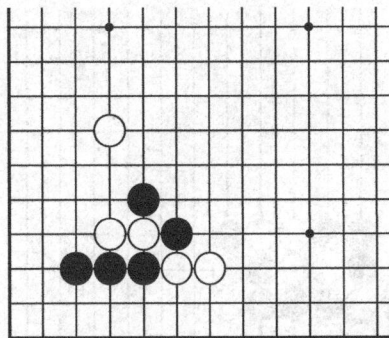

第 113 题

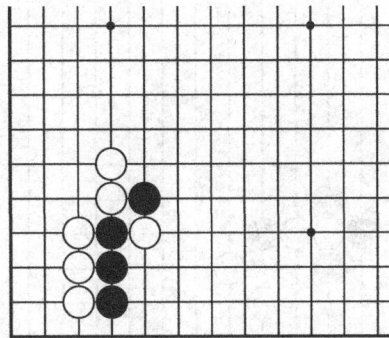

第 114 题

征吃（八）

黑先，请利用征子吃掉白棋，写出必要的过程。

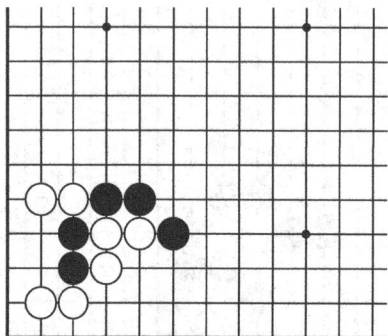

第 115 题

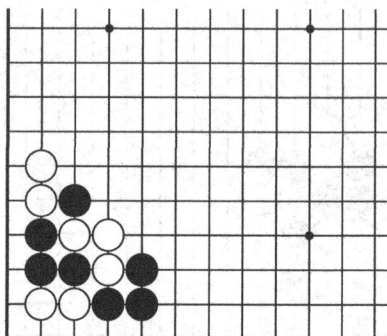

第 116 题

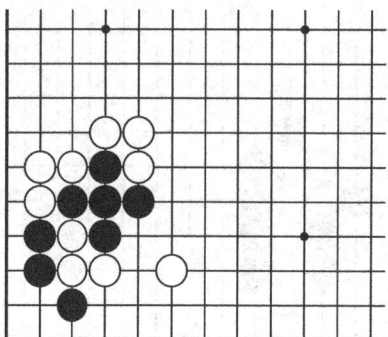

第 117 题

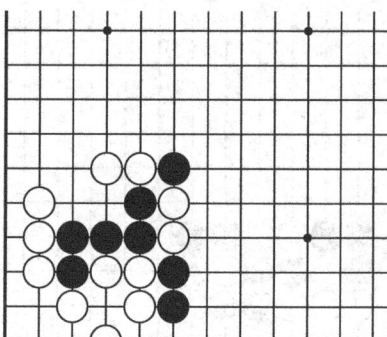

第 118 题

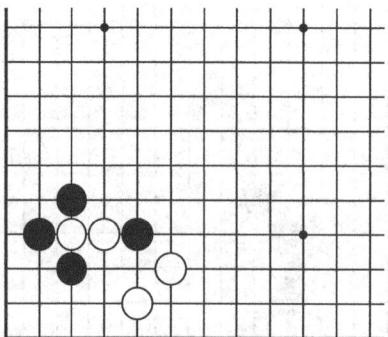

第 119 题

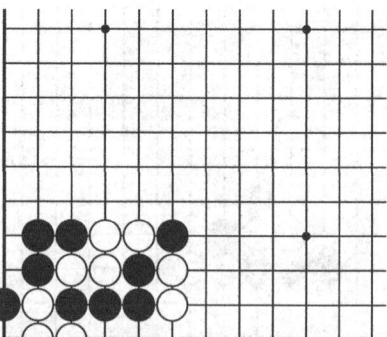

第 120 题

征吃（九）

黑先，请利用征子吃掉白棋，写出必要的过程。

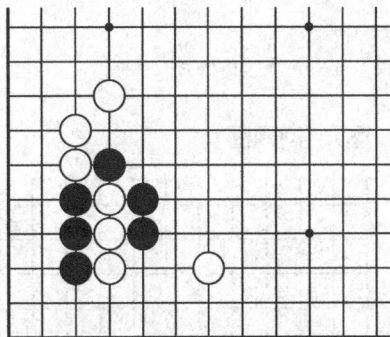

第 121 题

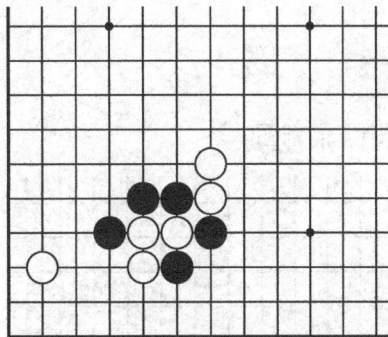

第 122 题

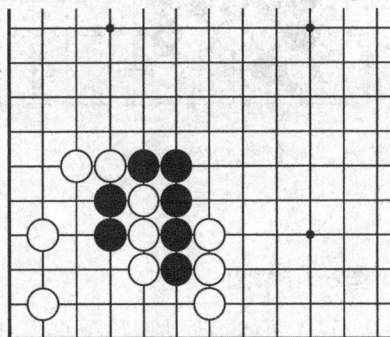

第 123 题

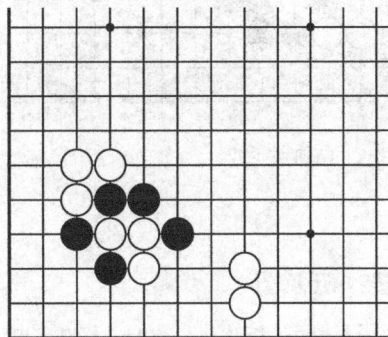

第 124 题

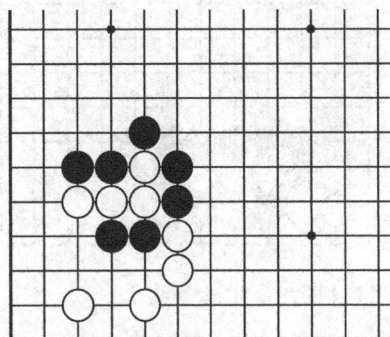

第 125 题

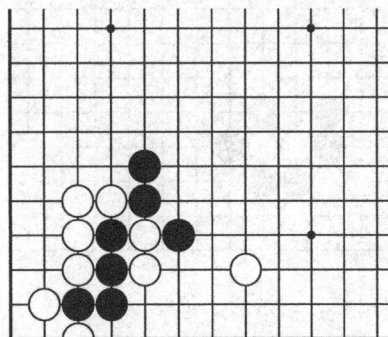

第 126 题

2.3 门吃

门吃是像关门一样把对方的棋子围住的吃子方法。

例1 门吃1

图1 问题图

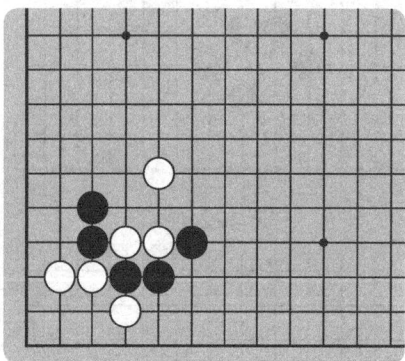

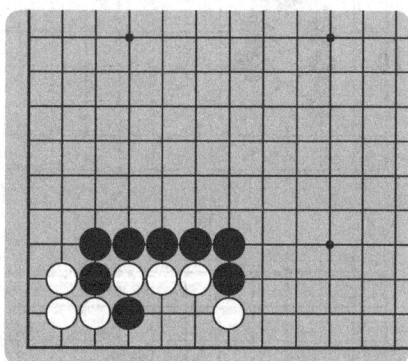

黑先，如何吃白？

图2 正解图

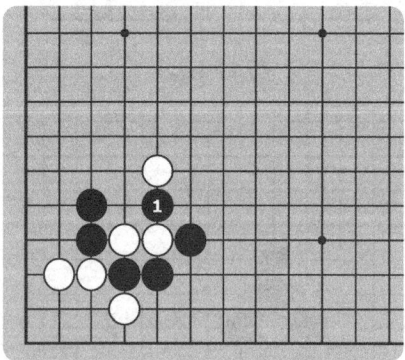

黑1门吃，白棋两子被吃。

例2 门吃2

图1 问题图

黑先，如何吃白？

图2 正解图

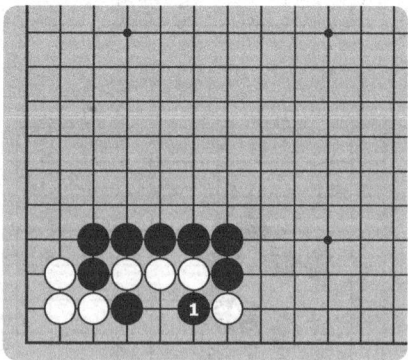

黑1门吃，白棋三子被吃。

门吃（一）

黑先，请利用门吃吃掉白棋，在要下子的地方写1。

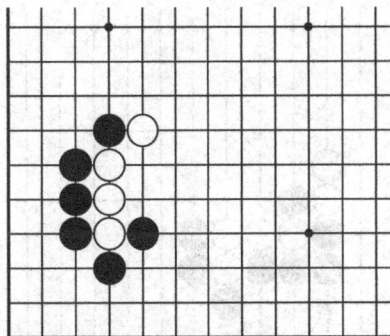

第127题

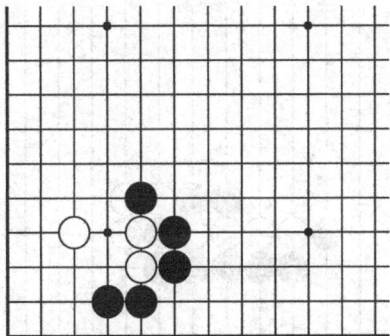

第128题

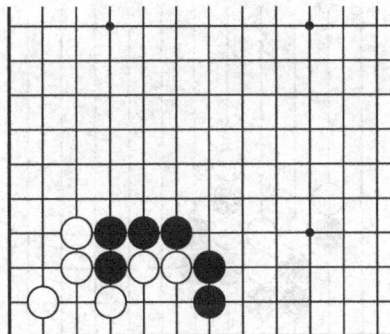

第129题

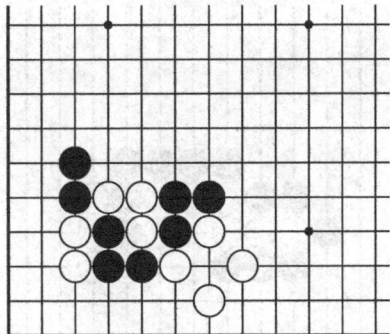

第130题

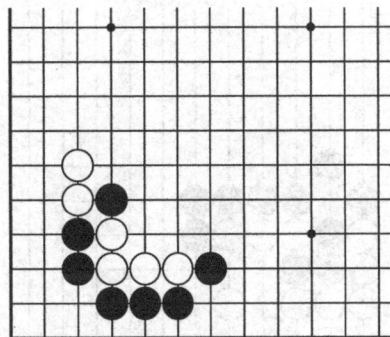

第131题

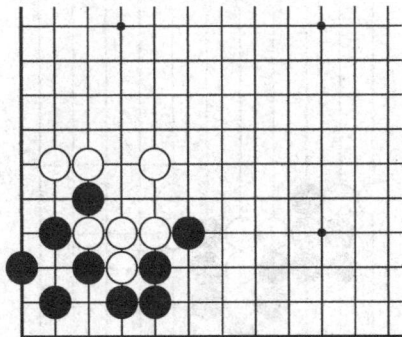

第132题

门吃（二）

黑先，请利用门吃吃掉白棋，在要下子的地方写1。

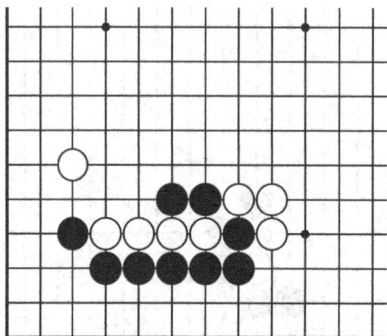

第 133 题

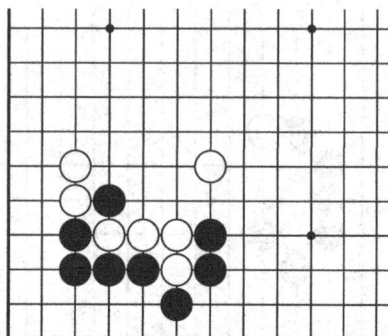

第 134 题

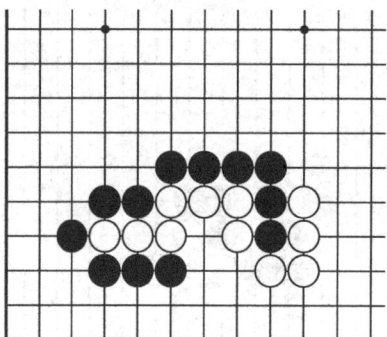

第 135 题

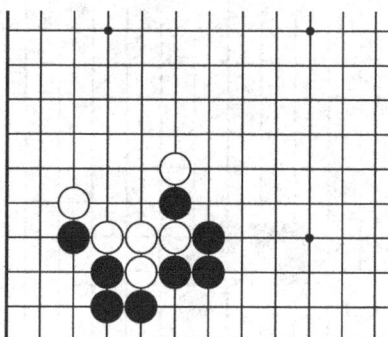

第 136 题

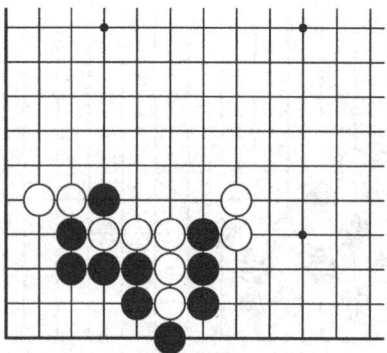

第 137 题

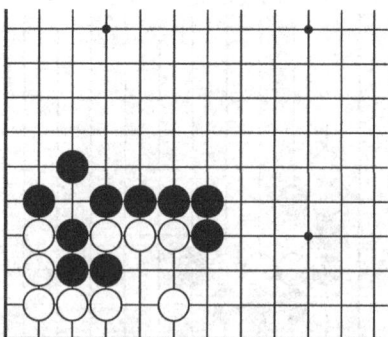

第 138 题

门吃（三）

黑先，请利用门吃吃掉白棋，在要下子的地方写1。

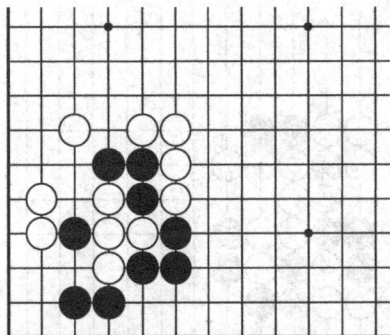

第 139 题

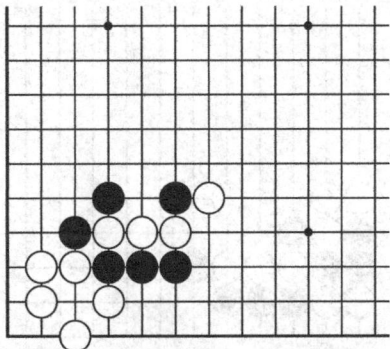

第 140 题

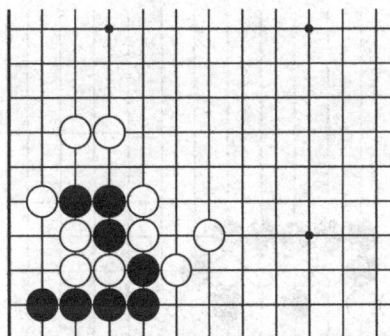

第 141 题

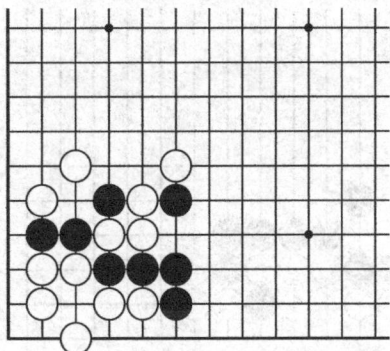

第 142 题

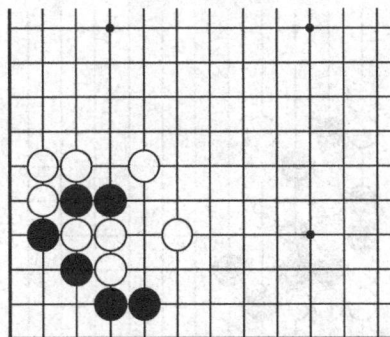

第 143 题

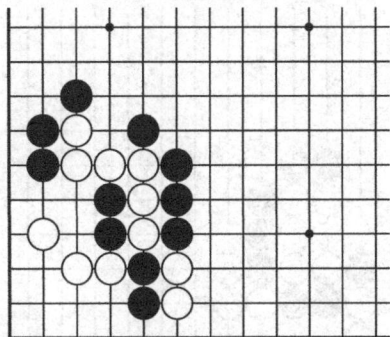

第 144 题

门吃（四）

黑先，请利用门吃吃掉白棋，在要下子的地方写1。

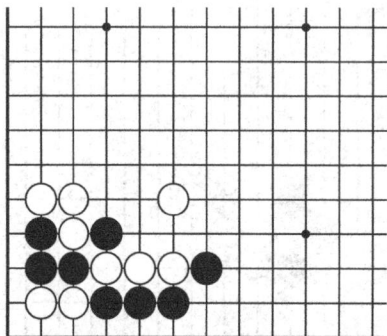

第 145 题

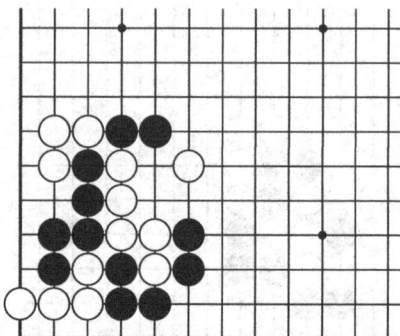

第 146 题

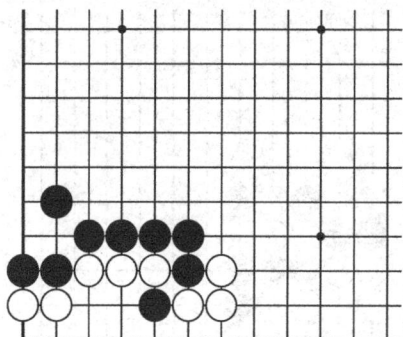

第 147 题

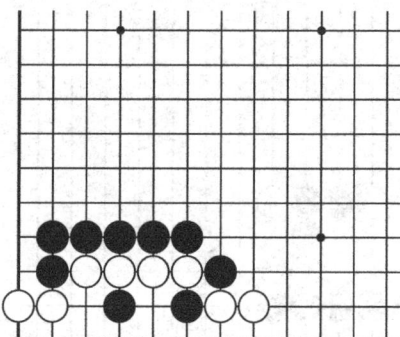

第 148 题

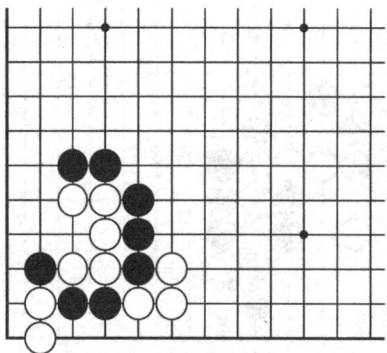

第 149 题

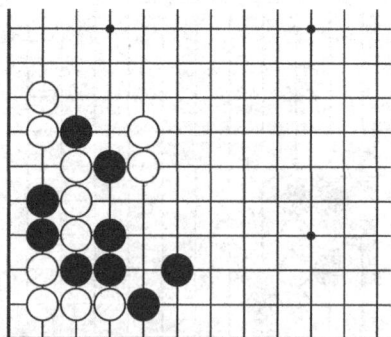

第 150 题

门吃（五）

黑先，请利用门吃吃掉白棋，在要下子的地方写1。

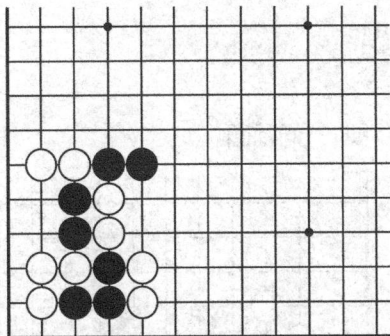

第151题

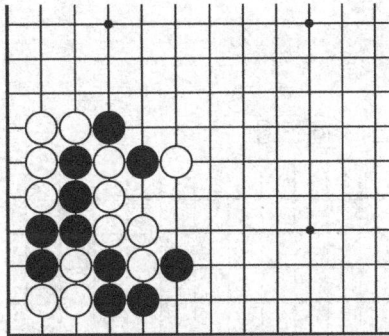

第152题

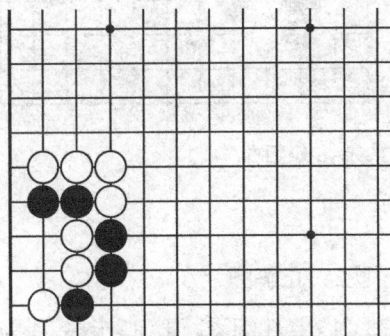

第153题

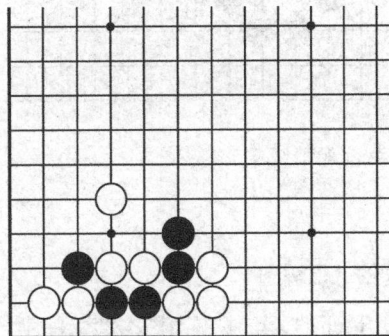

第154题

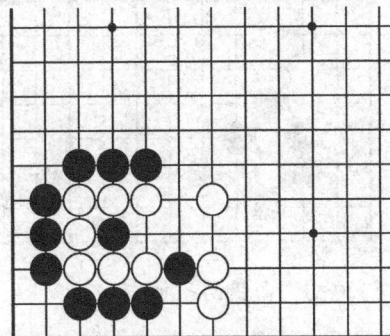

第155题

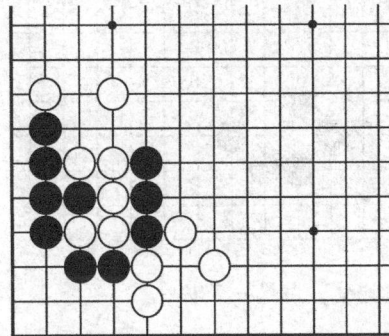

第156题

2.4 抱吃

抱吃就是把对方的棋子赶到我方棋子处的吃子技巧。

例1 抱吃1

图1 问题图

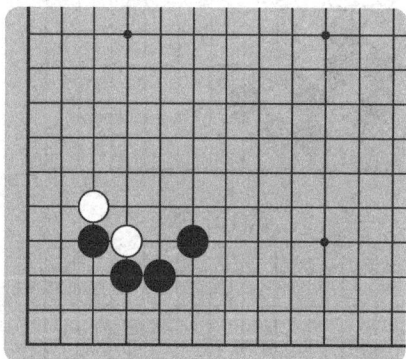

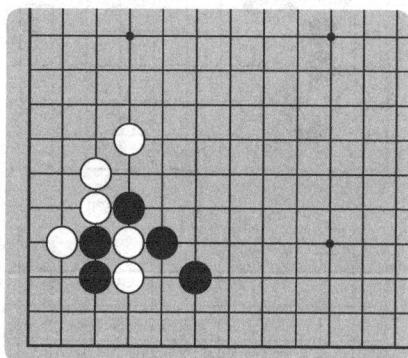

黑先，如何吃白？

图2 正解图

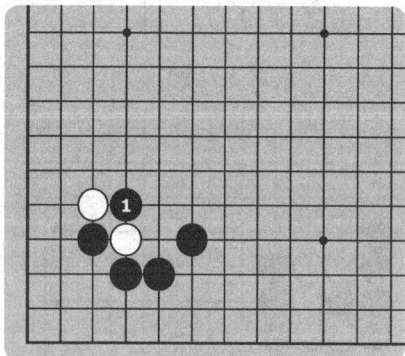

黑1抱吃，白棋一子被吃。

例2 抱吃2

图1 问题图

黑先，如何吃白？

图2 正解图

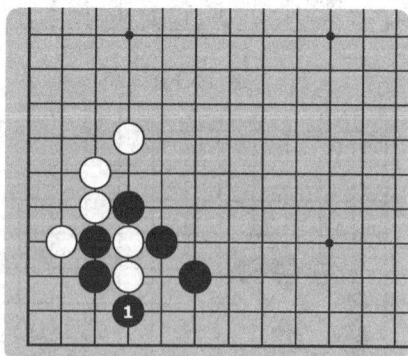

黑1抱吃，白棋两子被吃。

抱吃（一）

黑先，请利用抱吃吃掉白棋，在要下子的地方写1。

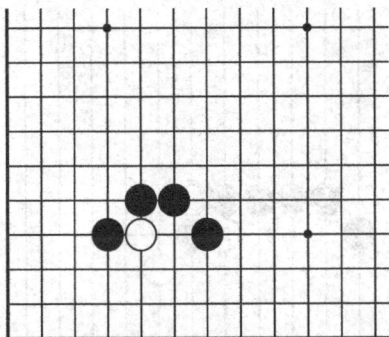

第 157 题

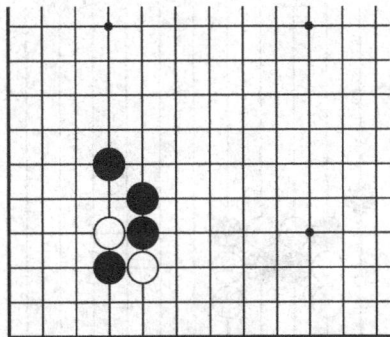

第 158 题

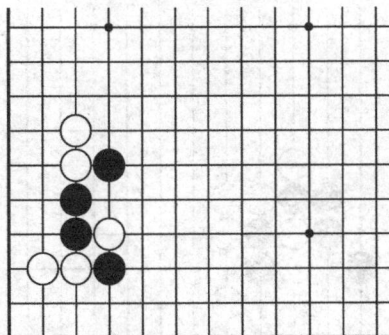

第 159 题

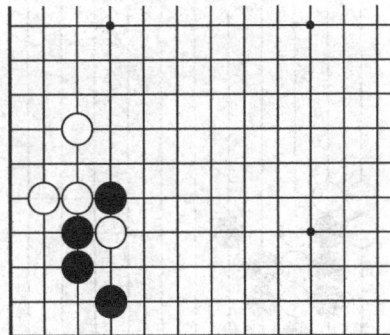

第 160 题

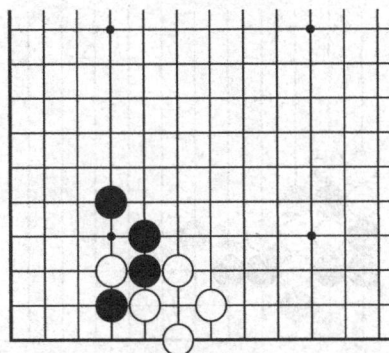

第 161 题

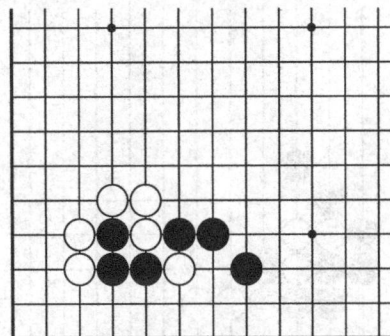

第 162 题

抱吃（二）

黑先，请利用抱吃吃掉白棋，在要下子的地方写1。

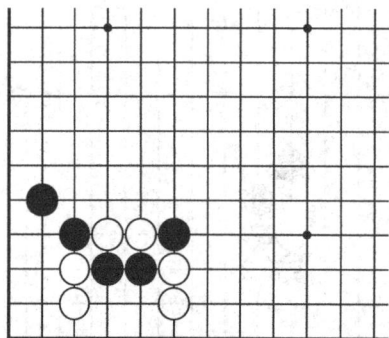

第 163 题

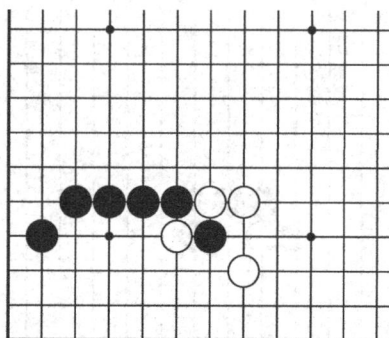

第 164 题

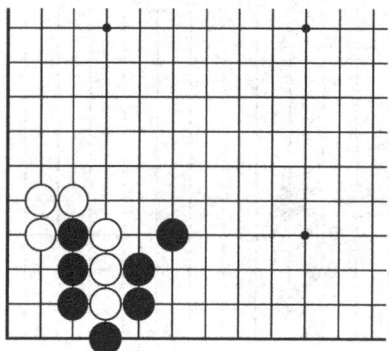

第 165 题

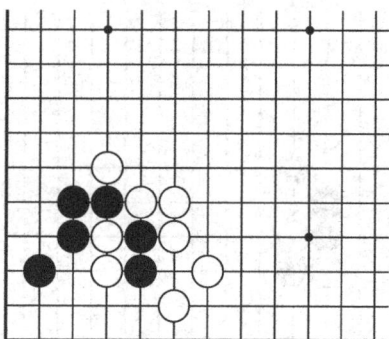

第 166 题

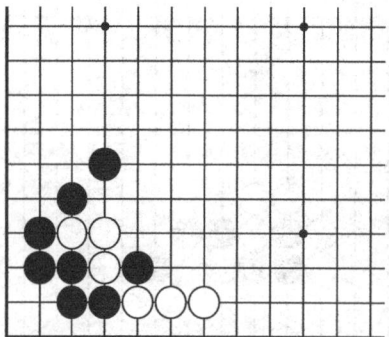

第 167 题

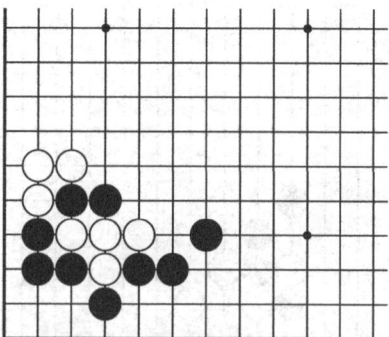

第 168 题

抱吃（三）

黑先，请利用抱吃吃掉白棋，在要下子的地方写1。

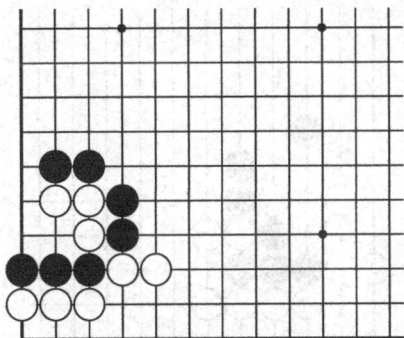

第 169 题

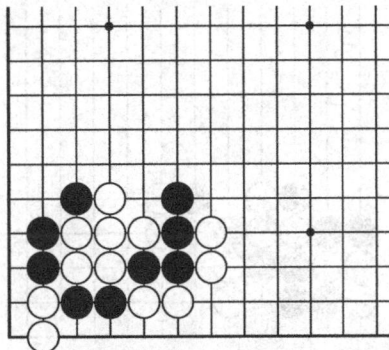

第 170 题

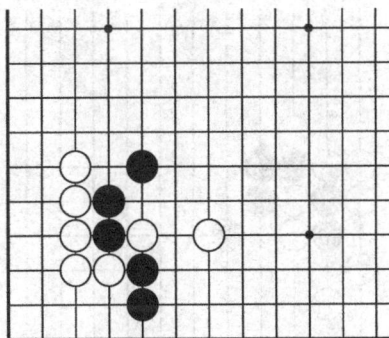

第 171 题

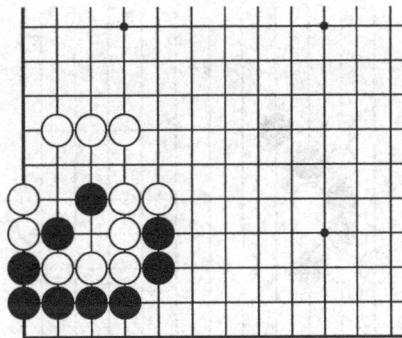

第 172 题

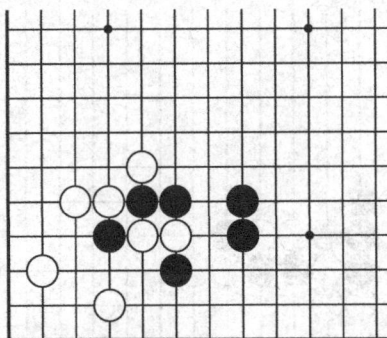

第 173 题

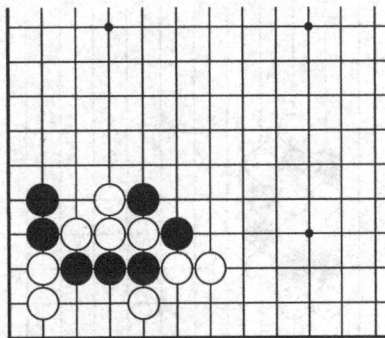

第 174 题

抱吃（四）

黑先，请利用抱吃吃掉白棋，在要下子的地方写1。

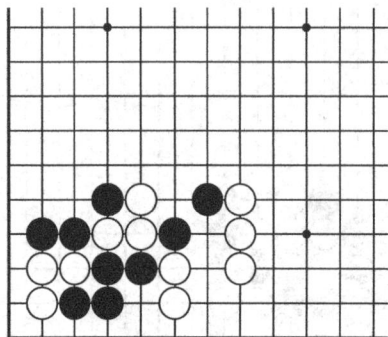

第 175 题

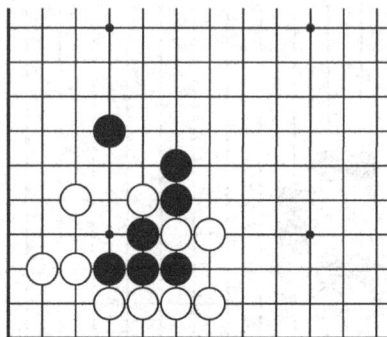

第 176 题

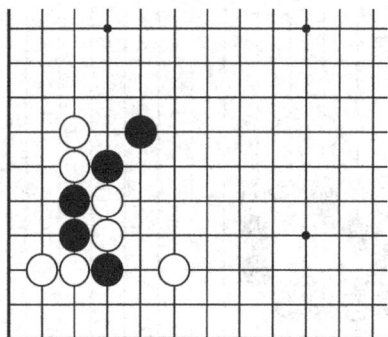

第 177 题

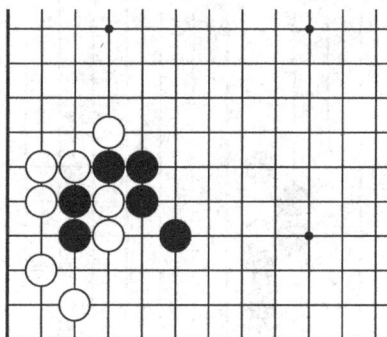

第 178 题

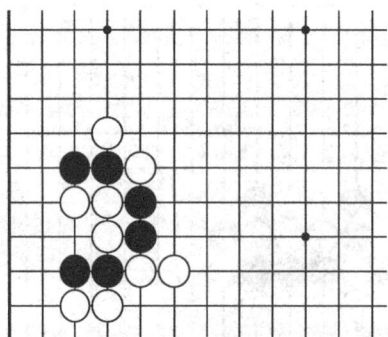

第 179 题

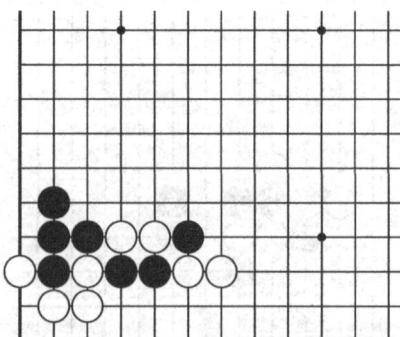

第 180 题

抱吃（五）

黑先，请利用抱吃吃掉白棋，在要下子的地方写1。

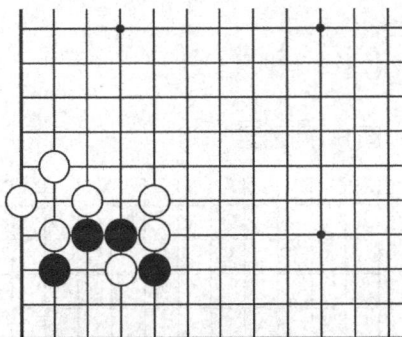

第 181 题

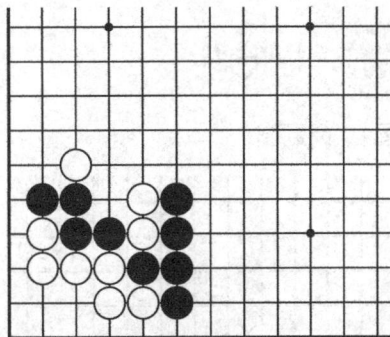

第 182 题

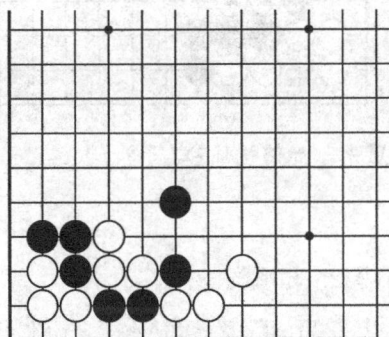

第 183 题

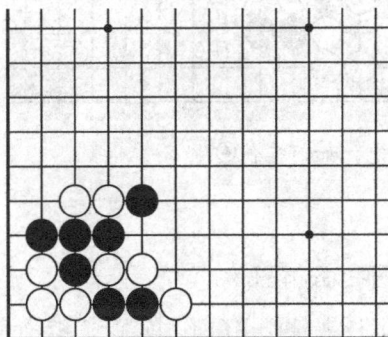

第 184 题

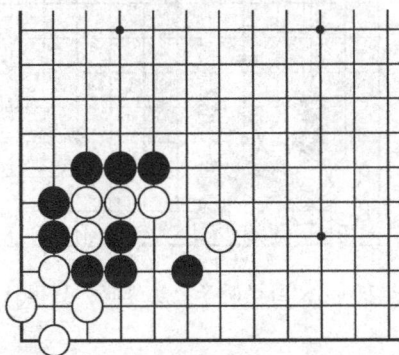

第 185 题

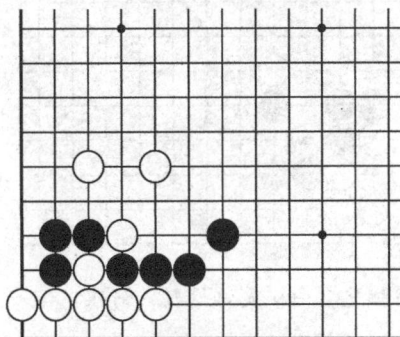

第 186 题

2.5 枷吃

枷吃就是将对方的棋子像渔网一样罩住的吃子技巧。

例1 枷吃1

图1 问题图

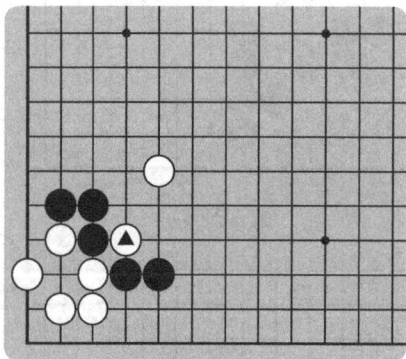

黑先，如何吃住⬣？

图2 正解图

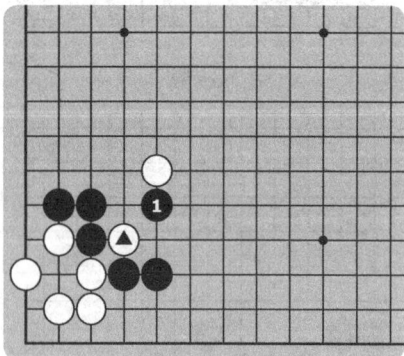

黑1枷吃，白棋无法逃脱，好棋。

例2 枷吃2

图1 问题图

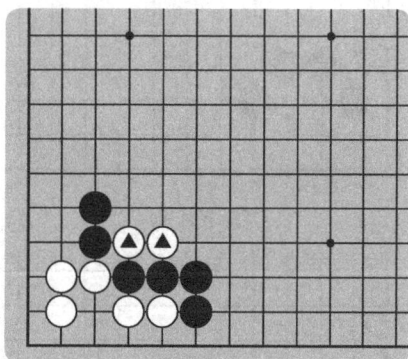

黑先，如何吃住⬣二子？

图2 正解图

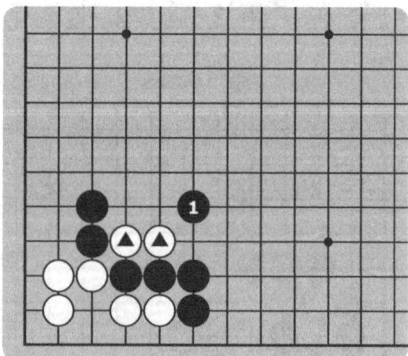

黑1枷吃，白棋两子无法逃脱，好棋。

枷吃（一）

黑先，请利用枷吃吃掉白棋，在要下子的地方写1。

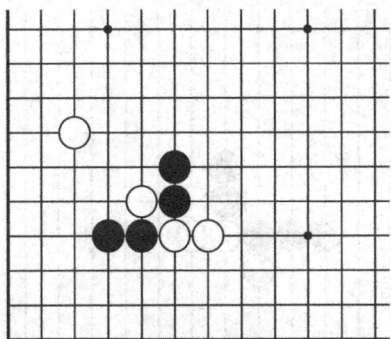

第 187 题

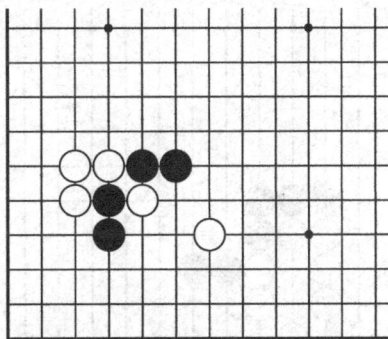

第 188 题

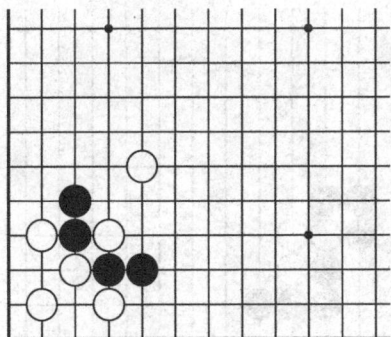

第 189 题

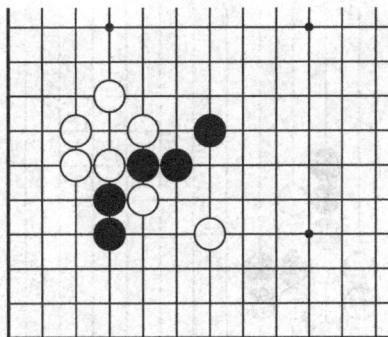

第 190 题

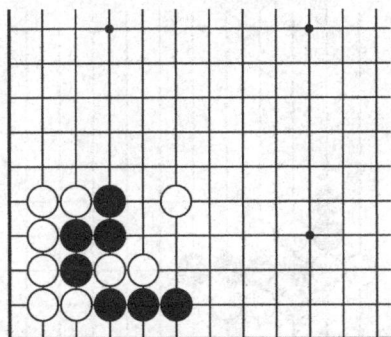

第 191 题

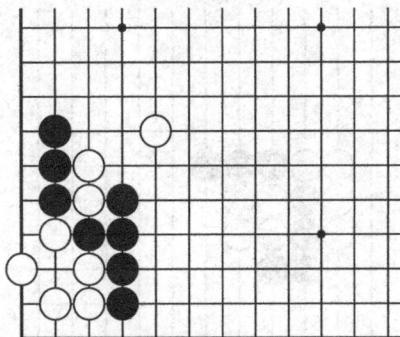

第 192 题

枷吃（二）

黑先，请利用枷吃吃掉白棋，在要下子的地方写1。

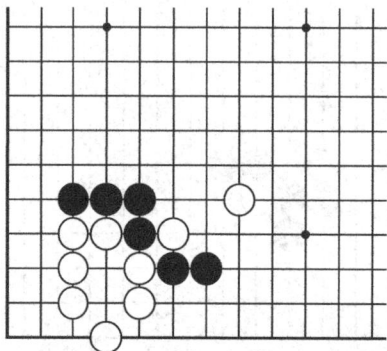

第 193 题

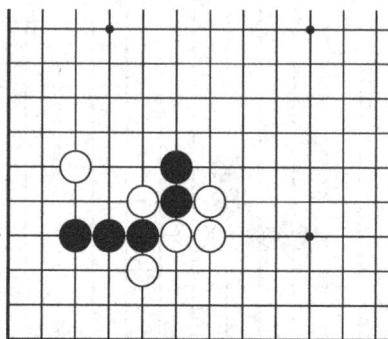

第 194 题

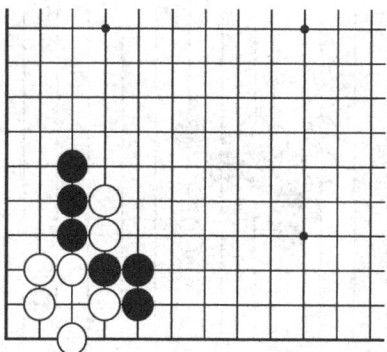

第 195 题

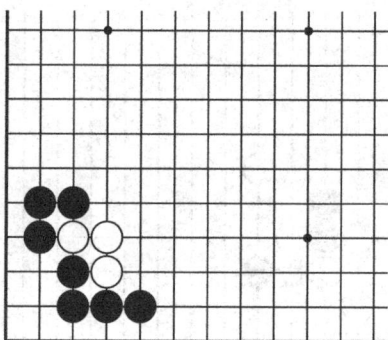

第 196 题

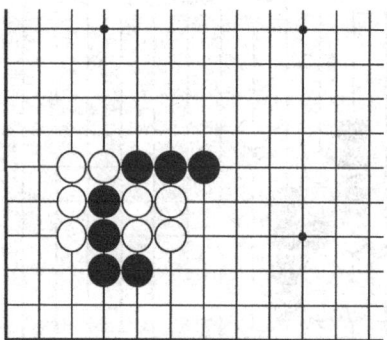

第 197 题

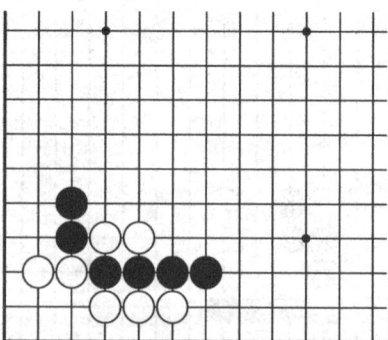

第 198 题

枷吃（三）

黑先，请利用枷吃吃掉白棋，在要下子的地方写1。

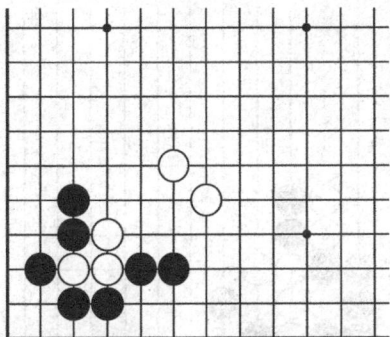

第 199 题

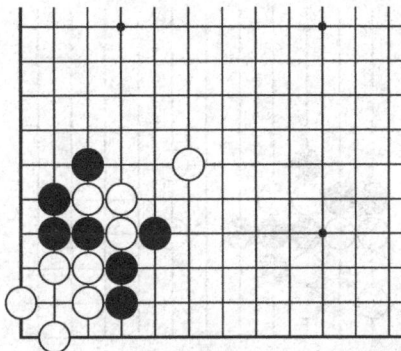

第 200 题

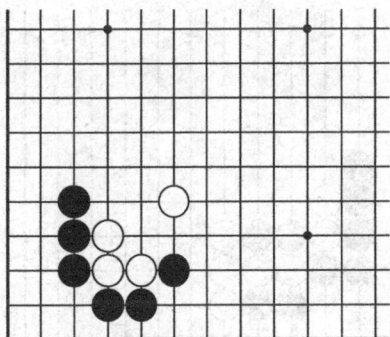

第 201 题

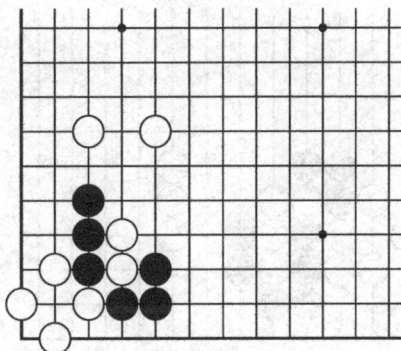

第 202 题

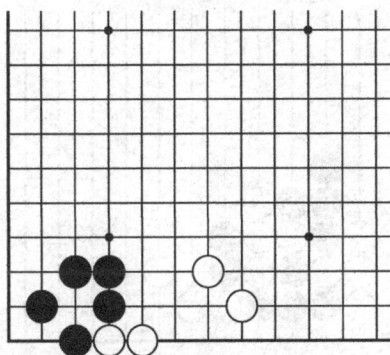

第 203 题

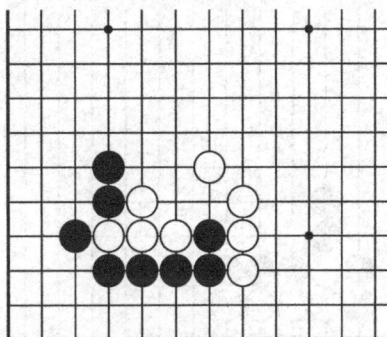

第 204 题

枷吃（四）

黑先，请利用枷吃吃掉白棋，在要下子的地方写1。

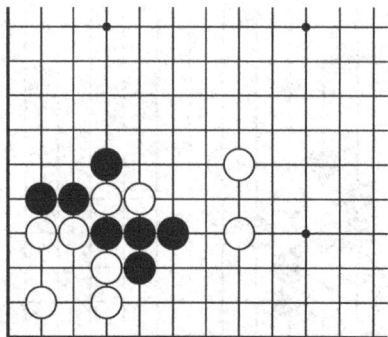

第 205 题

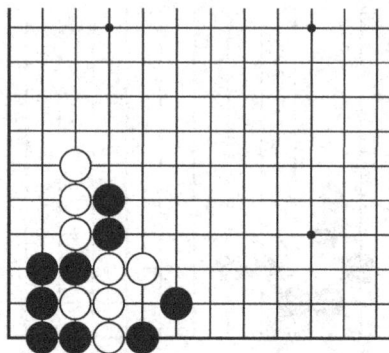

第 206 题

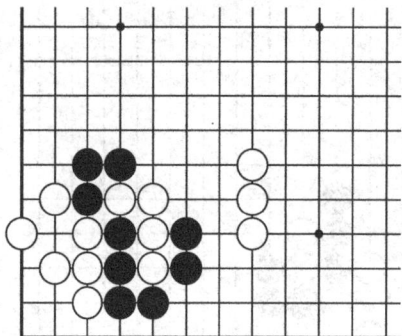

第 207 题

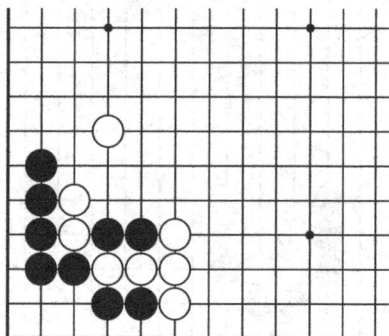

第 208 题

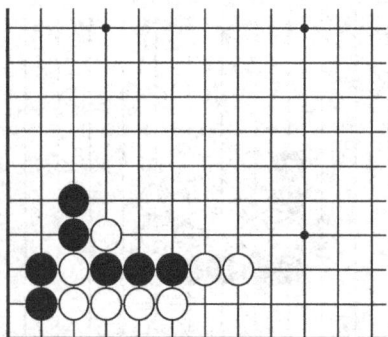

第 209 题

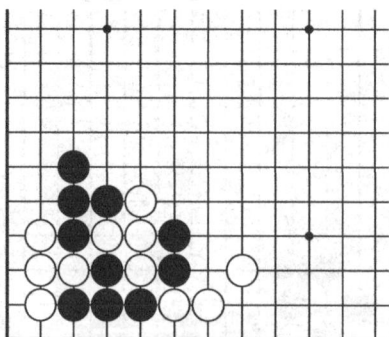

第 210 题

枷吃（五）

黑先，请利用枷吃吃掉白棋，在要下子的地方写1。

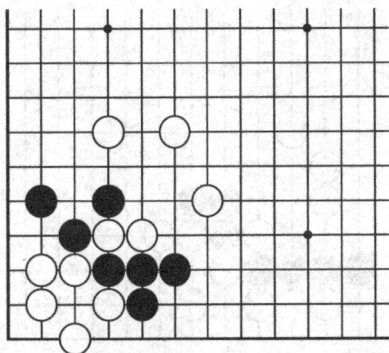

第211题

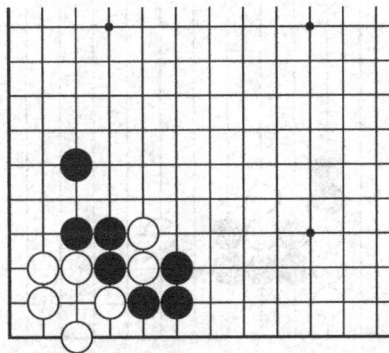

第212题

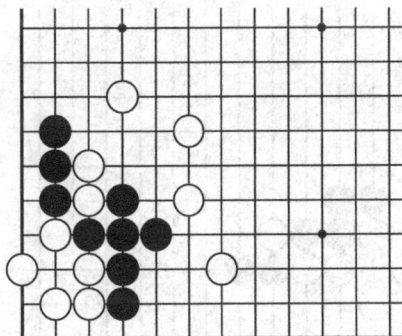

第213题

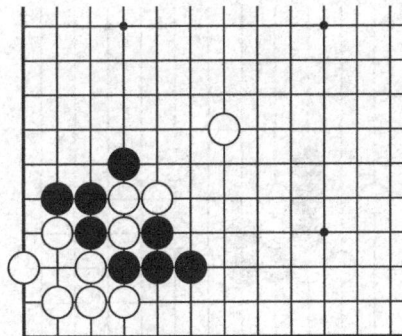

第214题

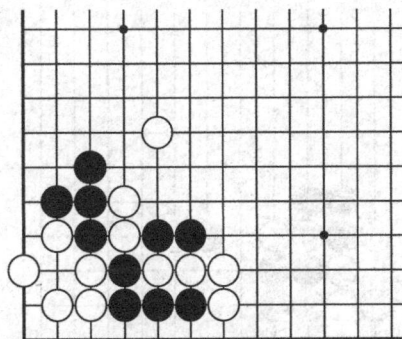

第215题

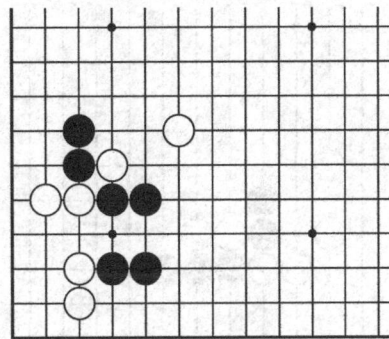

第216题

枷吃（六）

黑先，请利用枷吃吃掉白棋，在要下子的地方写1。

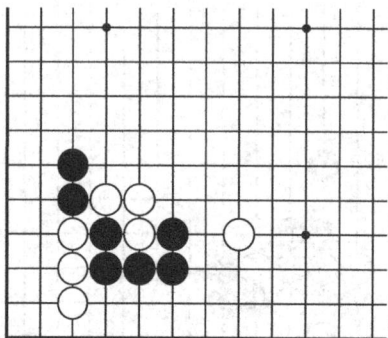

第 217 题

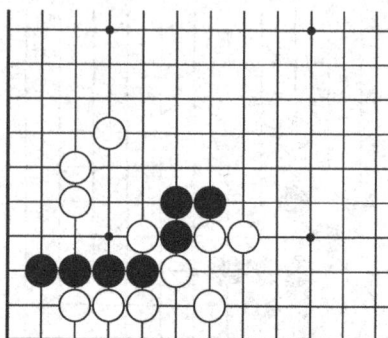

第 218 题

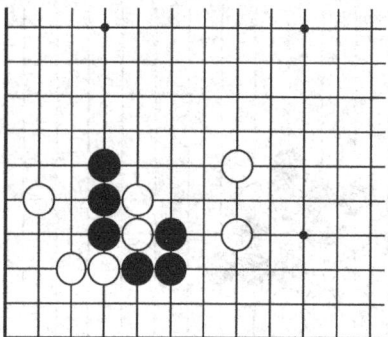

第 219 题

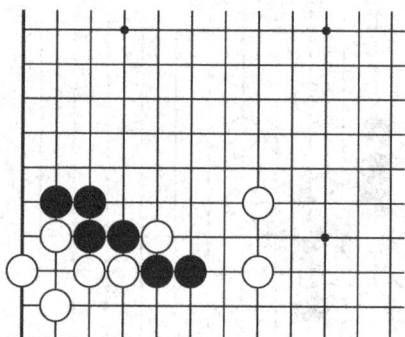

第 220 题

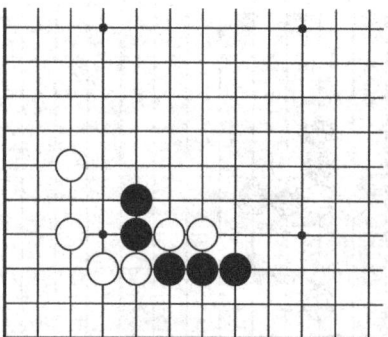

第 221 题

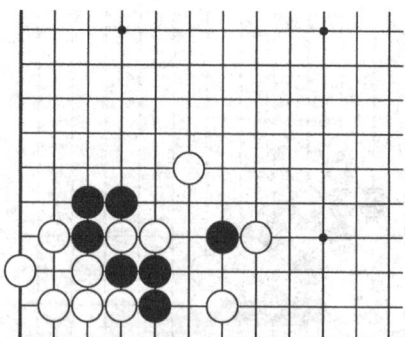

第 222 题

枷吃（七）

黑先，请利用枷吃吃掉白棋，在要下子的地方写1。

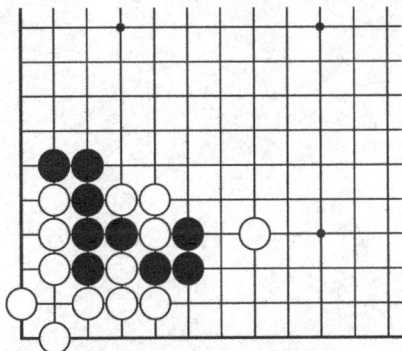

第223题

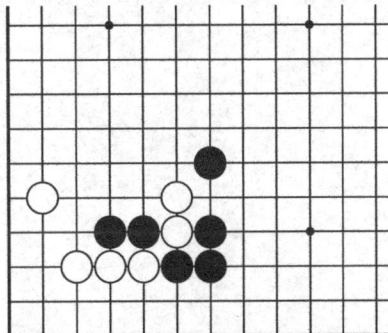

第224题

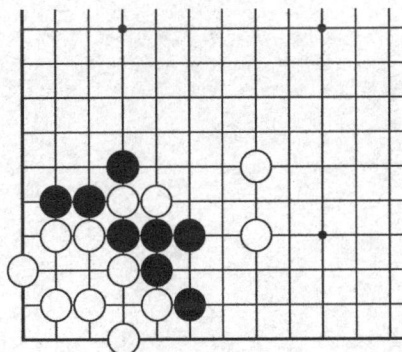

第225题

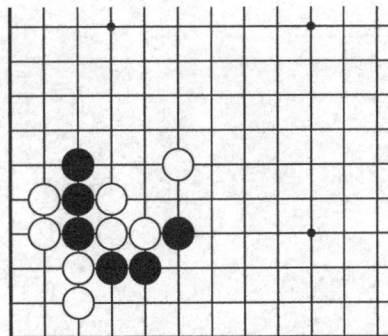

第226题

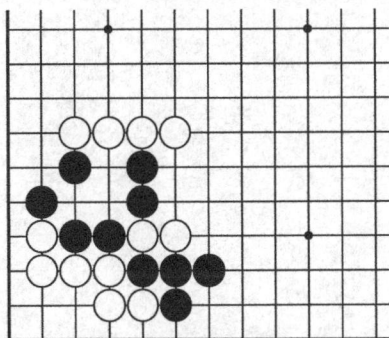

第227题

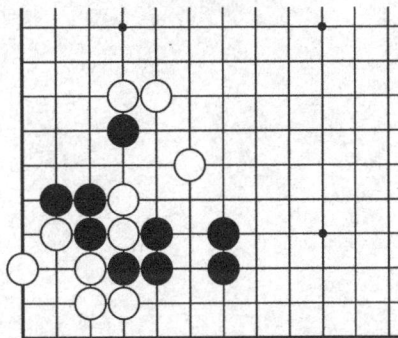

第228题

第三章
综合吃子技巧

对于围棋初学者来说，吃子是非常重要的攻击手段。除了经典的吃子技巧以外，有些综合吃子技巧在实战对局中也有着非常重要的作用。

3.1 互相叫吃

互相叫吃就是黑棋与白棋互相都被叫吃的棋形，这时候先提掉对方棋子的一方能够延长自己的气。

例1 相互叫吃1

图1 问题图

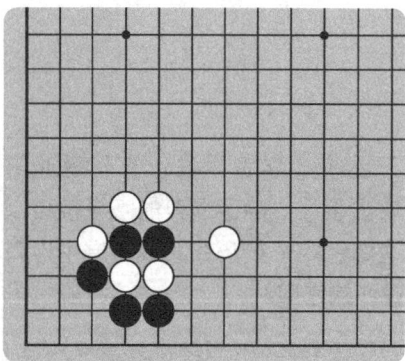

黑先，如何吃白？

图2 正解图

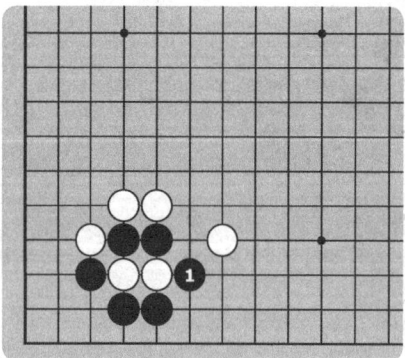

黑1提子吃白。

例2 相互叫吃2

图1 问题图

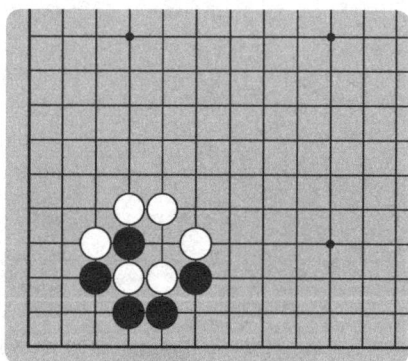

黑先，如何吃白？

图2 正解图

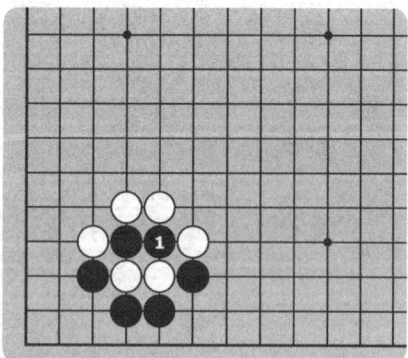

黑1提子吃白。

互相叫吃（一）

黑先，请找到互相叫吃的棋子并吃掉白棋，在要下子的地方写1。

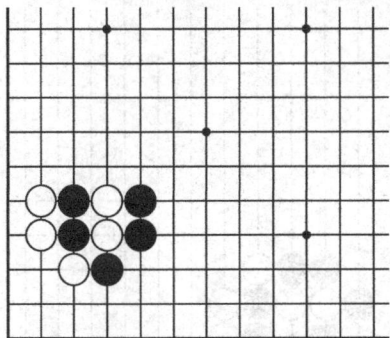

第 229 题

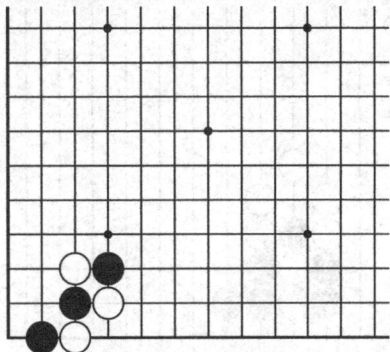

第 230 题

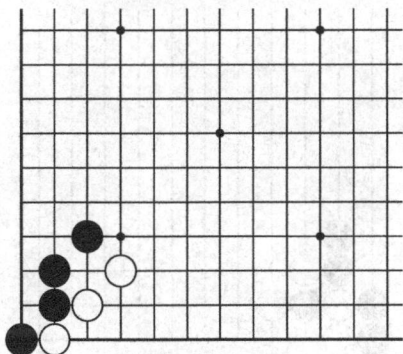

第 231 题

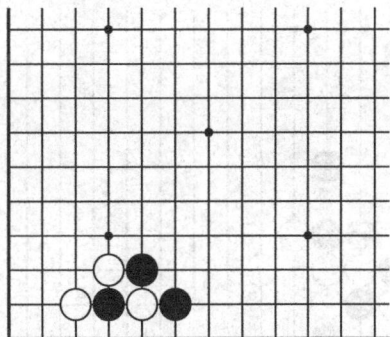

第 232 题

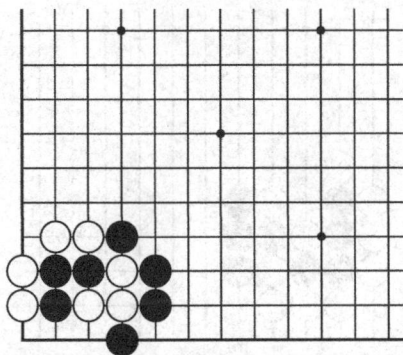

第 233 题

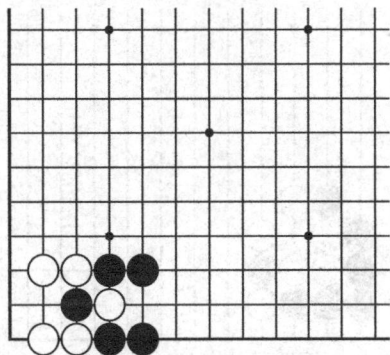

第 234 题

互相叫吃（二）

黑先，请找到互相叫吃的棋子并吃掉白棋，在要下子的地方写1。

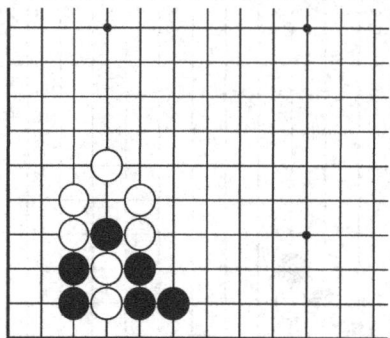

第 235 题

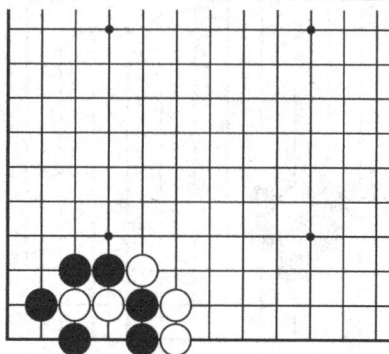

第 236 题

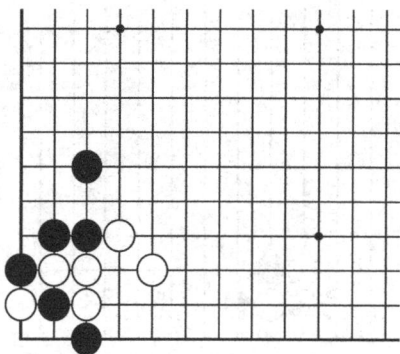

第 237 题

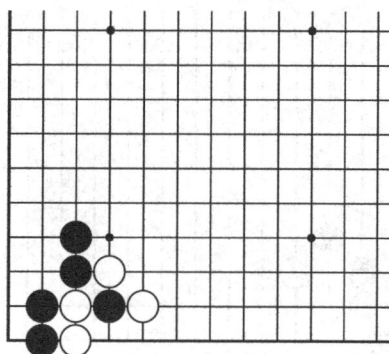

第 238 题

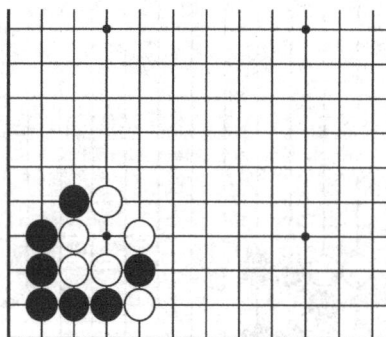

第 239 题

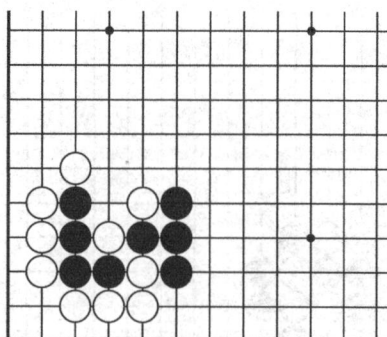

第 240 题

互相叫吃（三）

黑先，请找到互相叫吃的棋子并吃掉白棋，在要下子的地方写1。

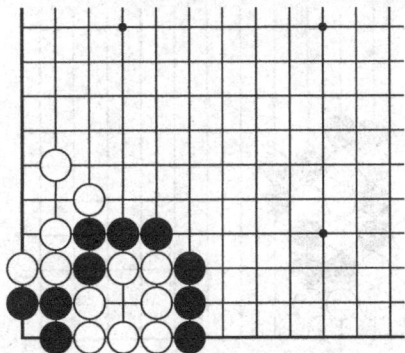

第241题

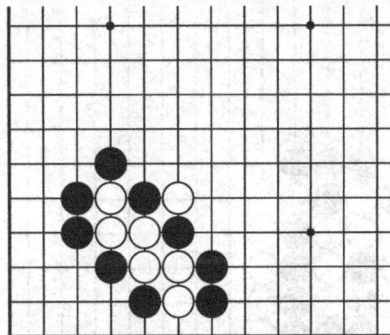

第242题

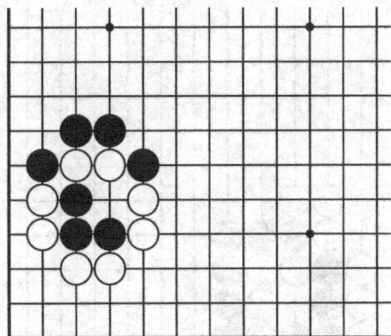

第243题

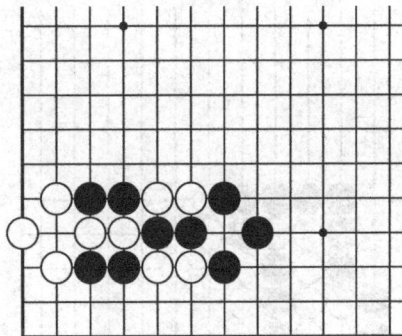

第244题

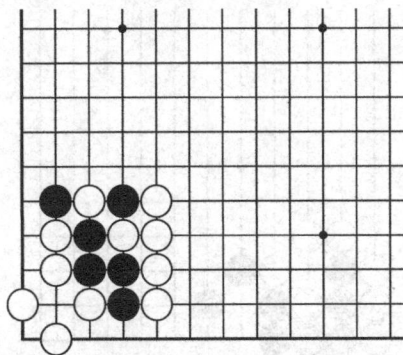

第245题

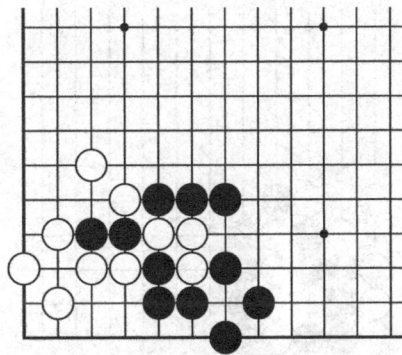

第246题

互相叫吃（四）

黑先，请找到互相叫吃的棋子并吃掉白棋，在要下子的地方写1。

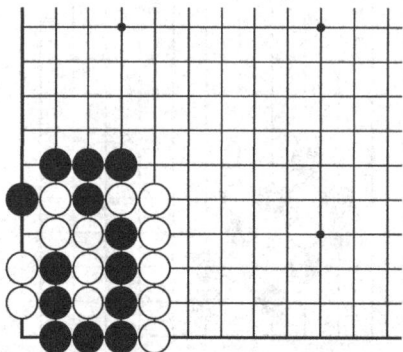

第 247 题

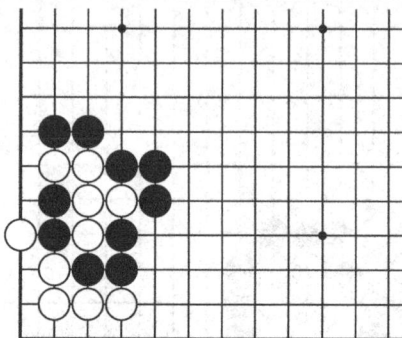

第 248 题

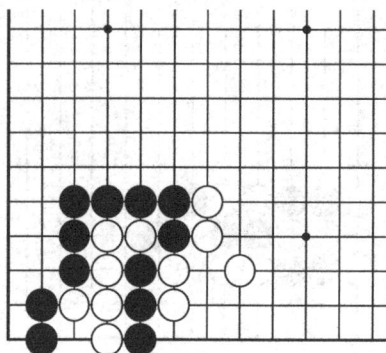

第 249 题

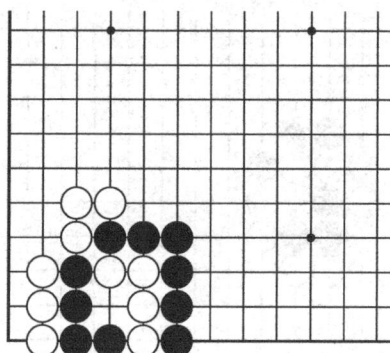

第 250 题

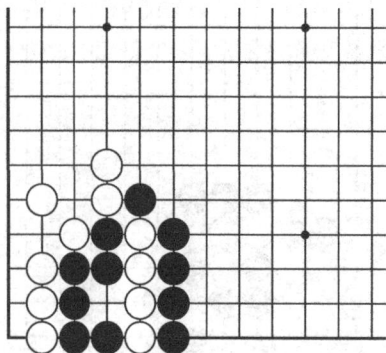

第 251 题

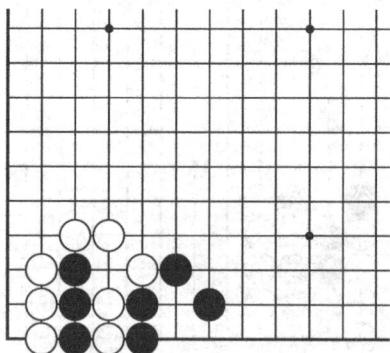

第 252 题

互相叫吃（五）

黑先，请找到互相叫吃的棋子并吃掉白棋，在要下子的地方写1。

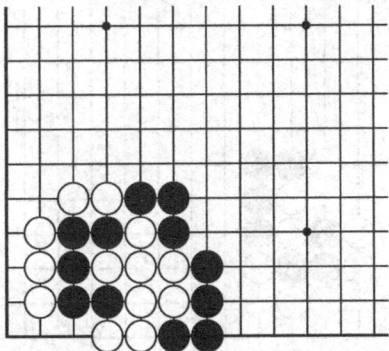

第253题

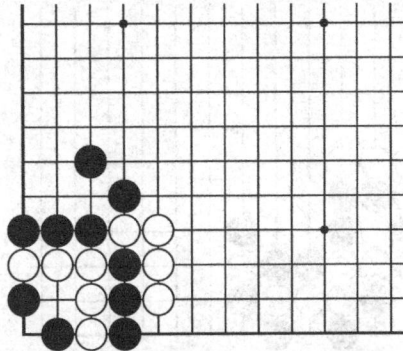

第254题

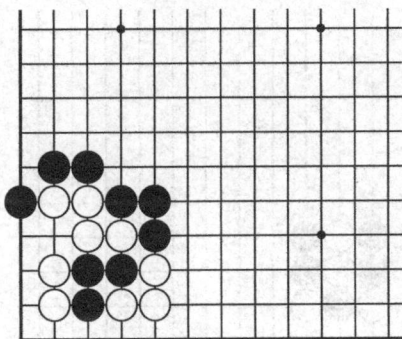

第255题

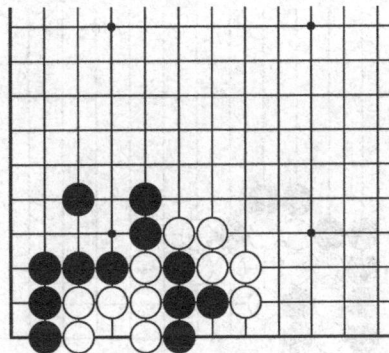

第256题

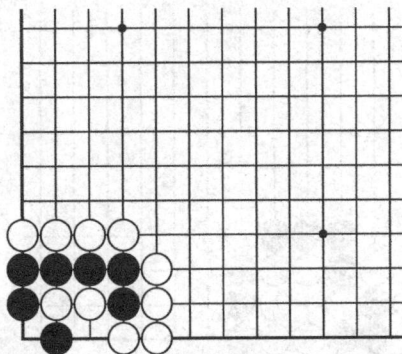

第257题

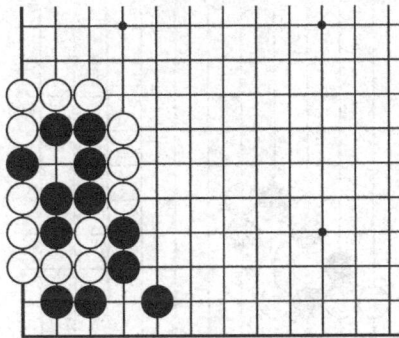

第258题

互相叫吃（六）

黑先，请找到互相叫吃的棋子并吃掉白棋，在要下子的地方写1。

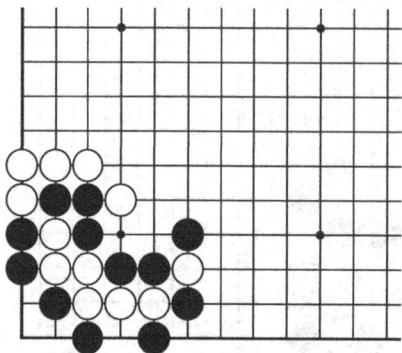

第 259 题

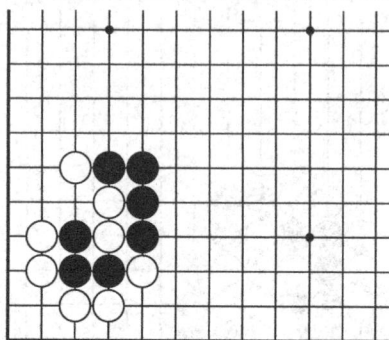

第 260 题

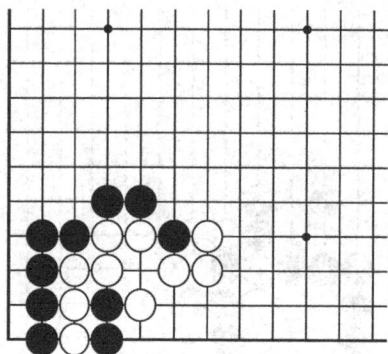

第 261 题

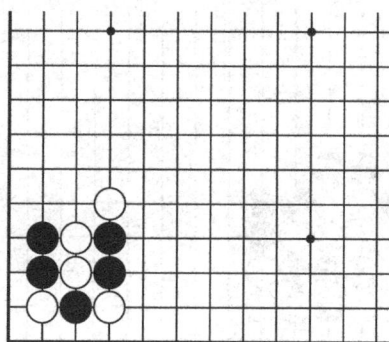

第 262 题

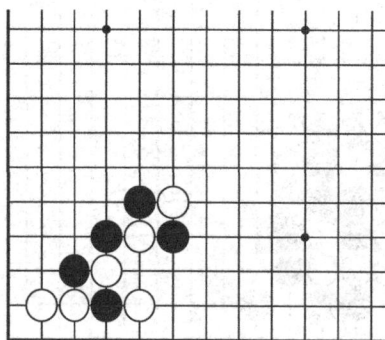

第 263 题

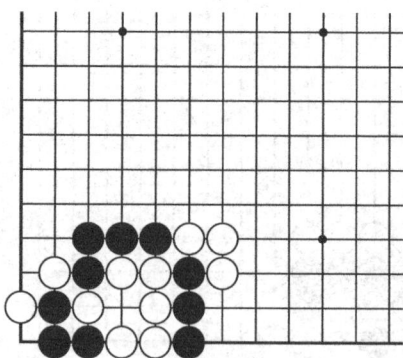

第 264 题

3.2 断吃

断吃指通过切断对方危险棋子的方式吃棋,这是最常见的吃子技巧。

例1 断吃1

图1 问题图

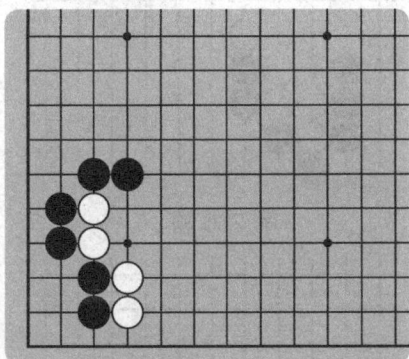

黑先,如何吃白?

图2 正解图

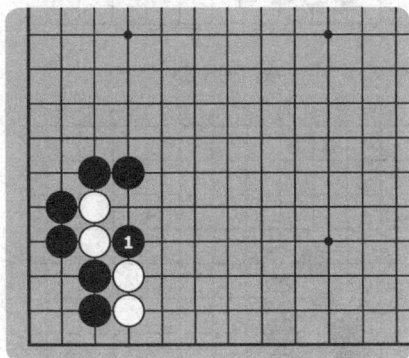

黑1断吃,好棋。

例2 断吃2

图1 问题图

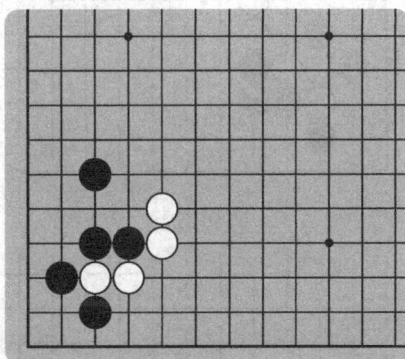

黑先,如何吃白?

图2 正解图

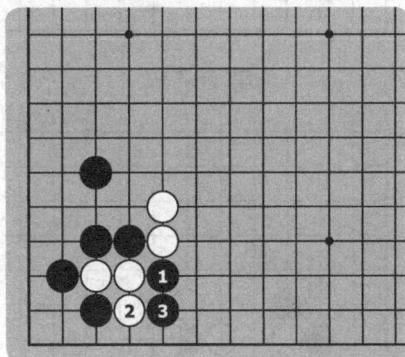

黑1断吃,好棋;至黑3,白被吃。

断吃（一）

黑先，请利用断吃吃掉白棋，在要下子的地方写1。

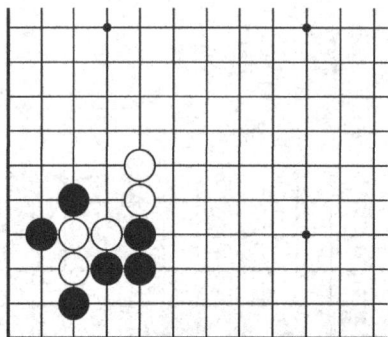

第 265 题

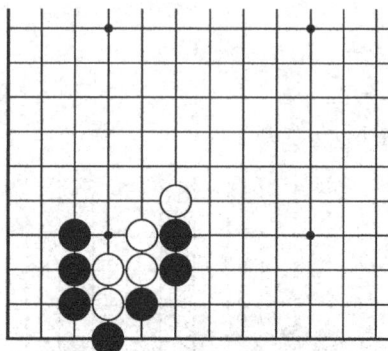

第 266 题

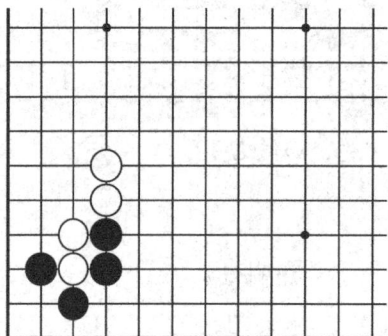

第 267 题

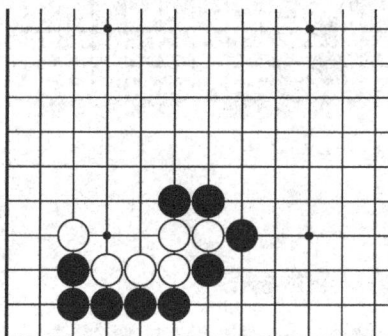

第 268 题

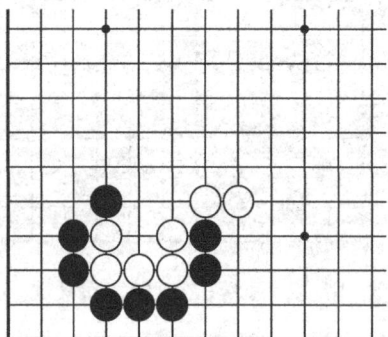

第 269 题

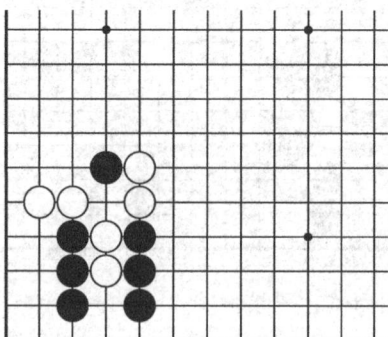

第 270 题

断吃（二）

黑先，请利用断吃吃掉白棋，在要下子的地方写1。

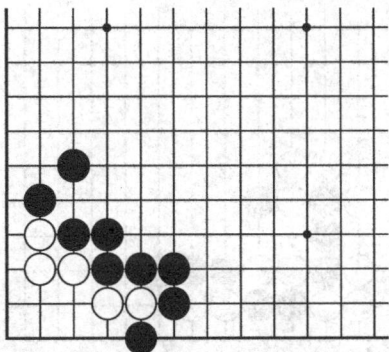

第 271 题

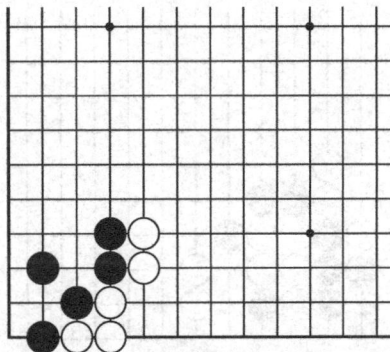

第 272 题

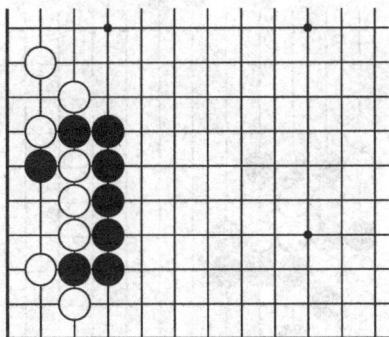

第 273 题

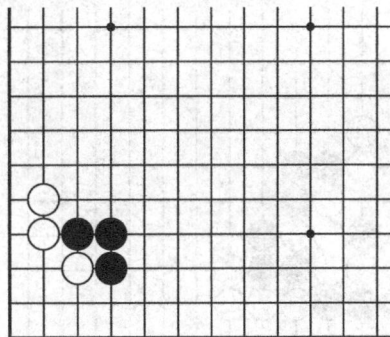

第 274 题

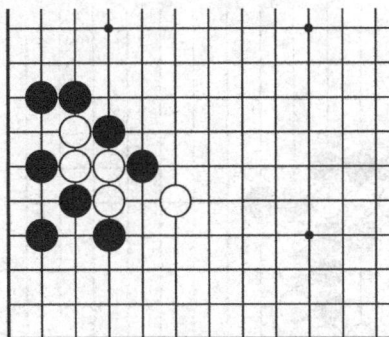

第 275 题

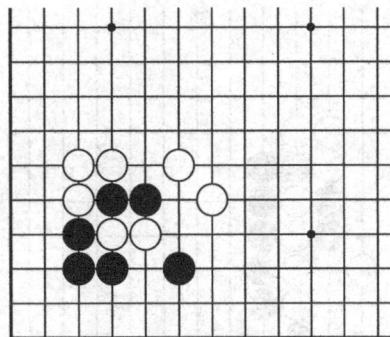

第 276 题

断吃（三）

黑先，请利用断吃吃掉白棋，在要下子的地方写1。

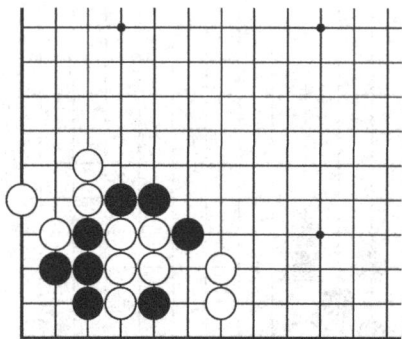

第 277 题

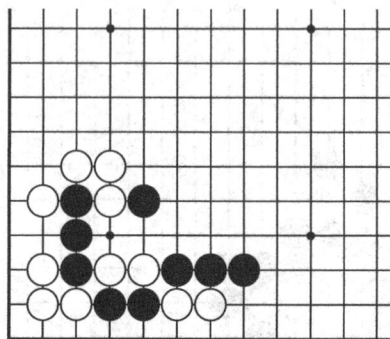

第 278 题

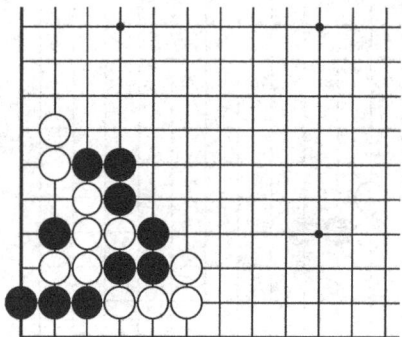

第 279 题

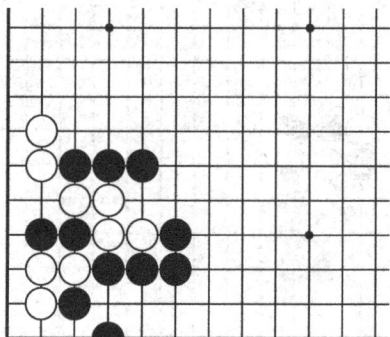

第 280 题

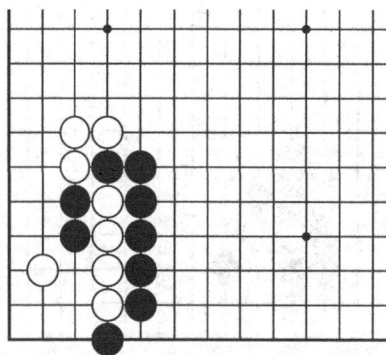

第 281 题

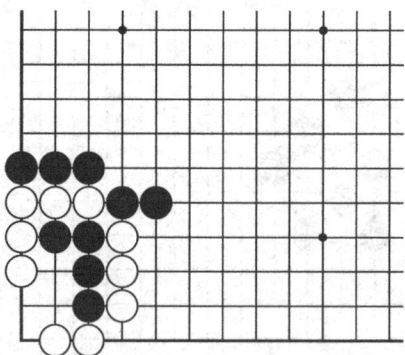

第 282 题

断吃（四）

黑先，请利用断吃吃掉白棋，在要下子的地方写1。

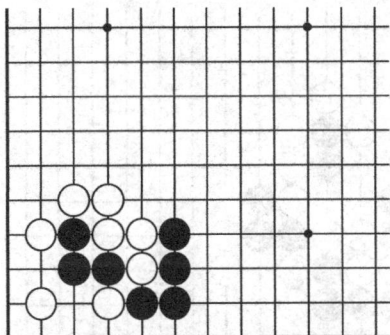

第 283 题

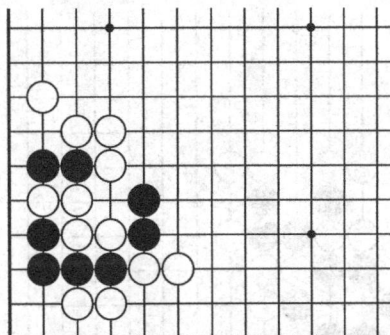

第 284 题

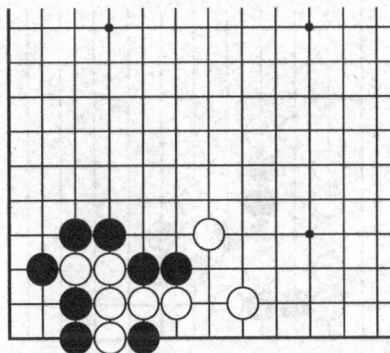

第 285 题

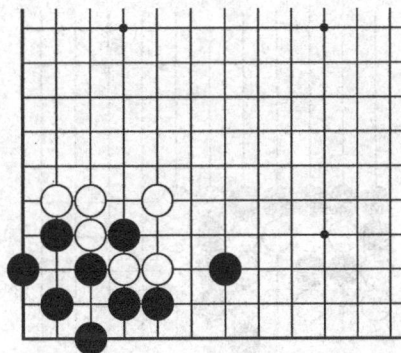

第 286 题

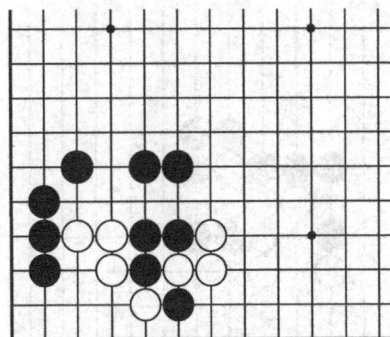

第 287 题

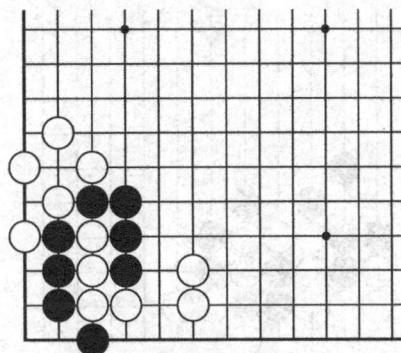

第 288 题

断吃（五）

黑先，请利用断吃吃掉白棋，在要下子的地方写1。

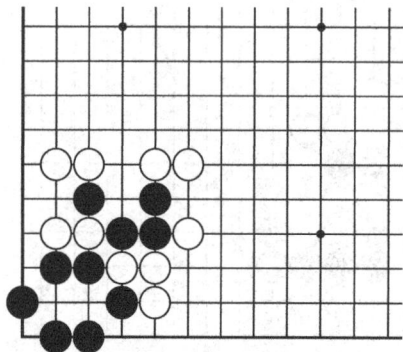

第 289 题

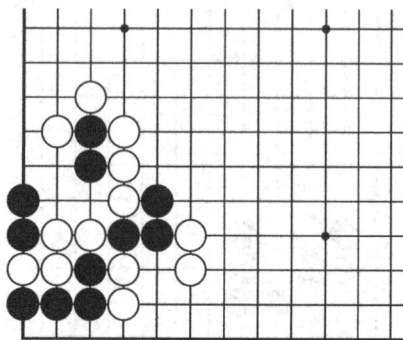

第 290 题

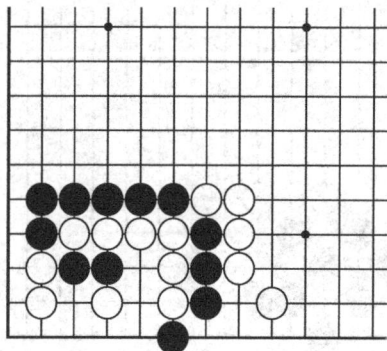

第 291 题

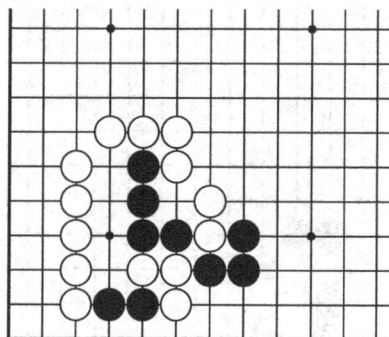

第 292 题

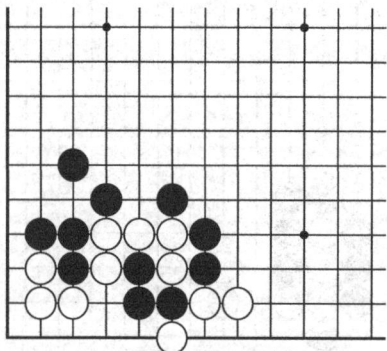

第 293 题

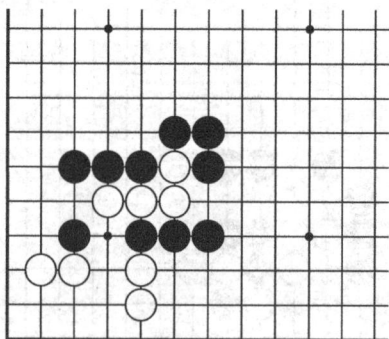

第 294 题

断吃（六）

黑先，请利用断吃吃掉白棋，在要下子的地方写1。

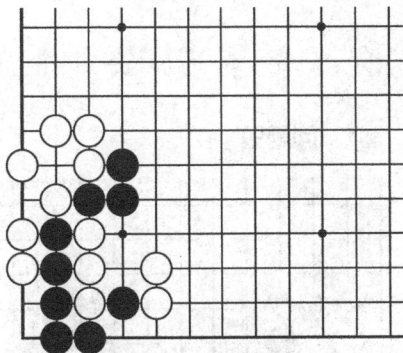

第295题

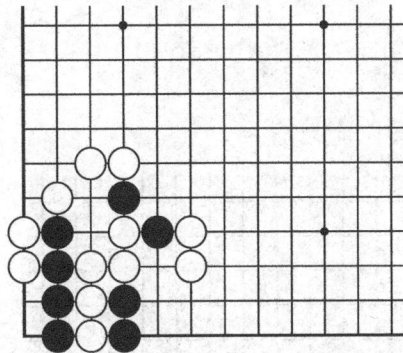

第296题

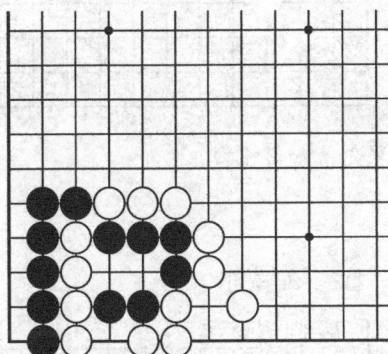

第297题

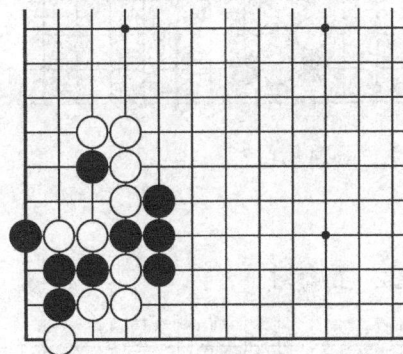

第298题

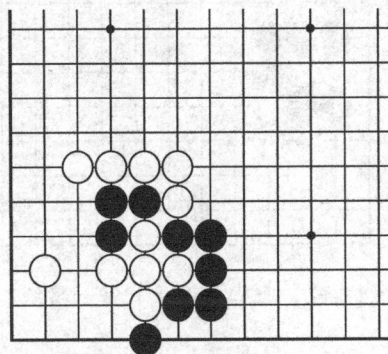

第299题

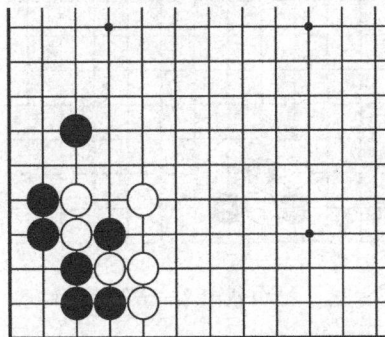

第300题

3.3 吃子方向

把对方危险的棋赶到一路线或我方强棋的方向，并吃掉对方棋子的技巧。

例1 吃子方向1

图1 问题图

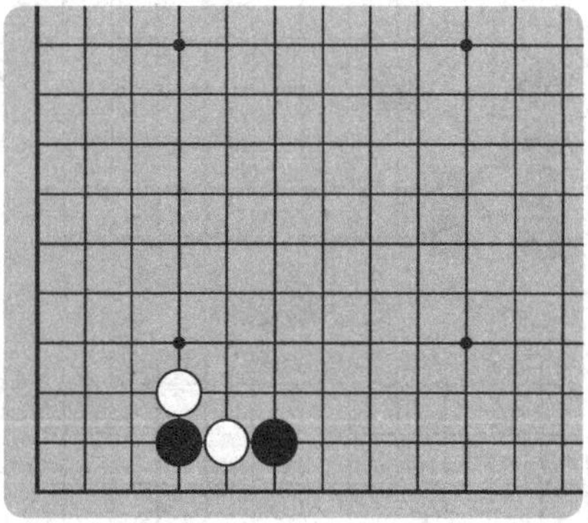

黑先，如何吃白？

图2 正解图

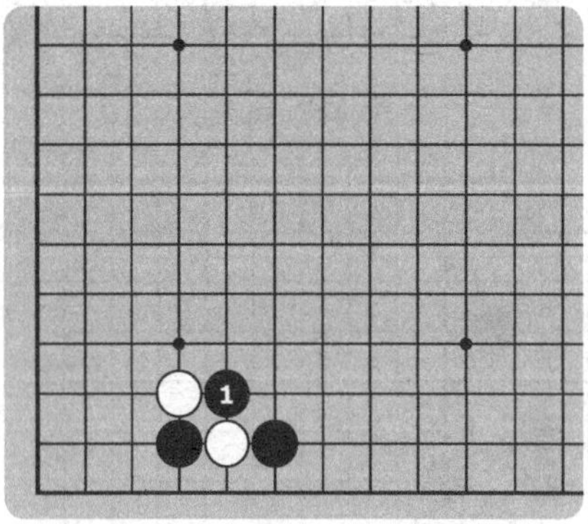

黑1打吃，把白棋赶往一路线。

例2 吃子方向2

图1 问题图

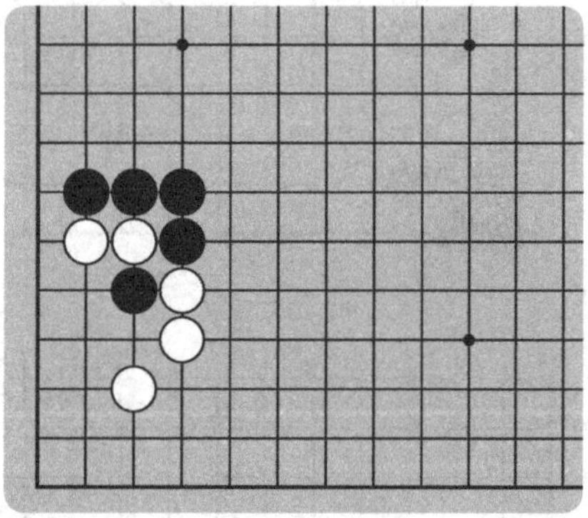

黑先，如何吃白？

图2 正解图

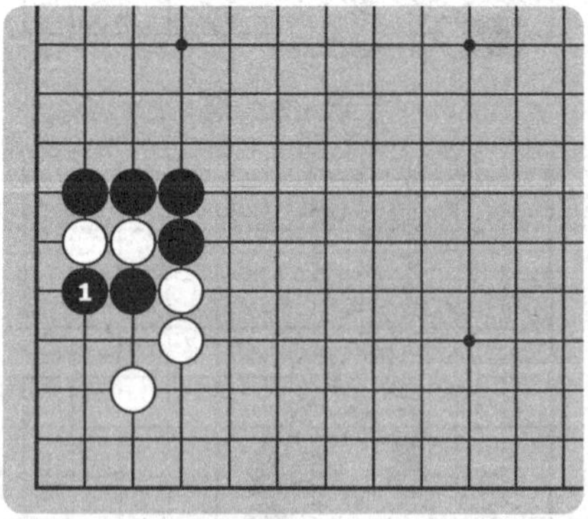

黑1打吃，把白棋两子赶往一路线。

吃子方向（一）

黑先，请利用吃子方向吃掉白棋，在要下子的地方写1。

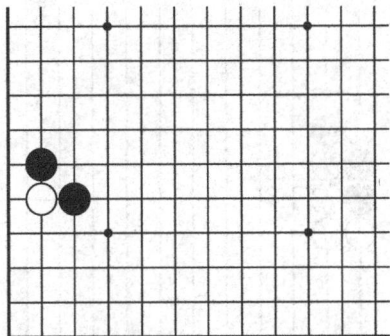

第301题

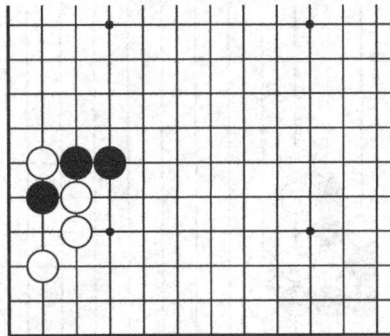

第302题

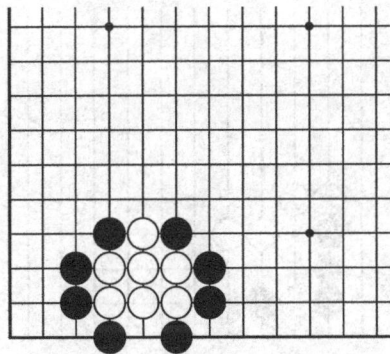

第303题

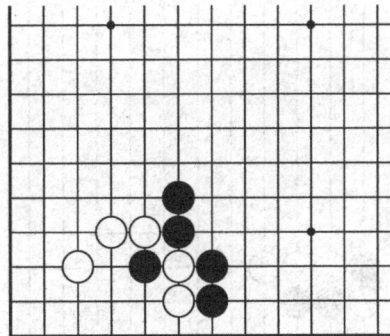

第304题

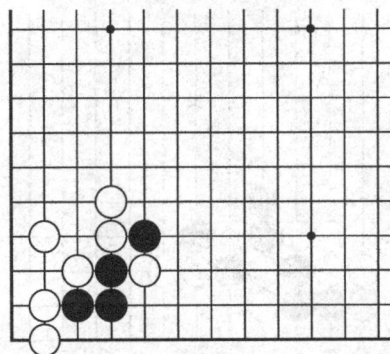

第305题

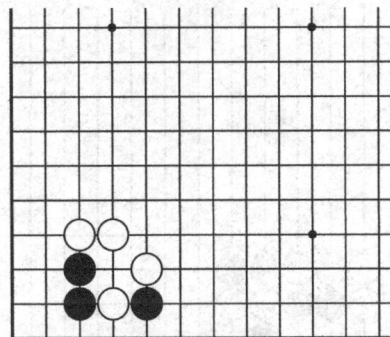

第306题

吃子方向（二）

黑先，请利用吃子方向吃掉白棋，在要下子的地方写1。

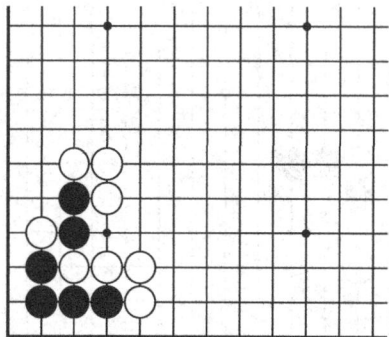

第 307 题

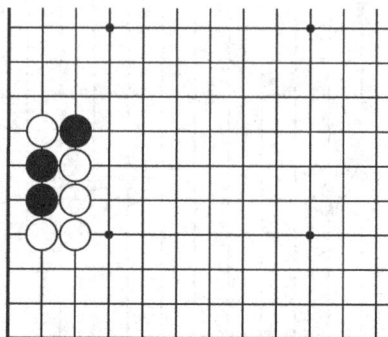

第 308 题

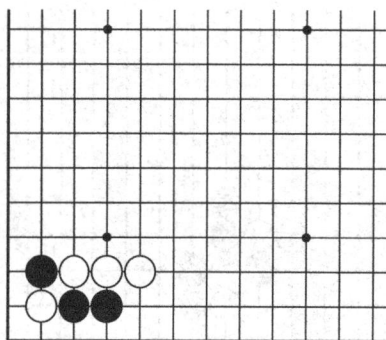

第 309 题

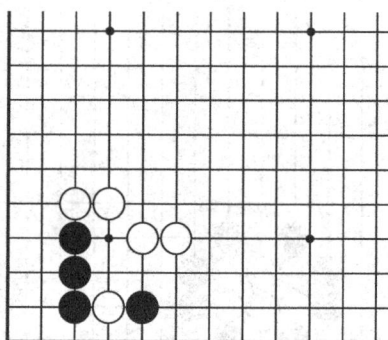

第 310 题

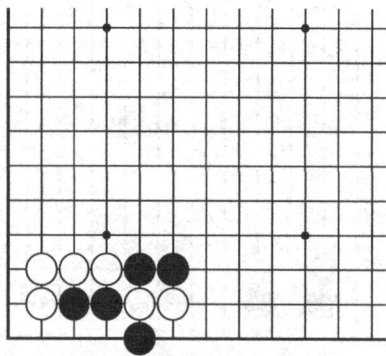

第 311 题

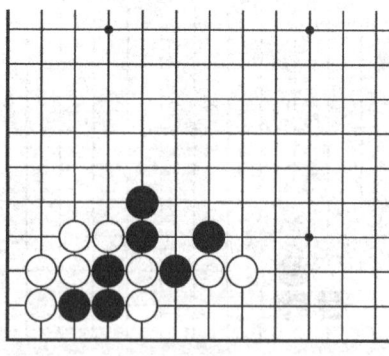

第 312 题

吃子方向（三）

黑先，请利用吃子方向吃掉白棋，在要下子的地方写1。

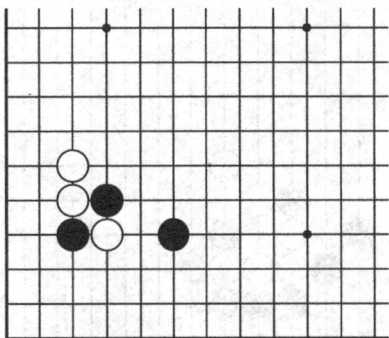

第 313 题

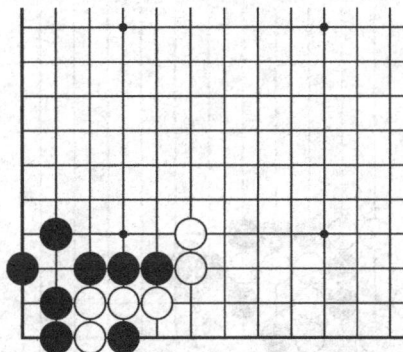

第 314 题

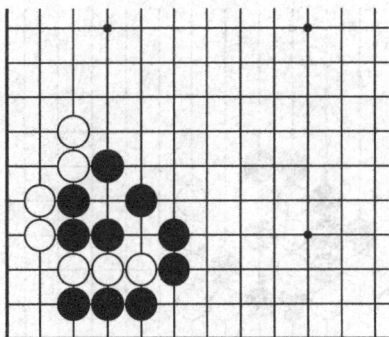

第 315 题

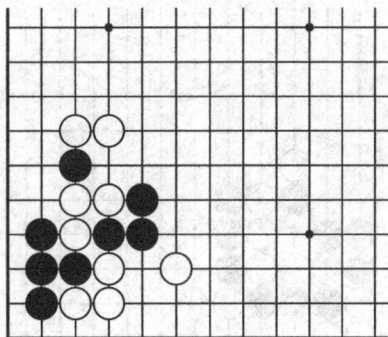

第 316 题

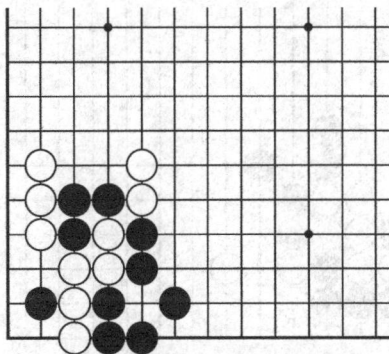

第 317 题

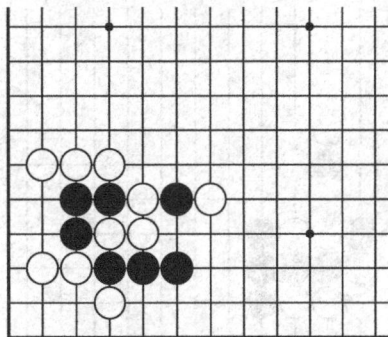

第 318 题

吃子方向（四）

黑先，请利用吃子方向吃掉白棋，在要下子的地方写1。

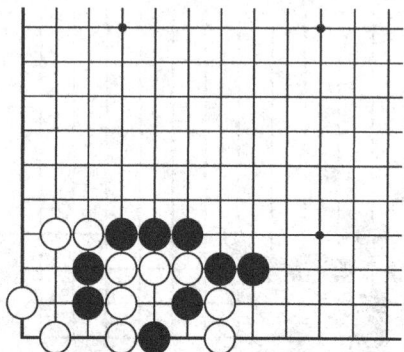

第 319 题

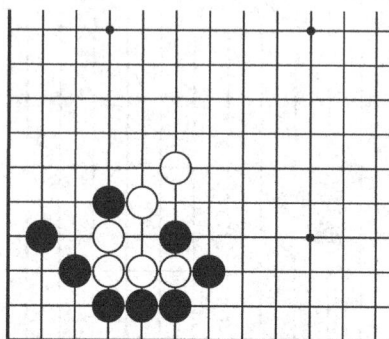

第 320 题

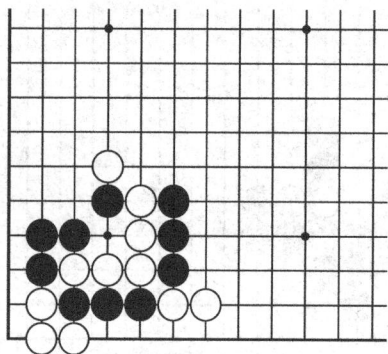

第 321 题

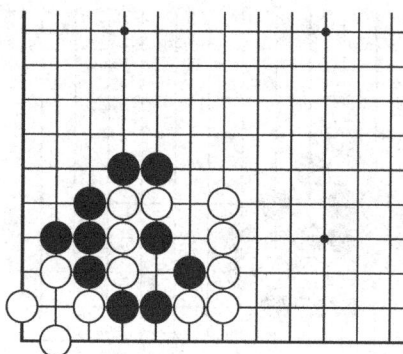

第 322 题

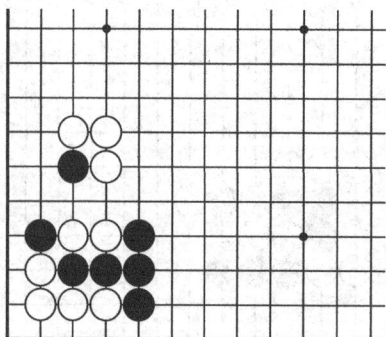

第 323 题

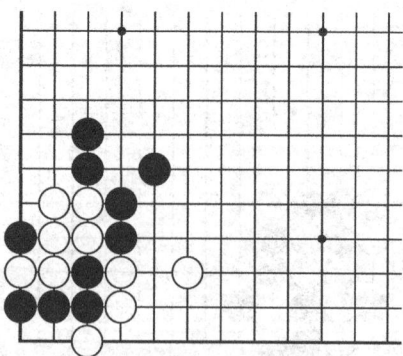

第 324 题

吃子方向（五）

黑先，请利用吃子方向吃掉白棋，在要下子的地方写1。

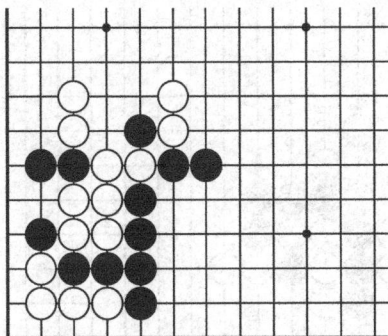

第 325 题

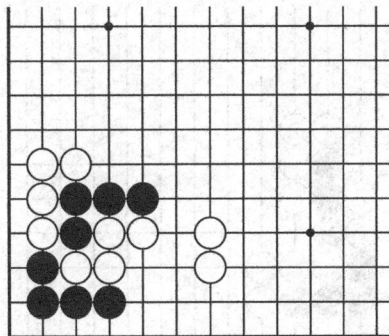

第 326 题

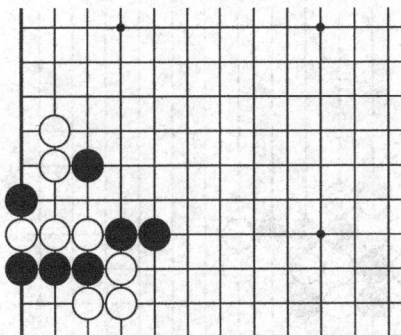

第 327 题

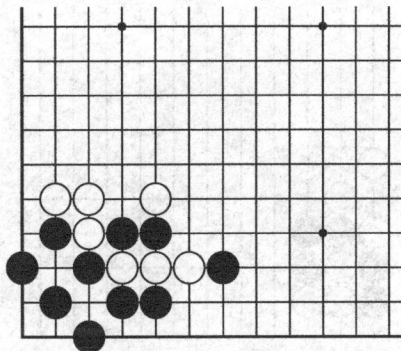

第 328 题

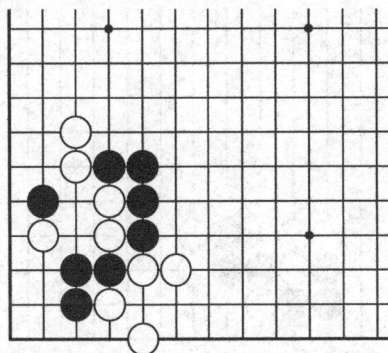

第 329 题

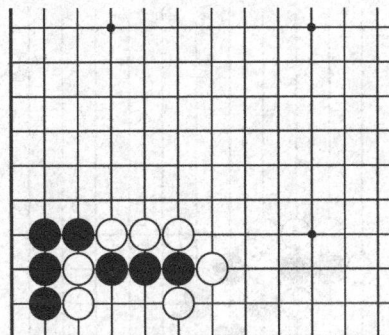

第 330 题

吃子方向（六）

黑先，请利用吃子方向吃掉白棋，在要下子的地方写1。

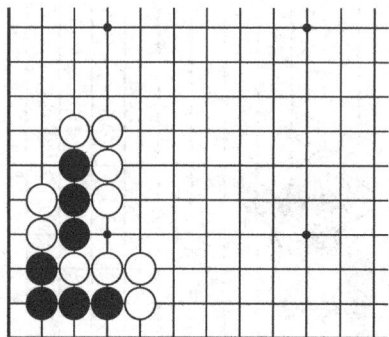

第 331 题

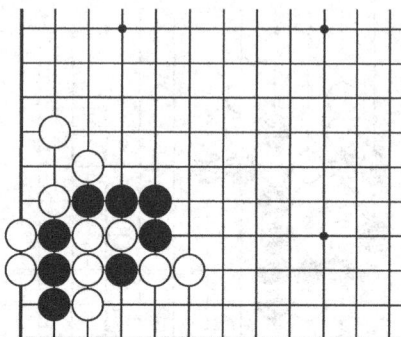

第 332 题

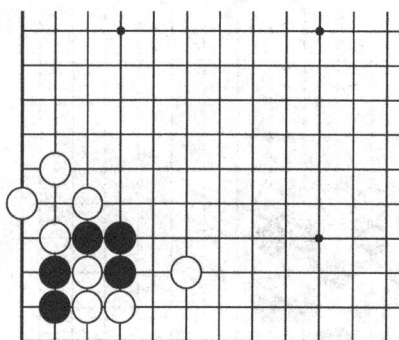

第 333 题

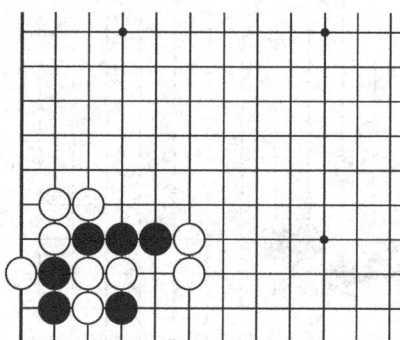

第 334 题

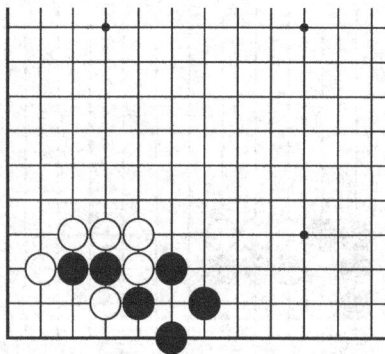

第 335 题

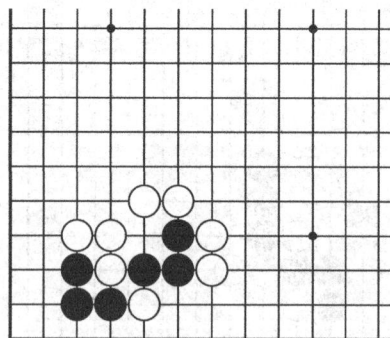

第 336 题

第四章
死活基础

如果说吃子技巧讲的是如何吃掉对手零散的棋子，那么死活题的作用就是练习如何吃掉对手的大块棋，或者说是确保自己的大块棋的安全。死活题的训练，是棋手的重要功课。

4.1 真眼假眼

当一方棋子围住一个或多个交叉点时，就形成了眼。眼又被分为真眼和假眼。对方无法破坏的眼叫作"真眼"；反之，可以被破坏的眼叫作"假眼"。假眼，是没有作用的眼。

图1 眼眶

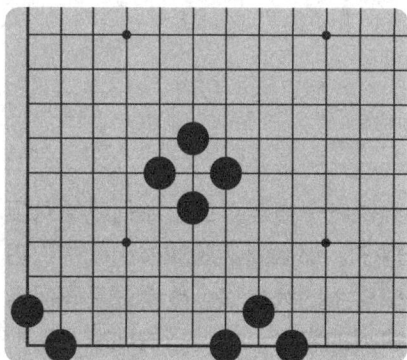

上图是眼的基本框架，也称作"眼眶"。

图3 边上的眼

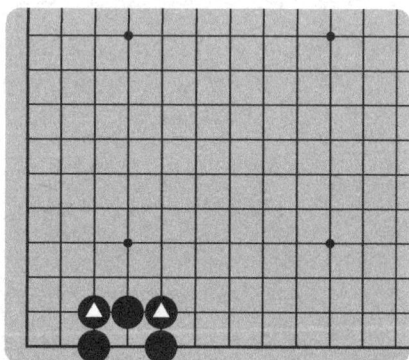

边上的眼。边上的眼有两个"眼角"，此眼必须有两个"眼角"保护才是真眼。

图2 角上的眼

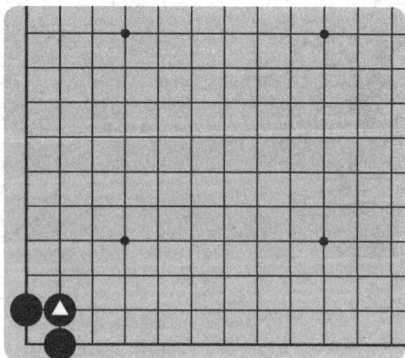

角上的眼。●是眼的"眼角"，有"眼角"保护的才是真眼。

图4 中间的眼

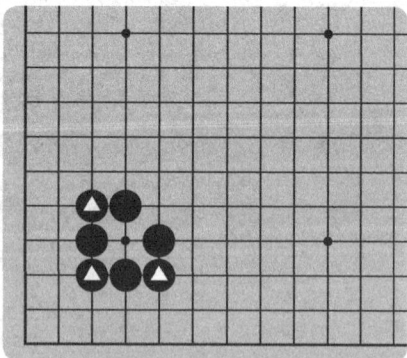

中间的眼。中间的眼有四个"眼角"，占据三个"眼角"，就可以成为一只真眼。

判断真眼假眼（一）

请判断黑棋形成的眼是否为真眼；若是真眼，在棋盘下方的括号中画√，假眼则画×。

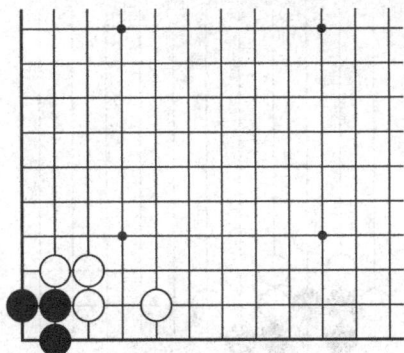

第 337 题 （　　）

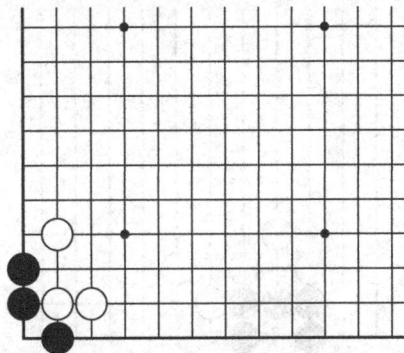

第 338 题 （　　）

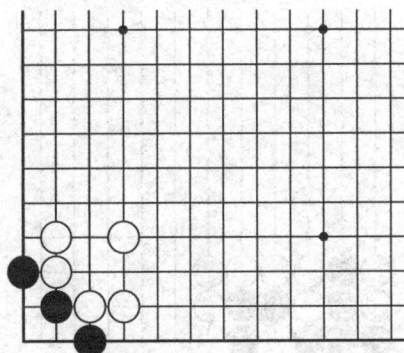

第 339 题 （　　）

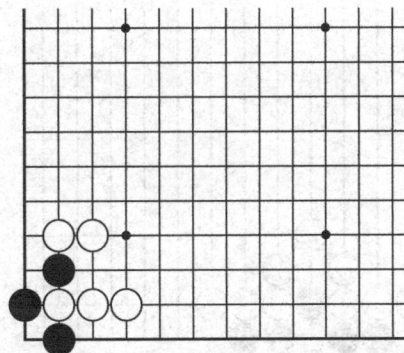

第 340 题 （　　）

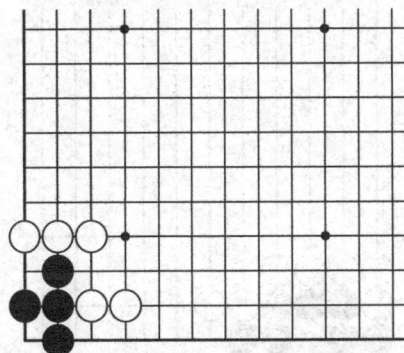

第 341 题 （　　）

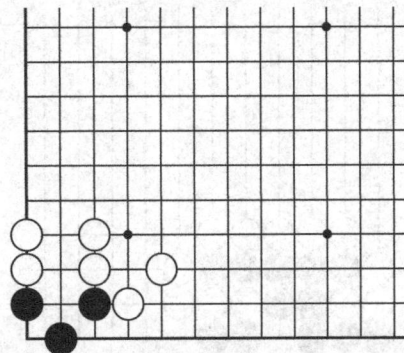

第 342 题 （　　）

判断真眼假眼（二）

请判断黑棋形成的眼是否为真眼；若是真眼，在棋盘下方的括号中画√，假眼则画×。

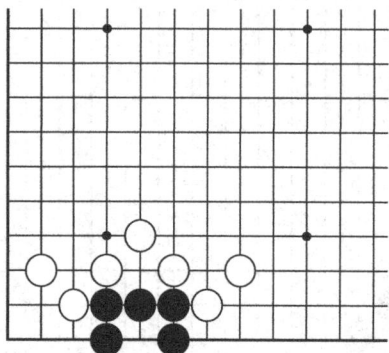

第 343 题 （　　）

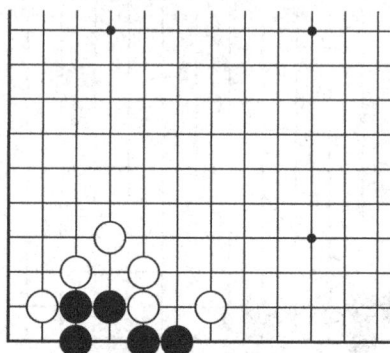

第 344 题 （　　）

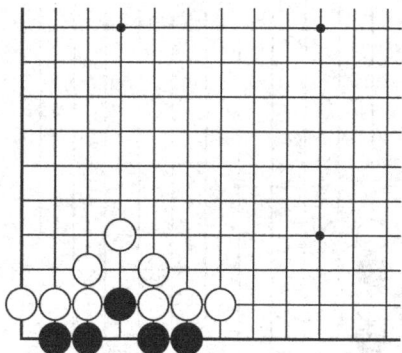

第 345 题 （　　）

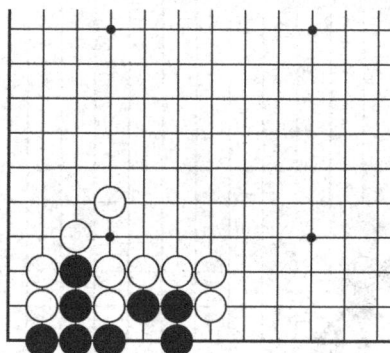

第 346 题 （　　）

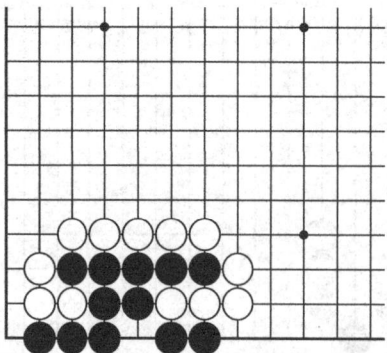

第 347 题 （　　）

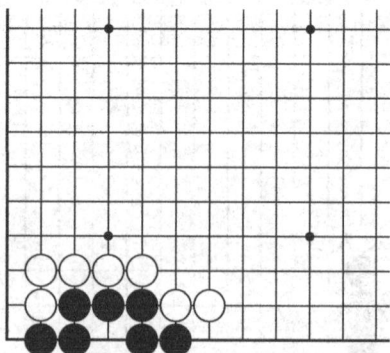

第 348 题 （　　）

判断真眼假眼（三）

请判断黑棋形成的眼是否为真眼；若是真眼，在棋盘下方的括号中画√，假眼则画×。

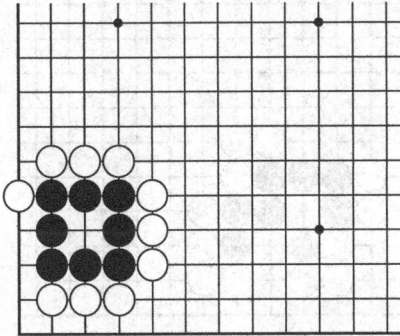

第 349 题 （　　）

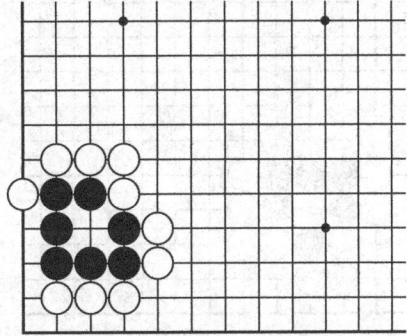

第 350 题 （　　）

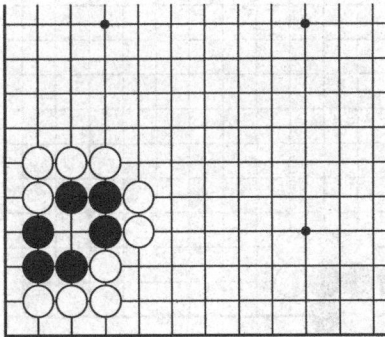

第 351 题 （　　）

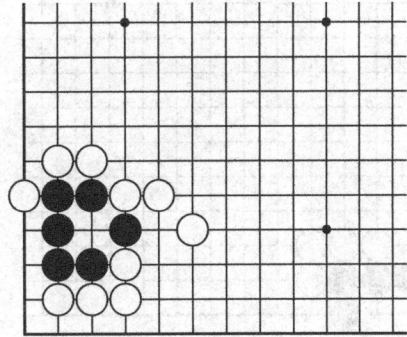

第 352 题 （　　）

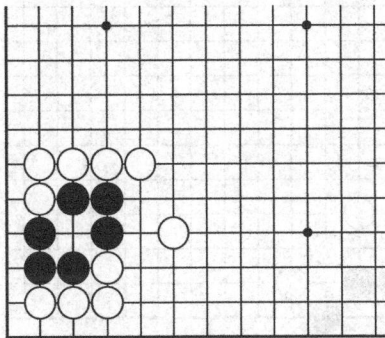

第 353 题 （　　）

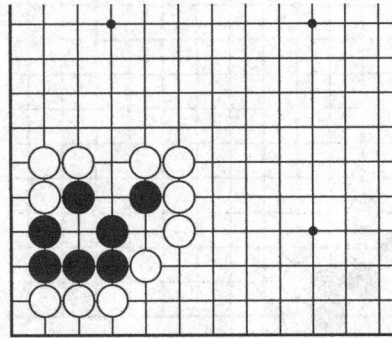

第 354 题 （　　）

判断真眼假眼（四）

请判断黑棋形成的眼是否为真眼；若是真眼，在棋盘下方的括号中画√，假眼则画×。

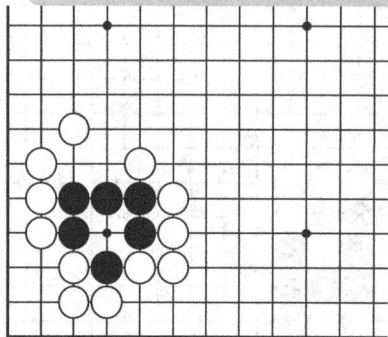

第 355 题　（　　）

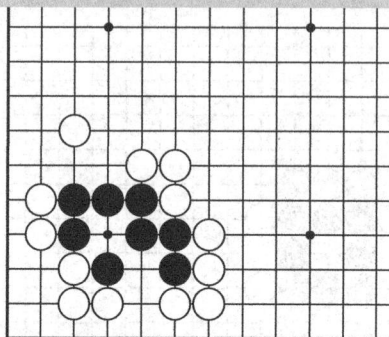

第 356 题　（　　）

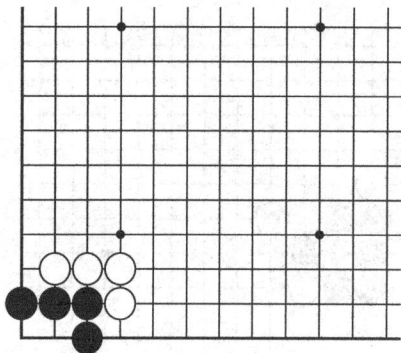

第 357 题　（　　）

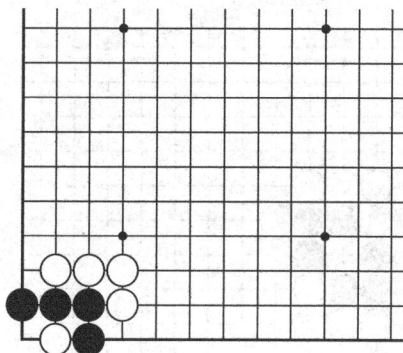

第 358 题　（　　）

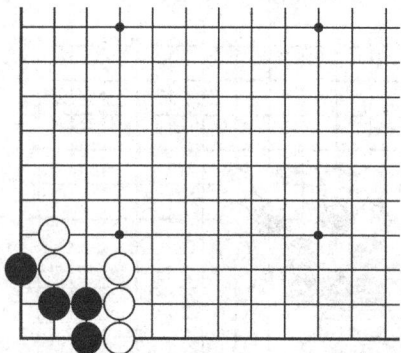

第 359 题　（　　）

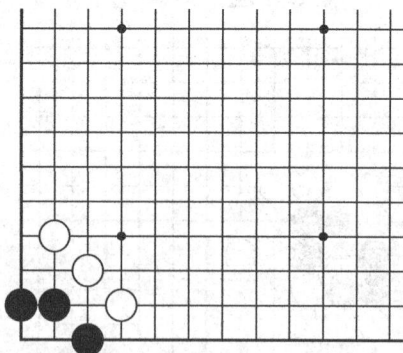

第 360 题　（　　）

判断真眼假眼（五）

请判断黑棋形成的眼是否为真眼；若是真眼，在棋盘
下方的括号中画√，假眼则画×。

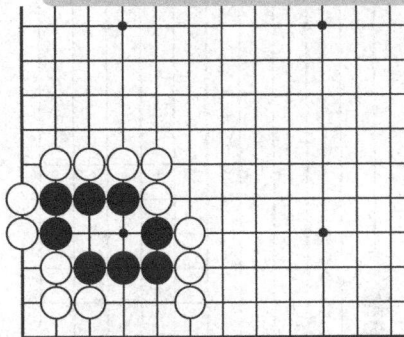

第 361 题（　　）

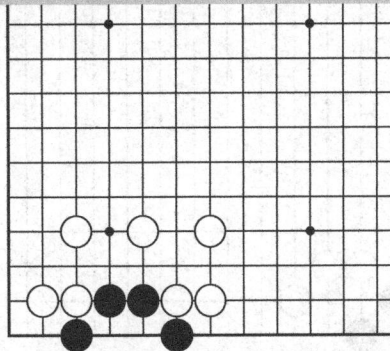

第 362 题（　　）

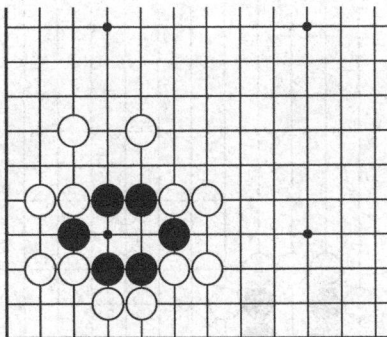

第 363 题（　　）

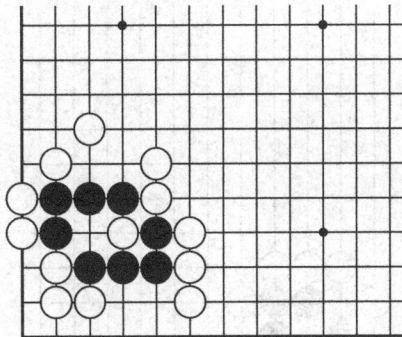

第 364 题（　　）

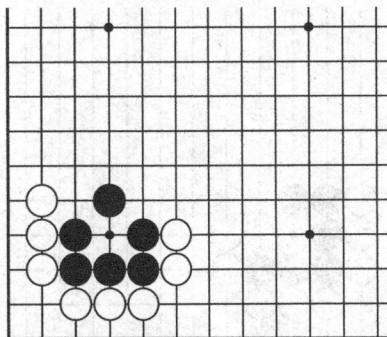

第 365 题（　　）

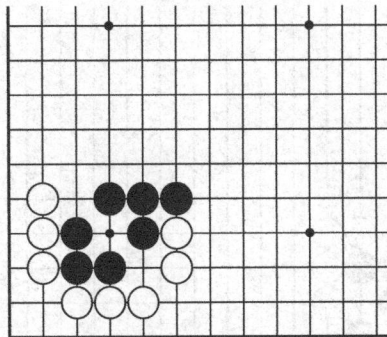

第 366 题（　　）

做眼（一）

黑先，请为黑棋做出一只真眼，在要下子的地方写1。

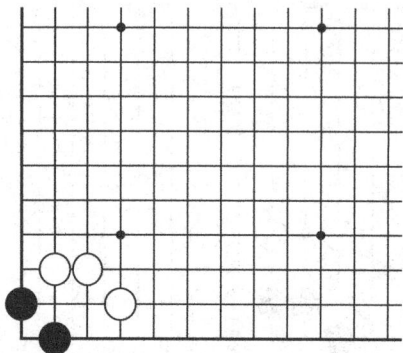

第 367 题

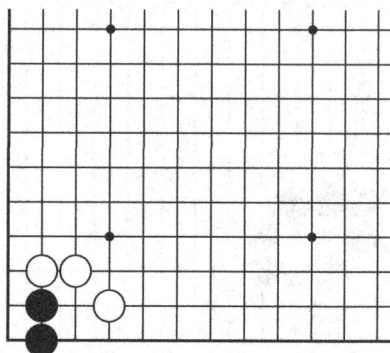

第 368 题

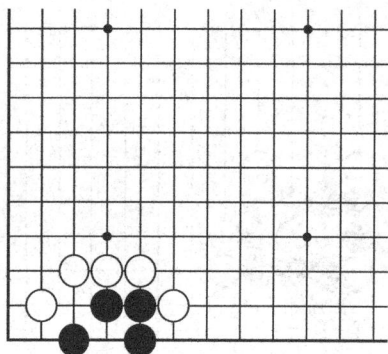

第 369 题

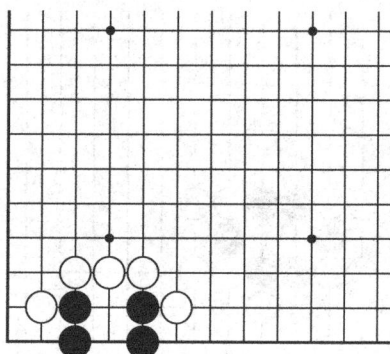

第 370 题

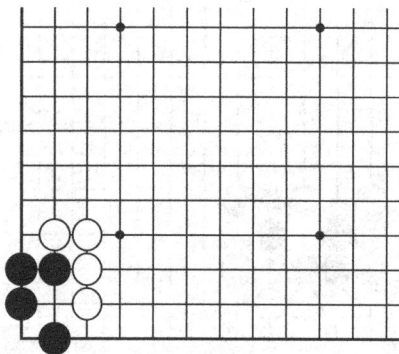

第 371 题

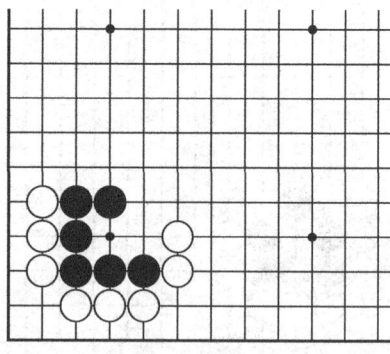

第 372 题

做眼（二）

黑先，请为黑棋做出一只真眼，在要下子的地方写1。

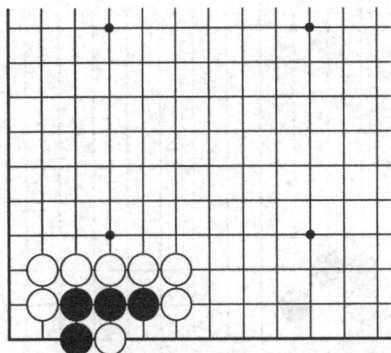

第 373 题

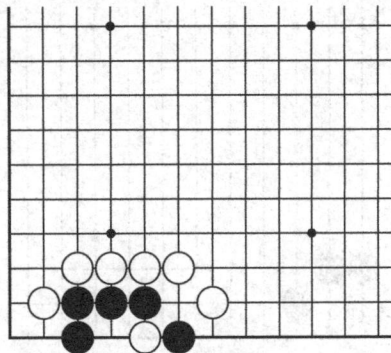

第 374 题

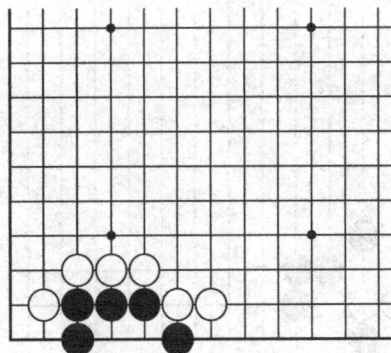

第 375 题

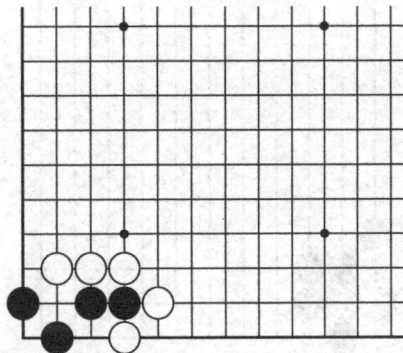

第 376 题

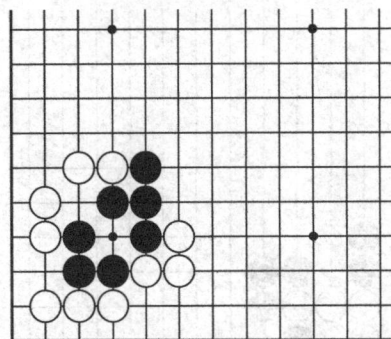

第 377 题

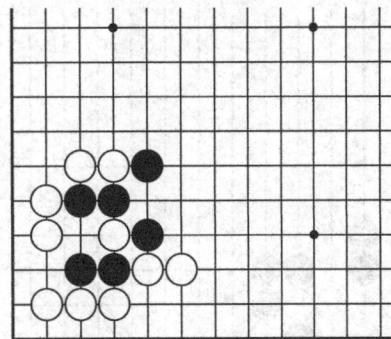

第 378 题

破眼（一）

黑先，请破掉白棋的眼，在要下子的地方写1。

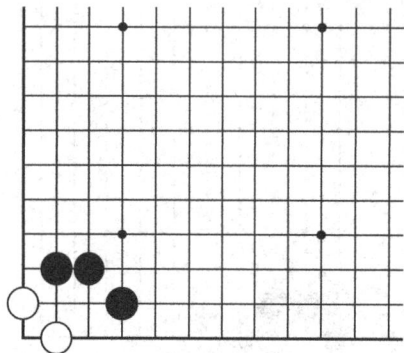

第 379 题

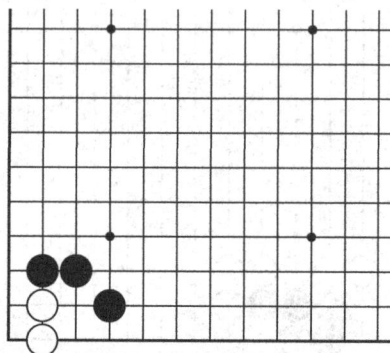

第 380 题

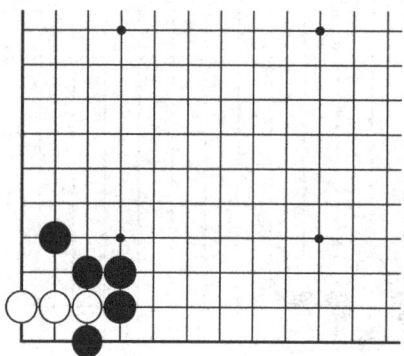

第 381 题

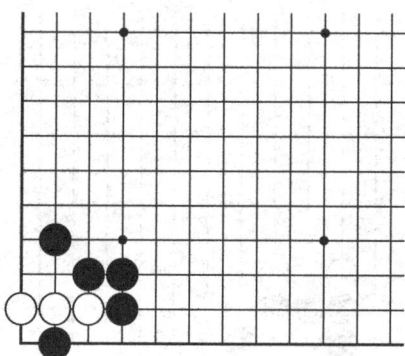

第 382 题

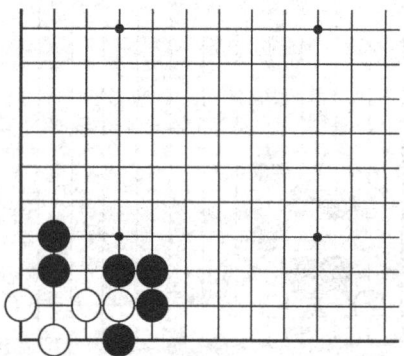

第 383 题

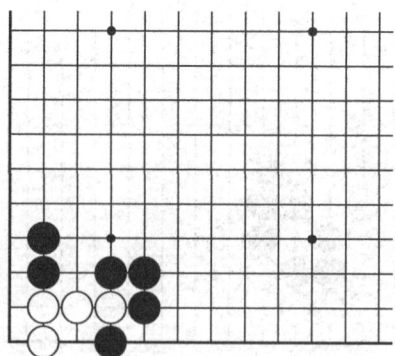

第 384 题

破眼（二）

黑先，请破掉白棋的眼，在要下子的地方写1。

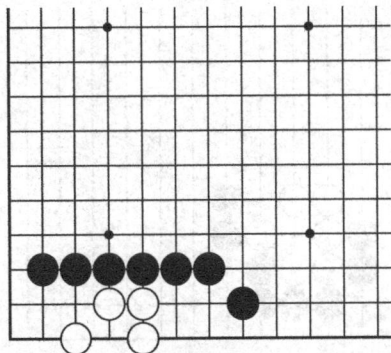

第 385 题

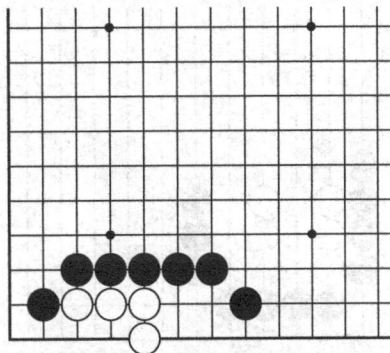

第 386 题

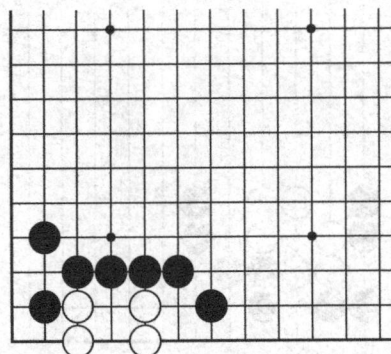

第 387 题

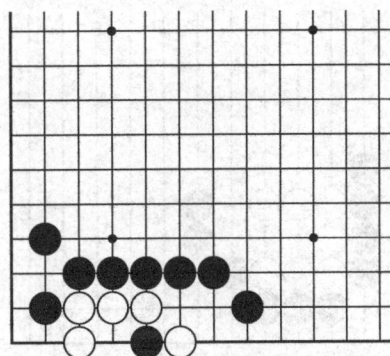

第 388 题

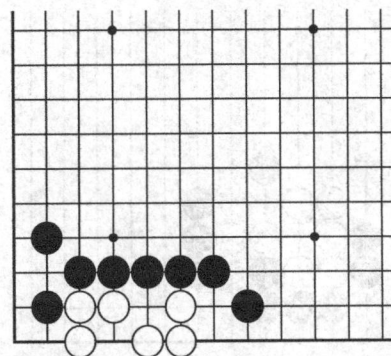

第 389 题

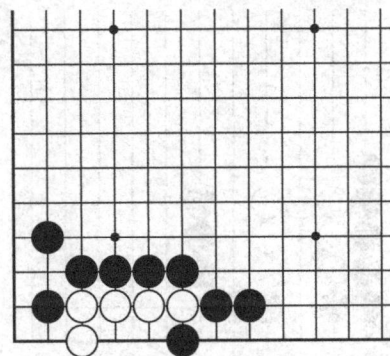

第 390 题

破眼（三）

黑先，请破掉白棋的眼，在要下子的地方写1。

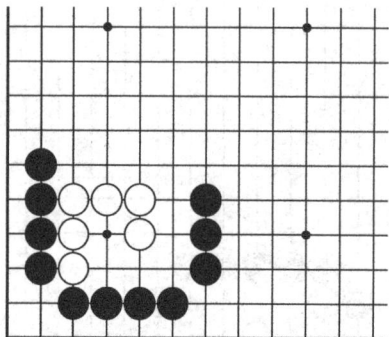

第 391 题

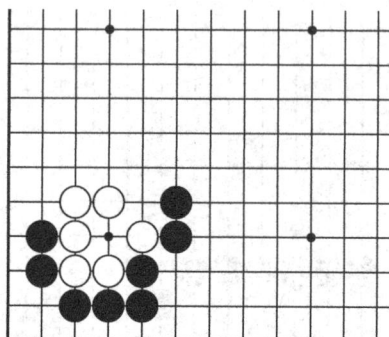

第 392 题

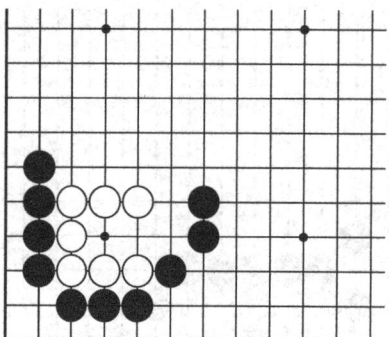

第 393 题

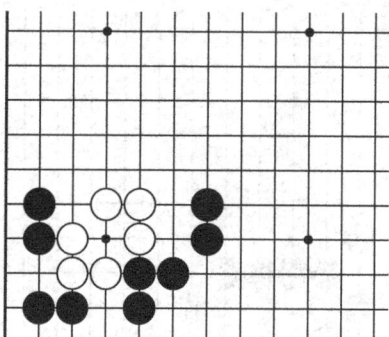

第 394 题

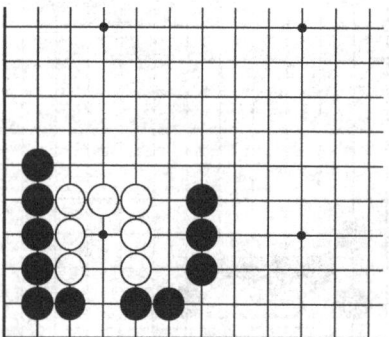

第 395 题

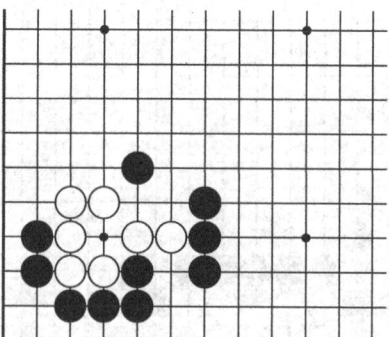

第 396 题

破眼（四）

黑先，请破掉白棋的眼，在要下子的地方写1。

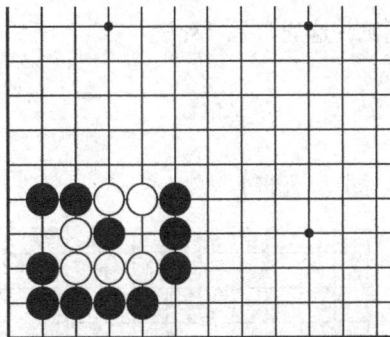

第 397 题

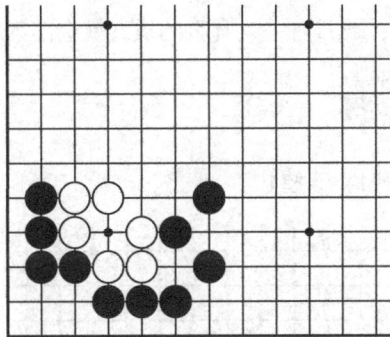

第 398 题

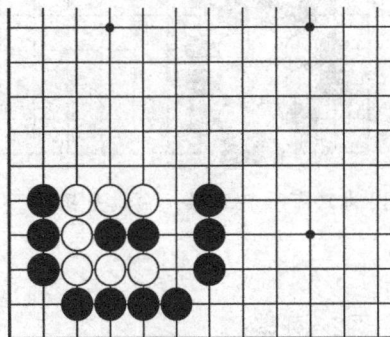

第 399 题

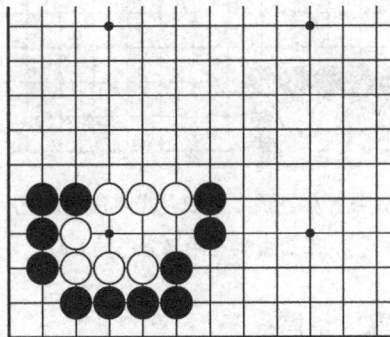

第 400 题

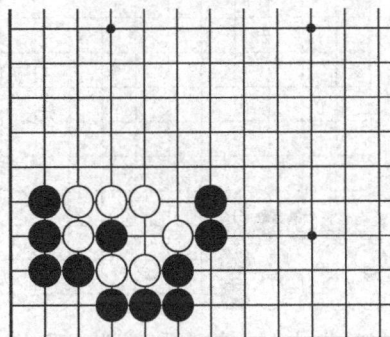

第 401 题

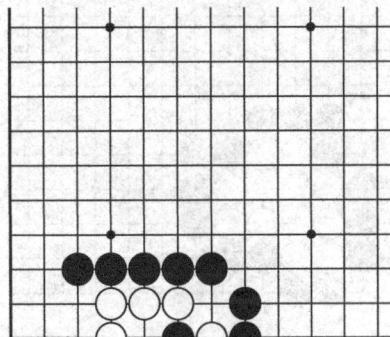

第 402 题

4.2 基本死活

死活体现了围棋的玄妙变化。大块棋子即使被对方围住，只要做出两只或两只以上完整的真眼，就是"活棋"，就可以在棋盘上继续生存下去。如果没有眼，或只有一只真眼的棋，就会陷入生存的危机，这通常是"死棋"。

例1　活棋

图1　活棋1

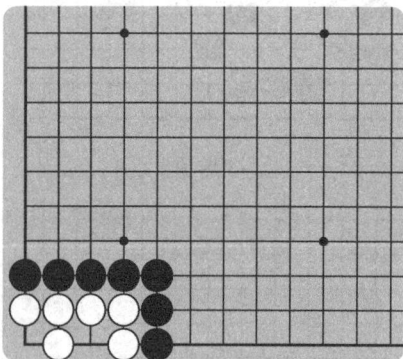

白棋被黑棋包围了，但是黑棋没办法吃掉白棋。因为白棋有两只完整的真眼。

图2　活棋2

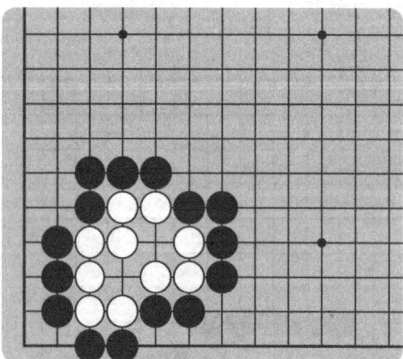

白棋被黑棋包围了，但是黑棋是吃不掉白棋的，所以白棋是活棋。

例2　死棋

图1　死棋1

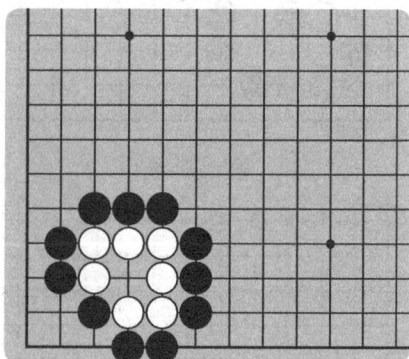

因为只有一只真眼，白棋是死棋。

图2　死棋2

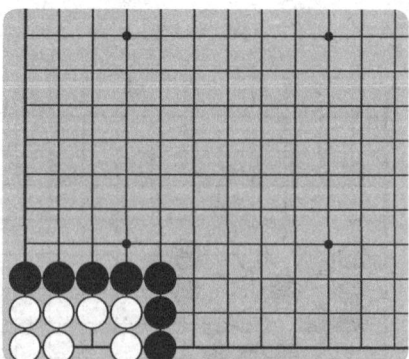

例1图1中的白棋本是活棋，因为填了自己的一只眼，变成了死棋。

判断死棋活棋（一）

请判断白棋是否为活棋；若是活棋，在棋盘下方的括号中画√，死棋则画×。

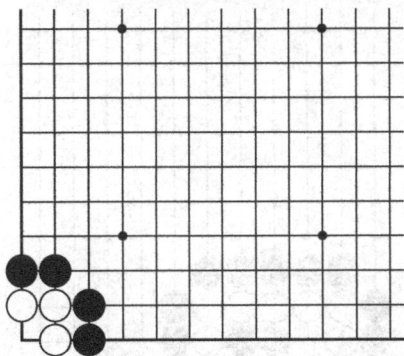

第 403 题　（　　）

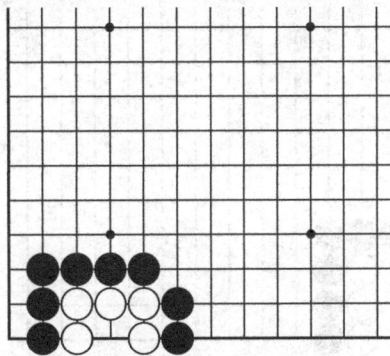

第 404 题　（　　）

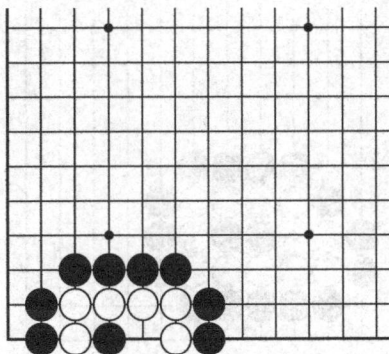

第 405 题　（　　）

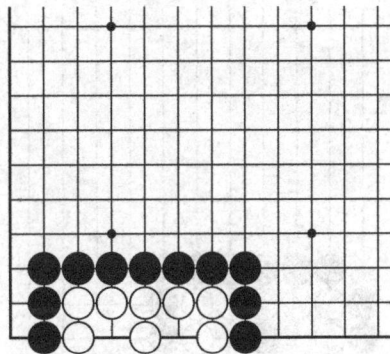

第 406 题　（　　）

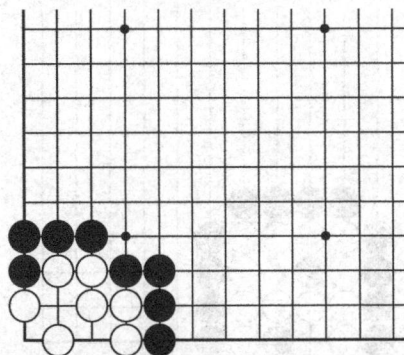

第 407 题　（　　）

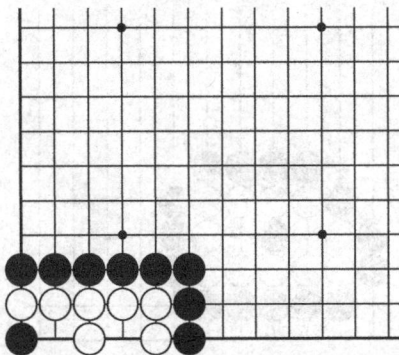

第 408 题　（　　）

判断死棋活棋（二）

请判断白棋是否为活棋；若是活棋，在棋盘下方的括号中画√，死棋则画×。

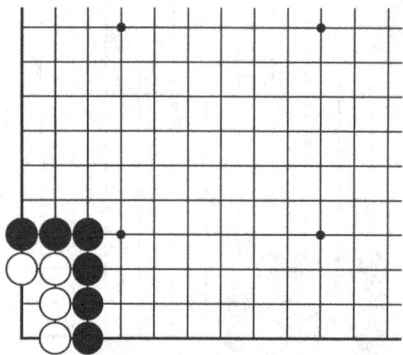

第 409 题 （　　）

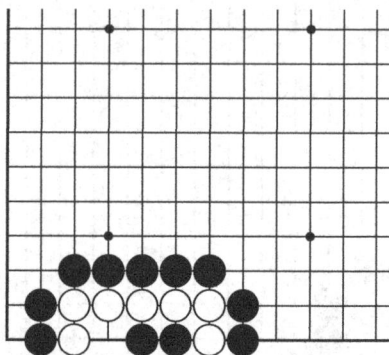

第 410 题 （　　）

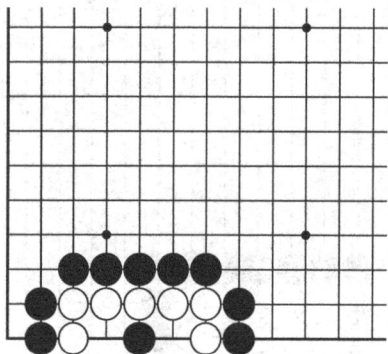

第 411 题 （　　）

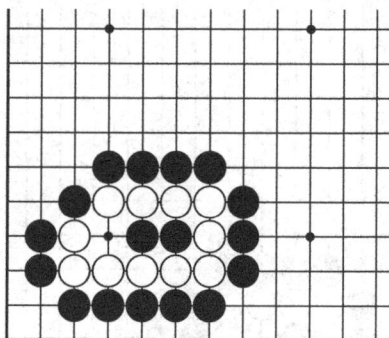

第 412 题 （　　）

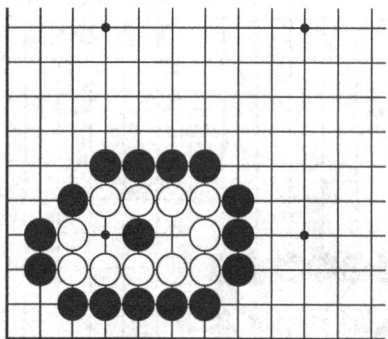

第 413 题 （　　）

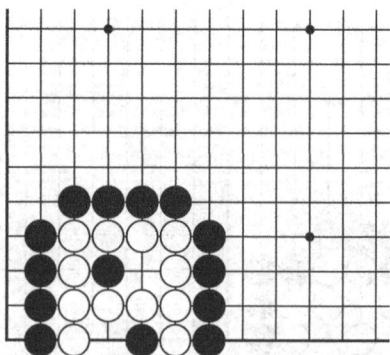

第 414 题 （　　）

判断死棋活棋（三）

请判断白棋是否为活棋；若是活棋，在棋盘下方的括号中画√，死棋则画×。

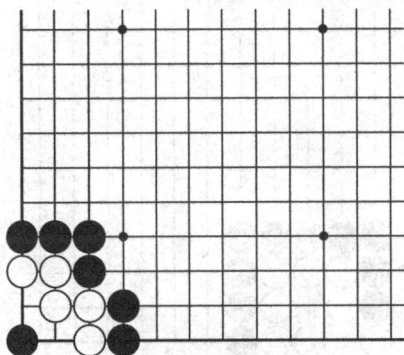

第 415 题 （　　）

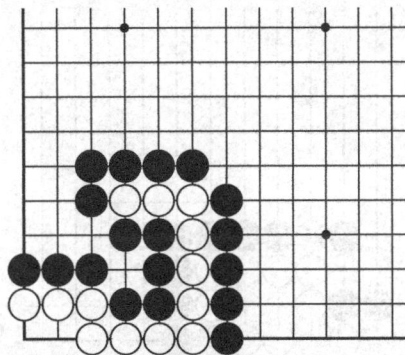

第 416 题 （　　）

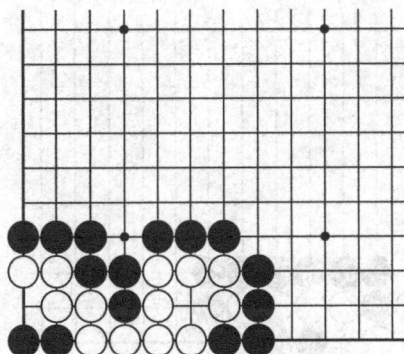

第 417 题 （　　）

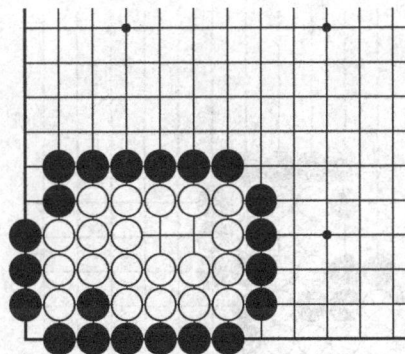

第 418 题 （　　）

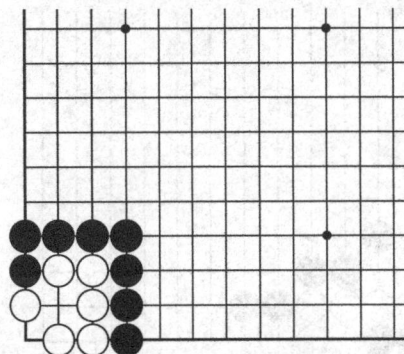

第 419 题 （　　）

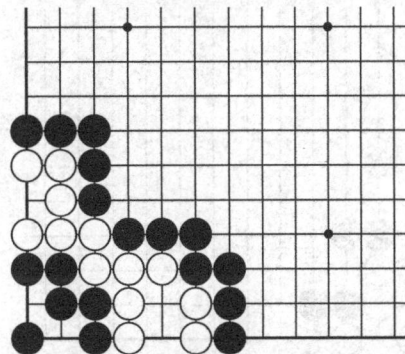

第 420 题 （　　）

判断死棋活棋（四）

请判断白棋是否为活棋；若是活棋，在棋盘下方的括号中画√，死棋则画×。

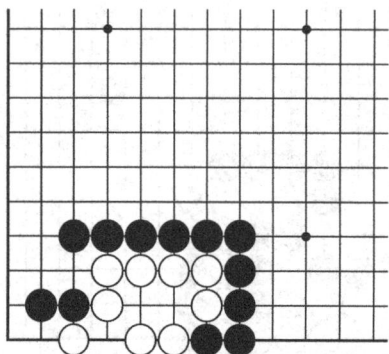

第 421 题 （　　　）

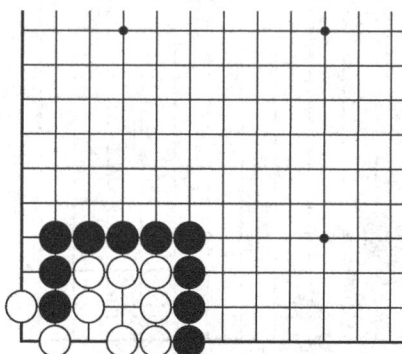

第 422 题 （　　　）

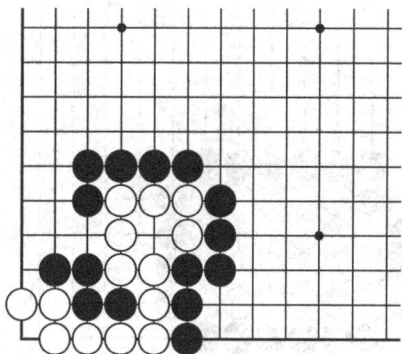

第 423 题 （　　　）

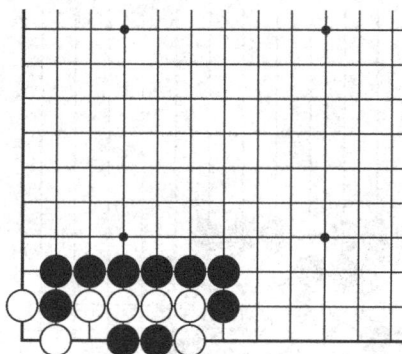

第 424 题 （　　　）

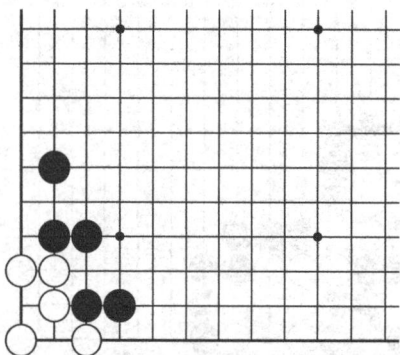

第 425 题 （　　　）

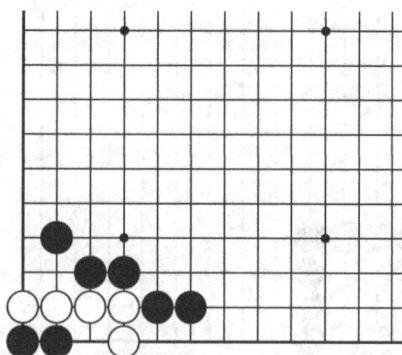

第 426 题 （　　　）

判断死棋活棋（五）

请判断白棋是否为活棋；若是活棋，在棋盘下方的括号中画√，死棋则画×。

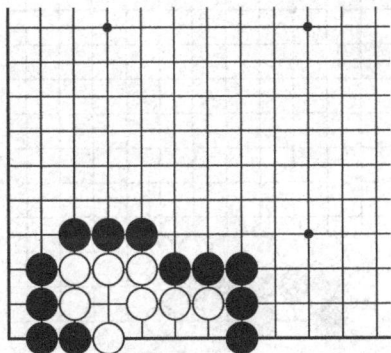

第 427 题 （　　）

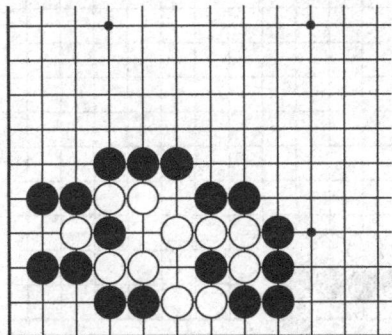

第 428 题 （　　）

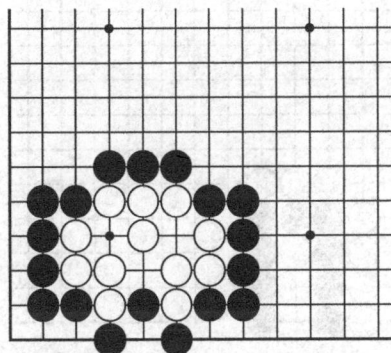

第 429 题 （　　）

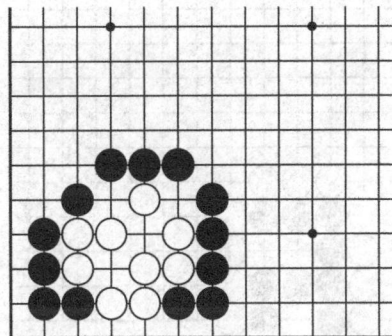

第 430 题 （　　）

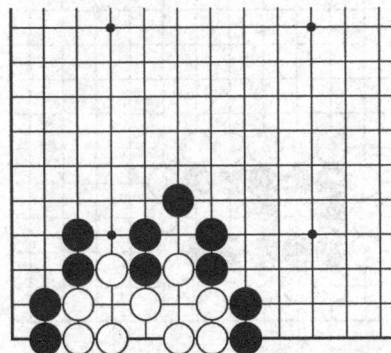

第 431 题 （　　）

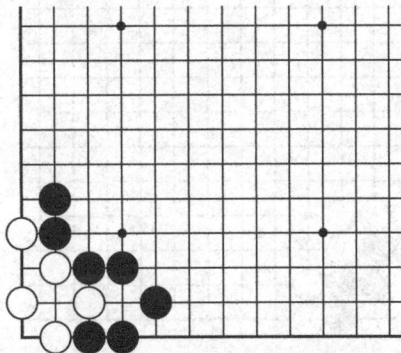

第 432 题 （　　）

基本活棋（一）

黑先，请两眼做活黑棋，在要下子的地方写1。

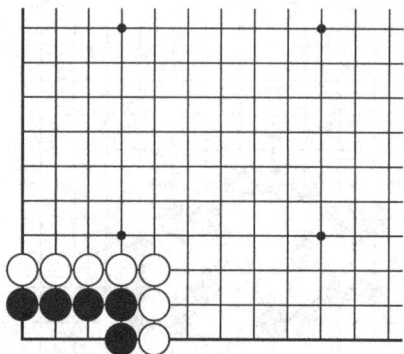

第 433 题

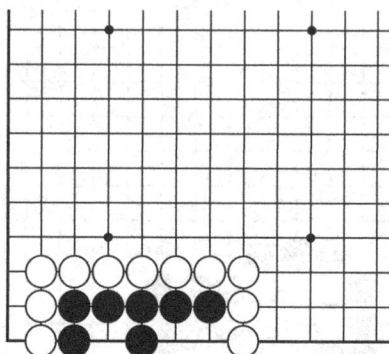

第 434 题

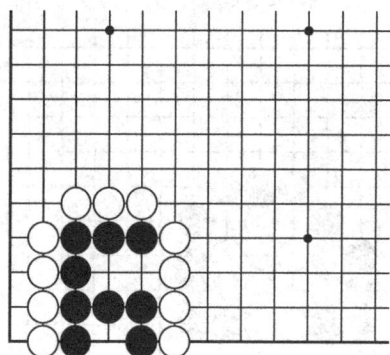

第 435 题

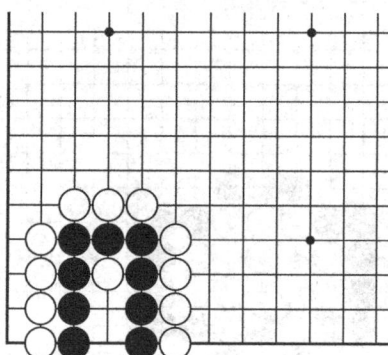

第 436 题

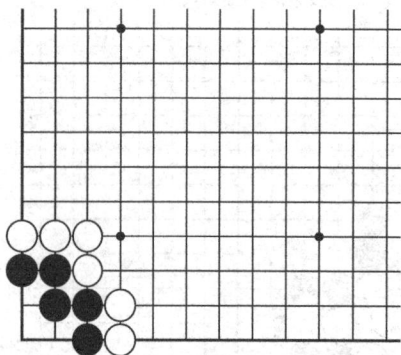

第 437 题

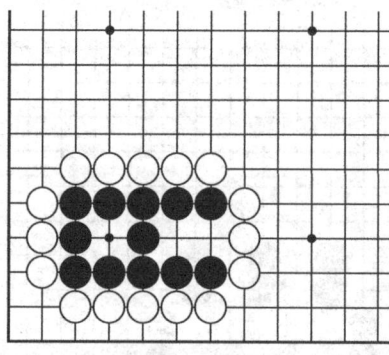

第 438 题

基本活棋（二）

黑先，请两眼做活黑棋，在要下子的地方写1。

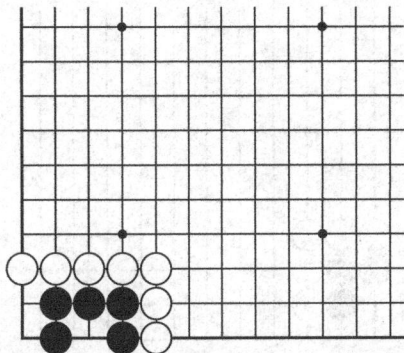

第 439 题

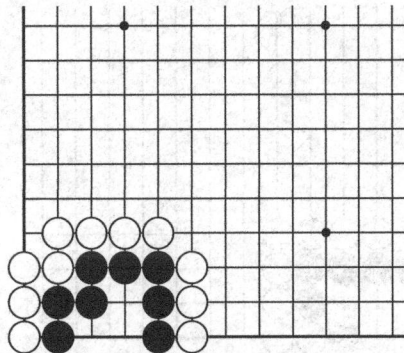

第 440 题

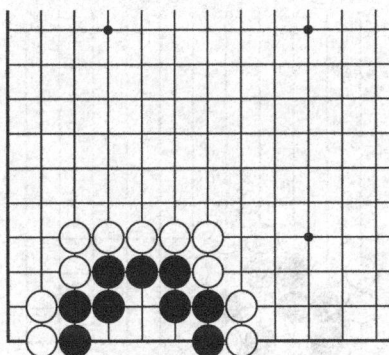

第 441 题

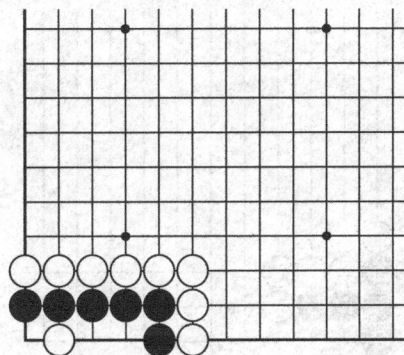

第 442 题

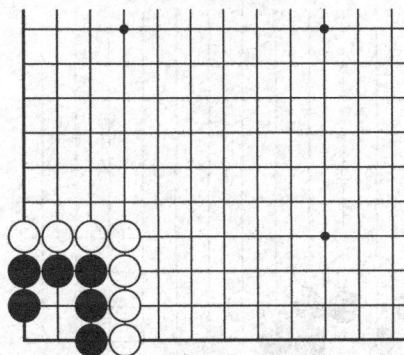

第 443 题

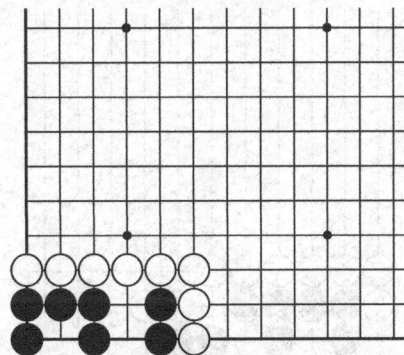

第 444 题

基本活棋（三）

黑先，请两眼做活黑棋，在要下子的地方写1。

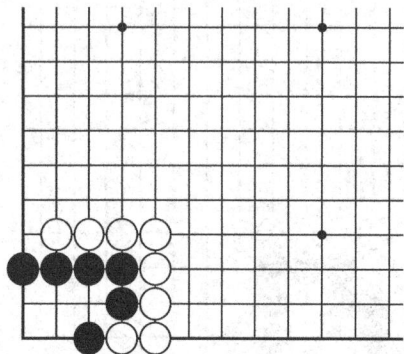

第 445 题

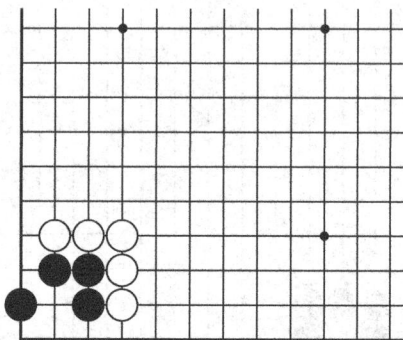

第 446 题

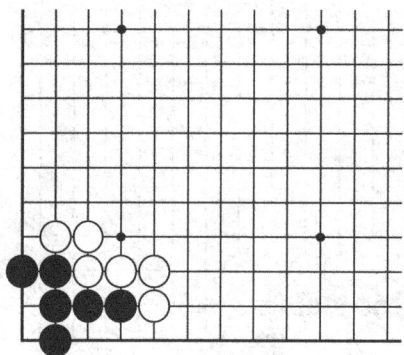

第 447 题

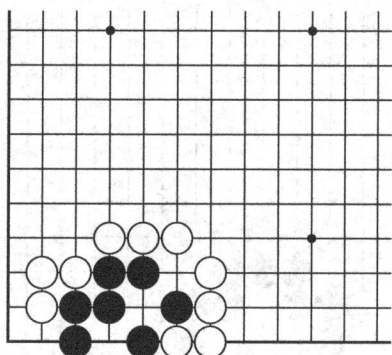

第 448 题

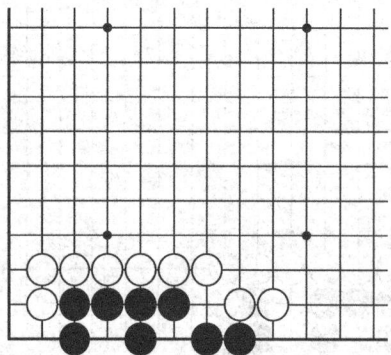

第 449 题

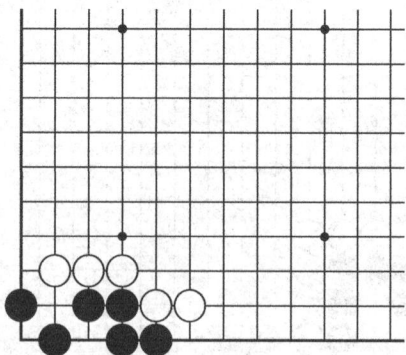

第 450 题

基本活棋（四）

黑先，请两眼做活黑棋，在要下子的地方写1。

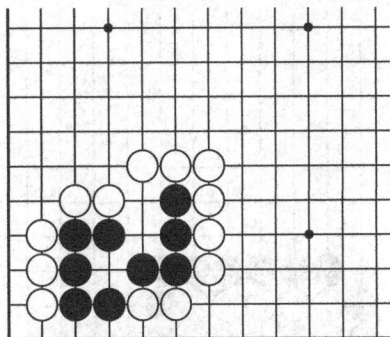

第 451 题

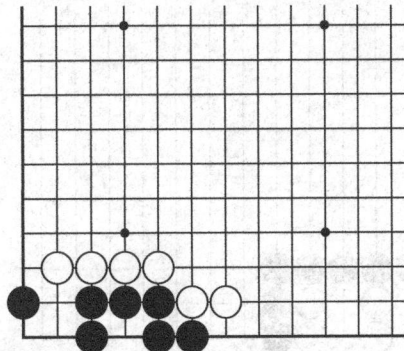

第 452 题

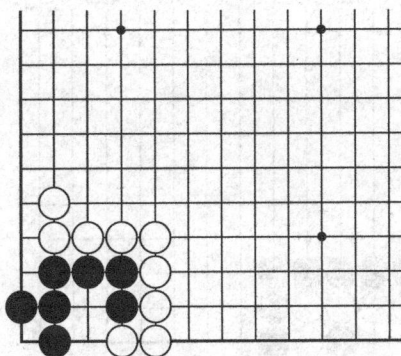

第 453 题

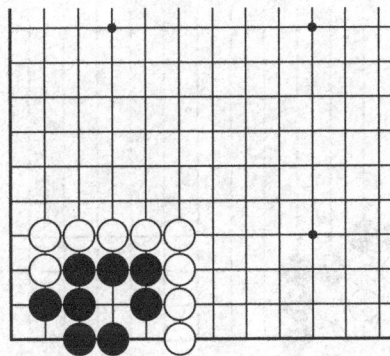

第 454 题

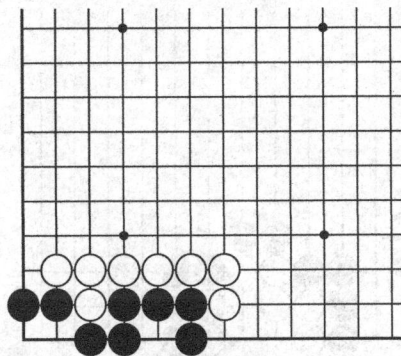

第 455 题

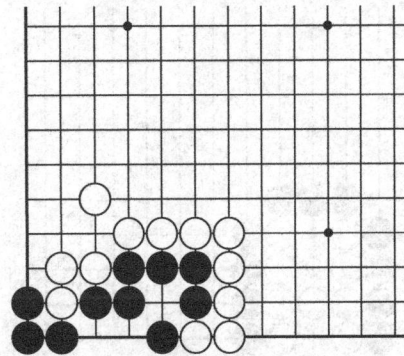

第 456 题

基本杀棋（一）

黑先，请破眼杀白棋，在要下子的地方写1。

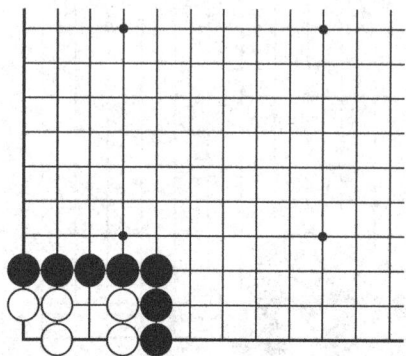

第 457 题

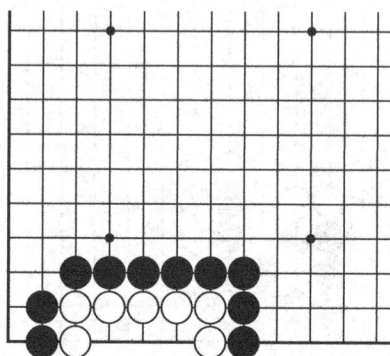

第 458 题

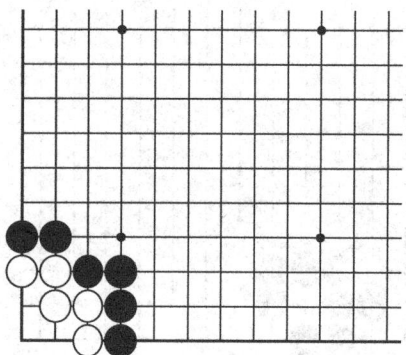

第 459 题

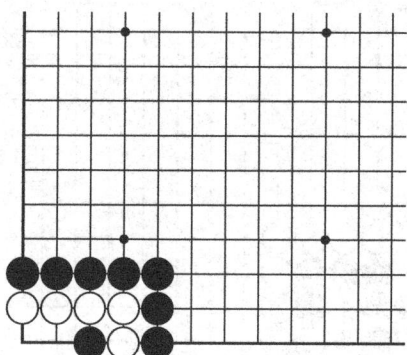

第 460 题

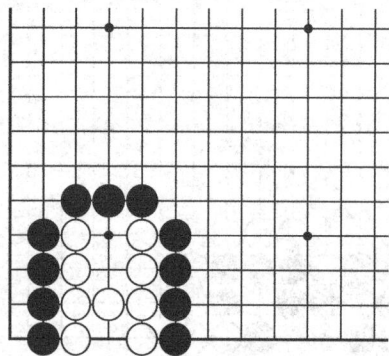

第 461 题

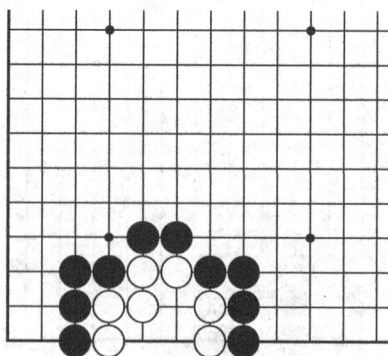

第 462 题

基本杀棋（二）

黑先，请破眼杀白棋，在要下子的地方写1。

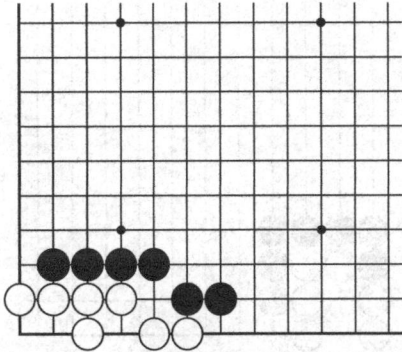

第 463 题

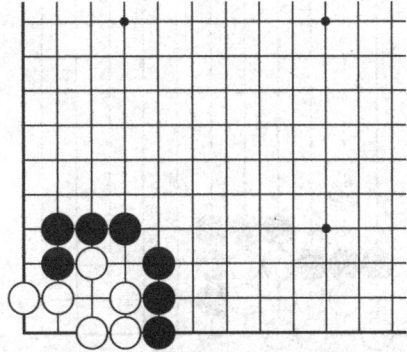

第 464 题

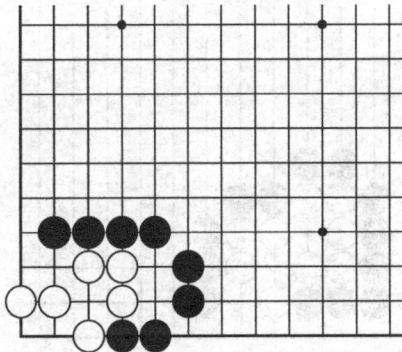

第 465 题

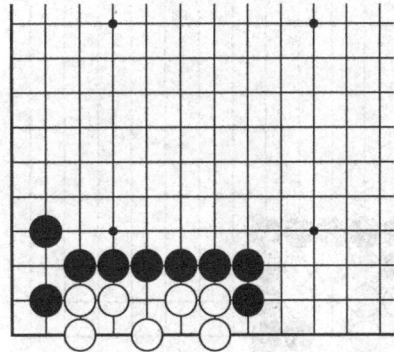

第 466 题

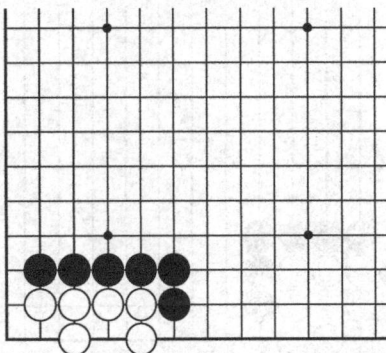

第 467 题

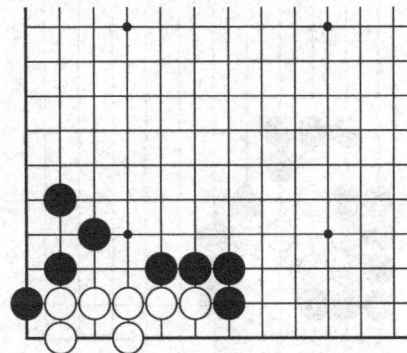

第 468 题

基本杀棋（三）

黑先，请破眼杀白棋，在要下子的地方写1。

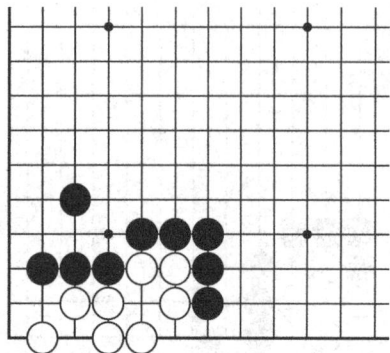

第 469 题

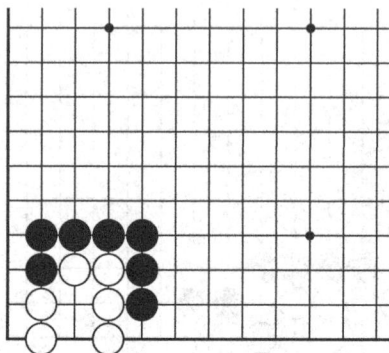

第 470 题

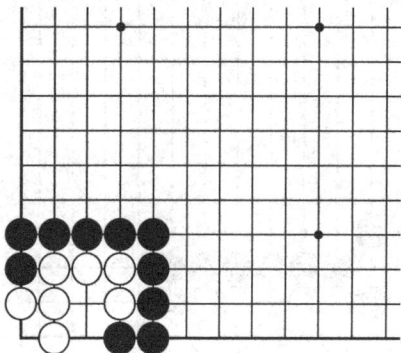

第 471 题

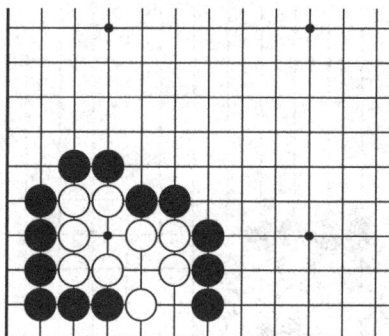

第 472 题

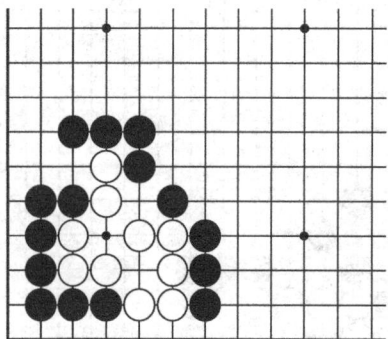

第 473 题

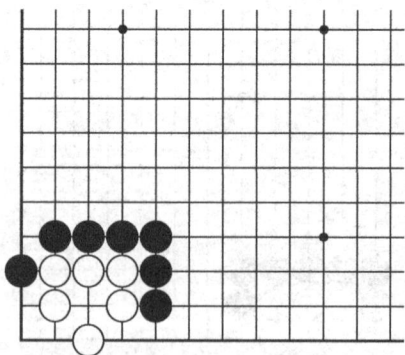

第 474 题

基本杀棋（四）

黑先，请破眼杀白棋，在要下子的地方写1。

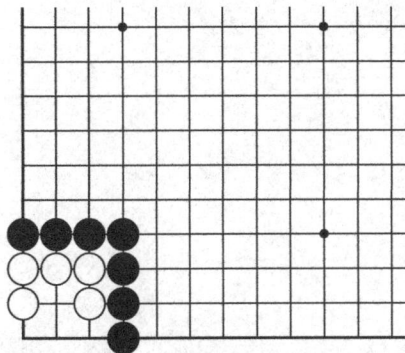

第 475 题

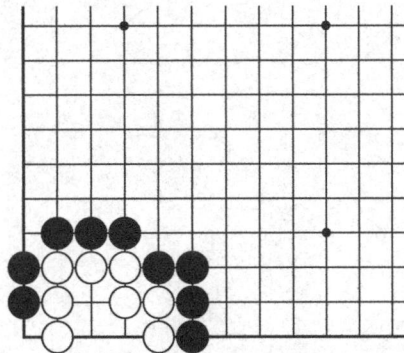

第 476 题

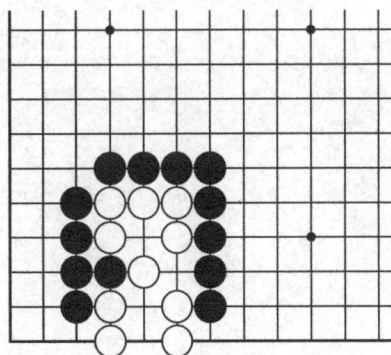

第 477 题

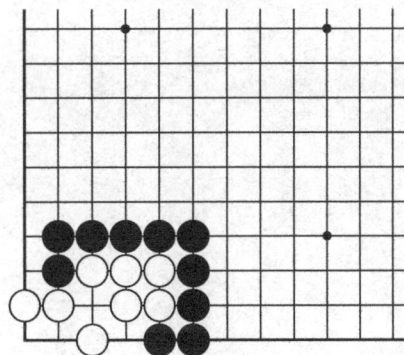

第 478 题

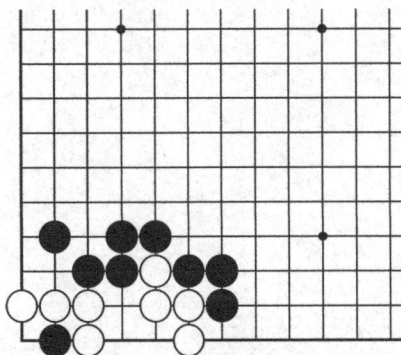

第 479 题

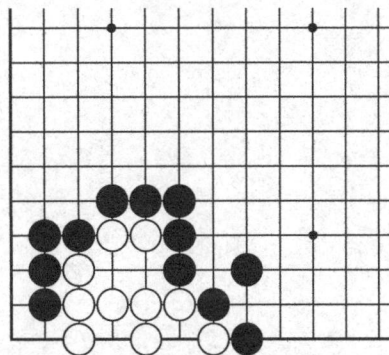

第 480 题

第五章

吃子技巧（二）

围棋初学者实力的差距主要由吃子技巧的掌握程度造成。本章介绍的吃子技巧较之前会有一些计算力的要求，希望大家好好练习。

5.1 倒扑

倒扑是围棋的一种吃子手筋，指故意在对方的虎口里下一颗子，如果对方吃掉，我们可以再在同样的地方下子，吃掉对方许多棋。

例1 倒扑1

图1 问题图

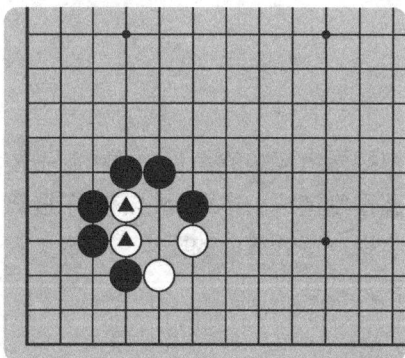

黑先，如何吃▲。

图2 正解图

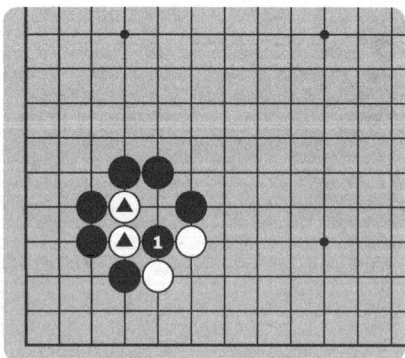

黑1放入白棋虎口，利用倒扑吃▲。

例2 倒扑2

图1 问题图

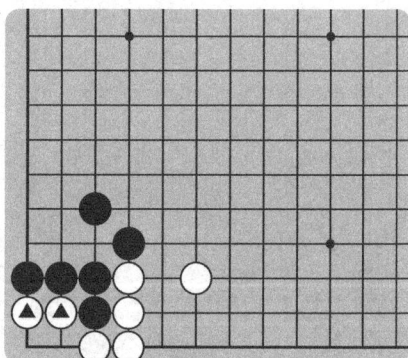

黑先，如何吃▲。

图2 正解图

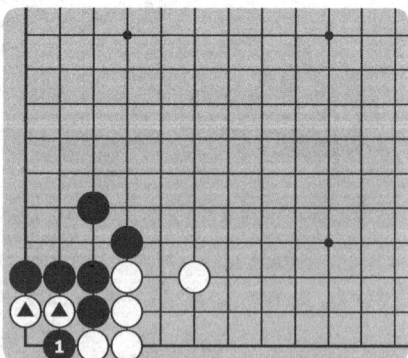

黑1放入白棋虎口，利用倒扑吃▲。

倒扑（一）

黑先，利用倒扑技巧吃掉白棋，在要下子的地方写1。

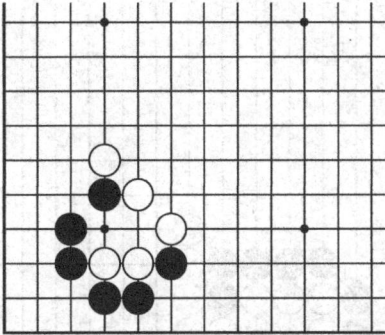

第 481 题

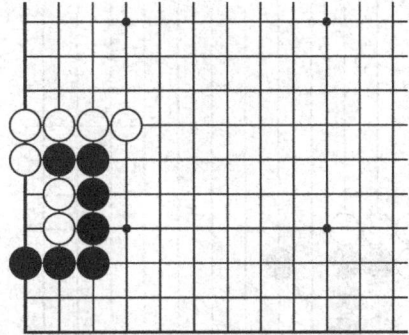

第 482 题

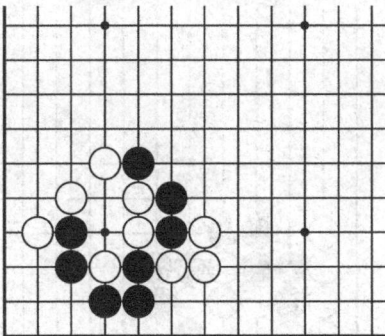

第 483 题

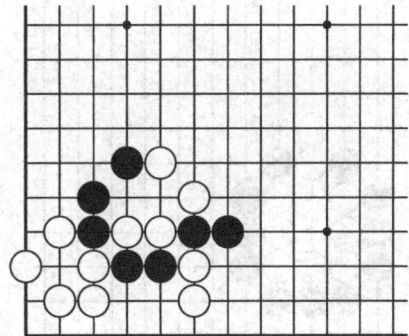

第 484 题

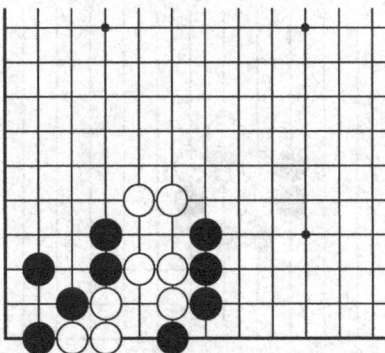

第 485 题

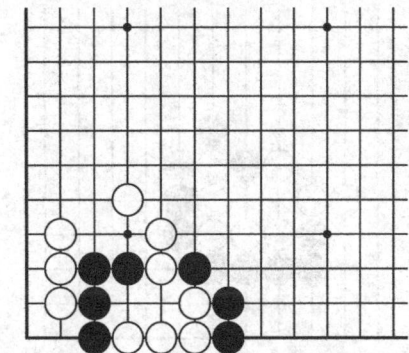

第 486 题

倒扑（二）

黑先，利用倒扑技巧吃掉白棋，在要下子的地方写1。

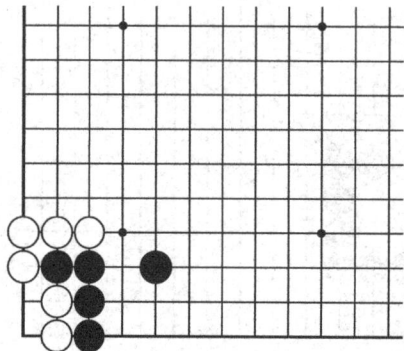

第 487 题

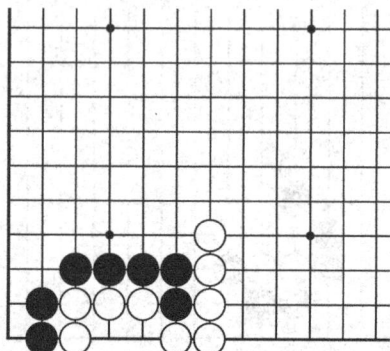

第 488 题

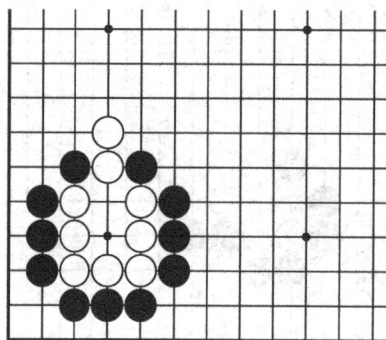

第 489 题

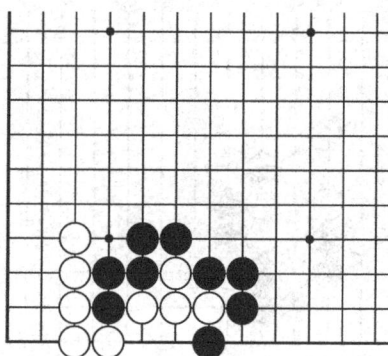

第 490 题

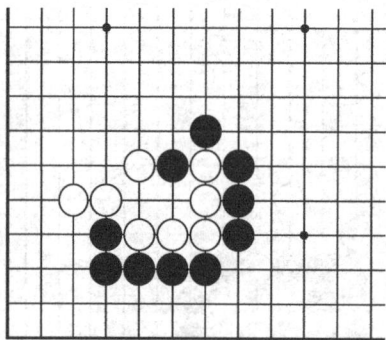

第 491 题

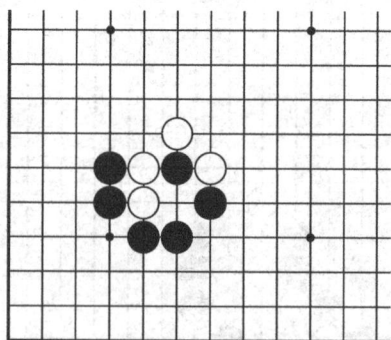

第 492 题

倒扑（三）

黑先，利用倒扑技巧吃掉白棋，在要下子的地方写1。

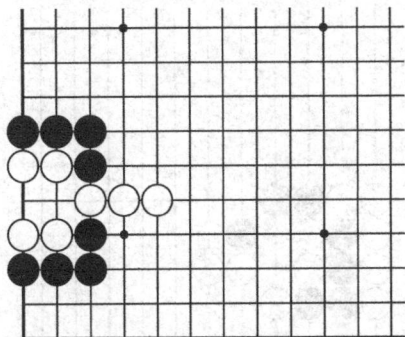

第 493 题

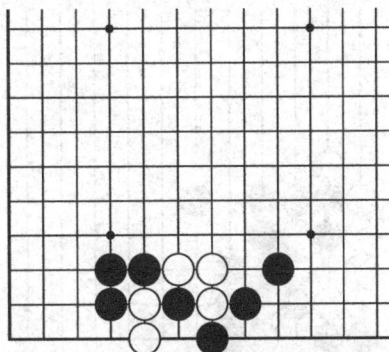

第 494 题

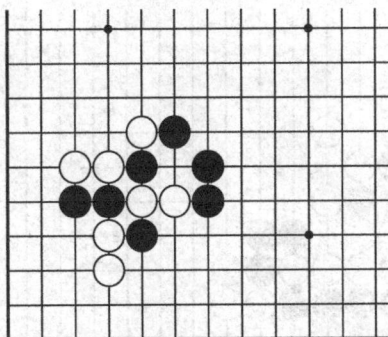

第 495 题

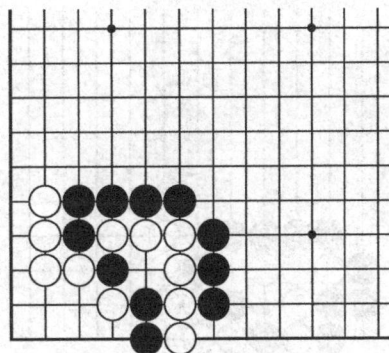

第 496 题

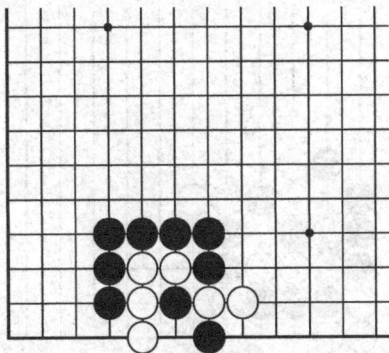

第 497 题

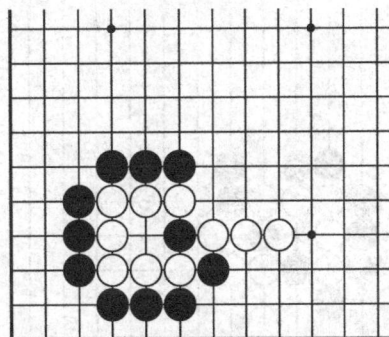

第 498 题

111

倒扑（四）

黑先，利用倒扑技巧吃掉白棋，在要下子的地方写1。

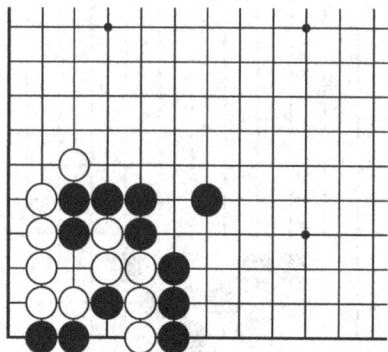

第 499 题

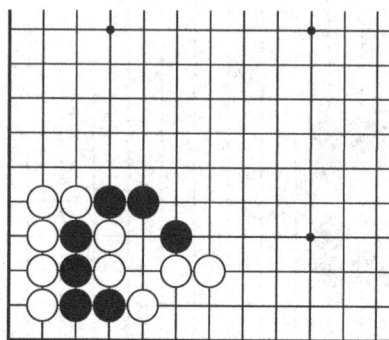

第 500 题

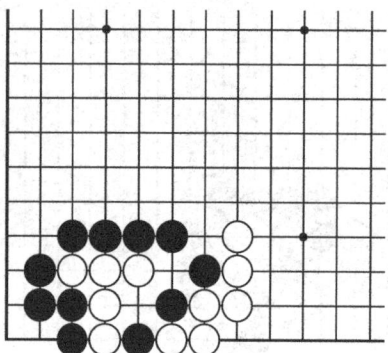

第 501 题

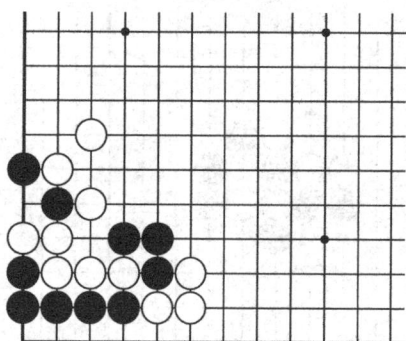

第 502 题

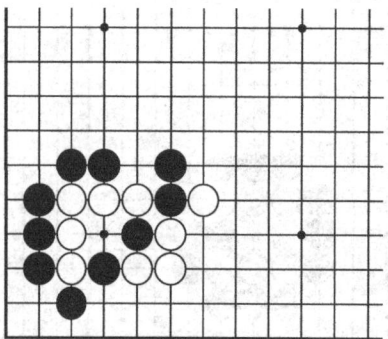

第 503 题

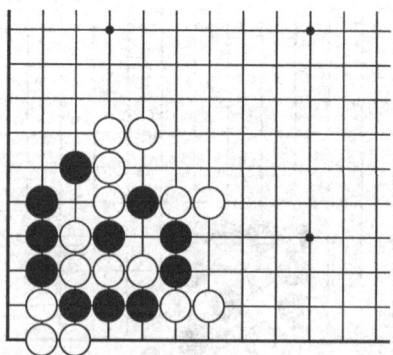

第 504 题

5.2 接不归

打吃对方危险的棋子，让对方棋子无法连接的吃子技巧。

例1 接不归1

图1 问题图

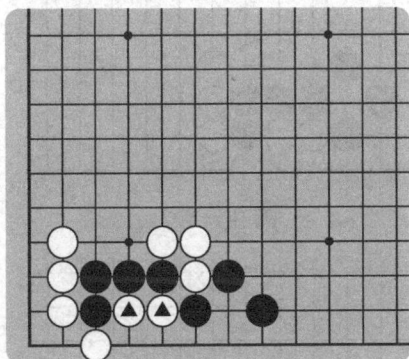

黑先，如何吃▲两子？

图2 正解图

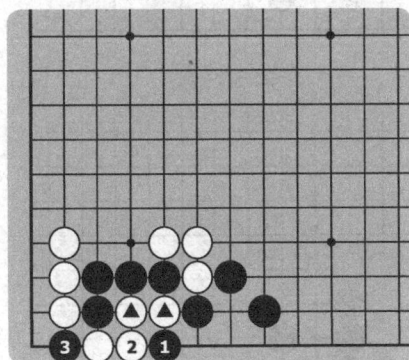

黑1打吃，白2连，黑3提子，白被吃。

例2 接不归2

图1 问题图

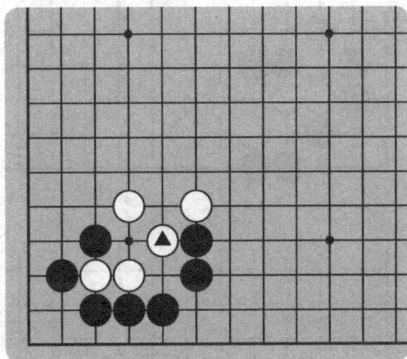

黑先，如何吃白？

图2 正解图

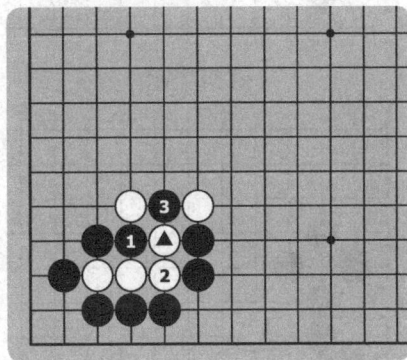

黑1打吃，白2连不回去，至黑3，白被吃。

接不归（一）

黑先，利用接不归技巧吃掉白棋，请写出必要的过程。

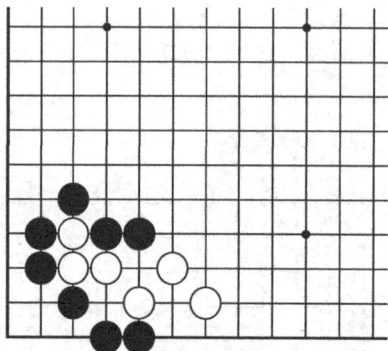

第 505 题

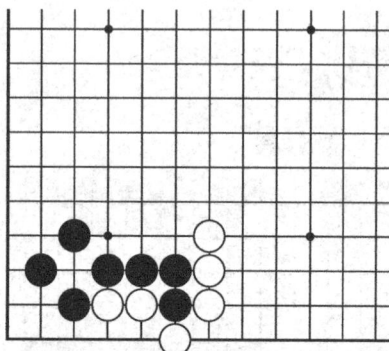

第 506 题

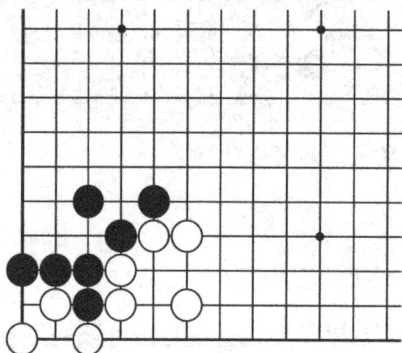

第 507 题

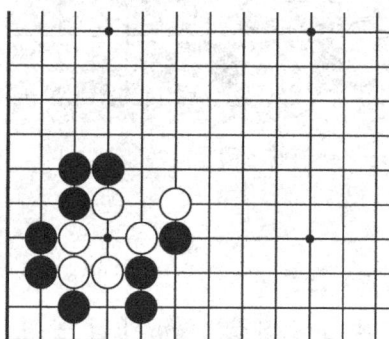

第 508 题

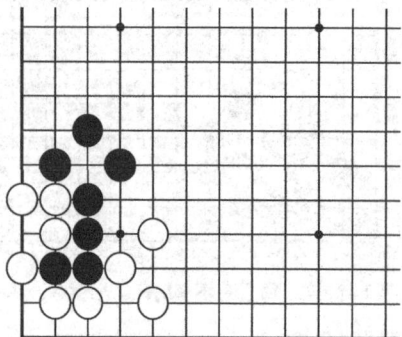

第 509 题

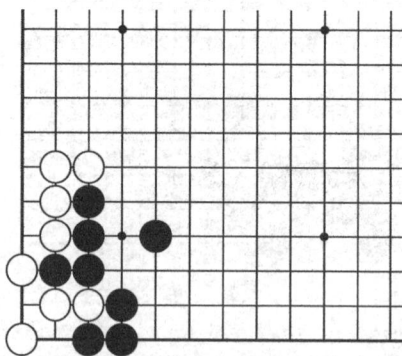

第 510 题

接不归（二）

黑先，利用接不归技巧吃掉白棋，请写出必要的过程。

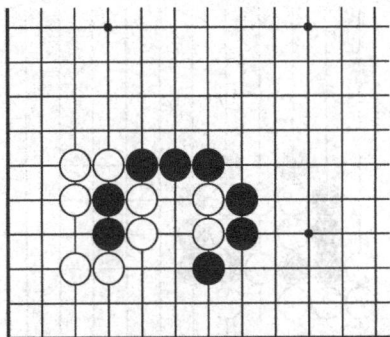

第 511 题

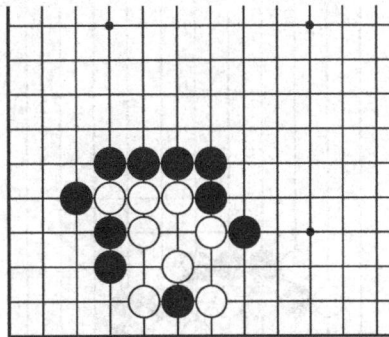

第 512 题

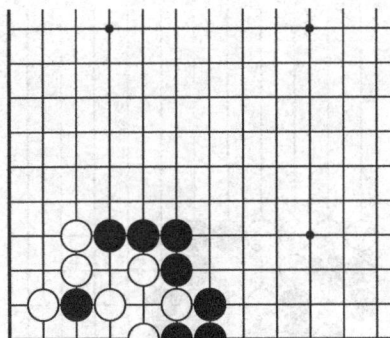

第 513 题

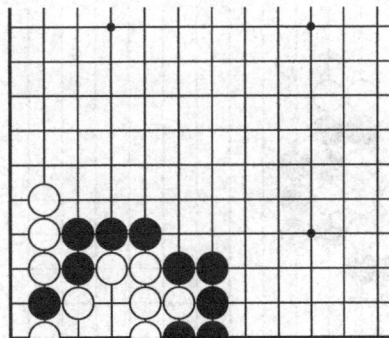

第 514 题

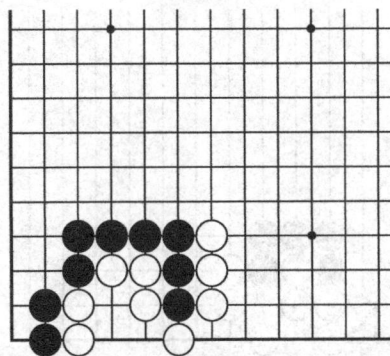

第 515 题

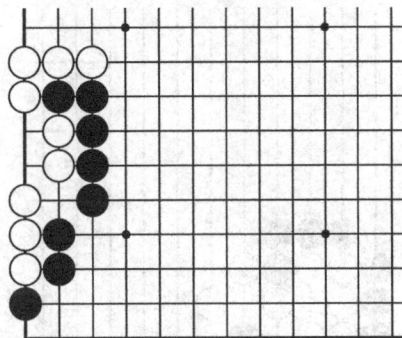

第 516 题

接不归（三）

黑先，利用接不归技巧吃掉白棋，请写出必要的过程。

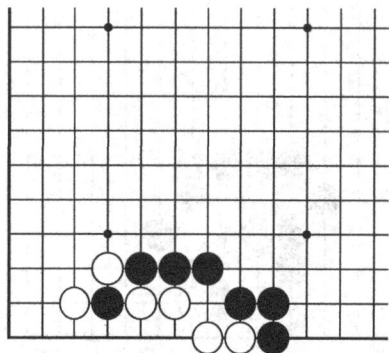

第 517 题

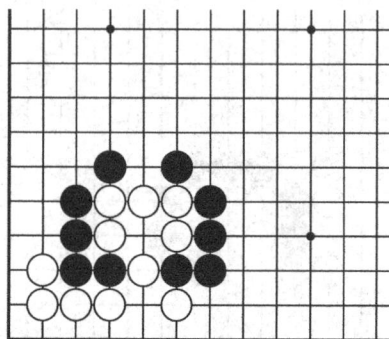

第 518 题

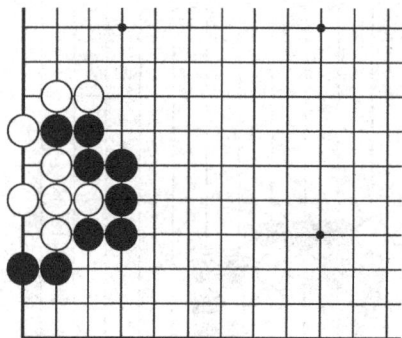

第 519 题

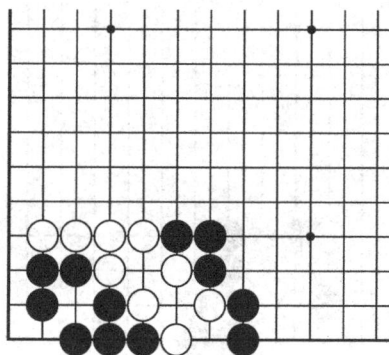

第 520 题

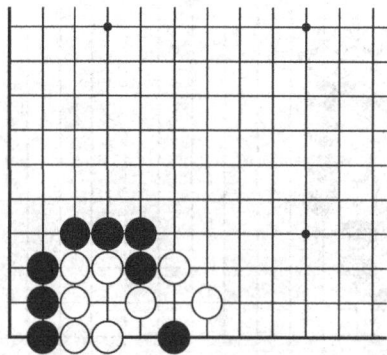

第 521 题

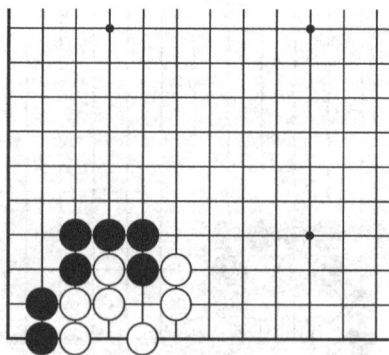

第 522 题

接不归（四）

黑先，利用接不归技巧吃掉白棋，请写出必要的过程。

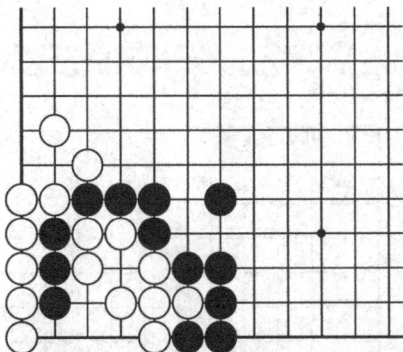

第 523 题

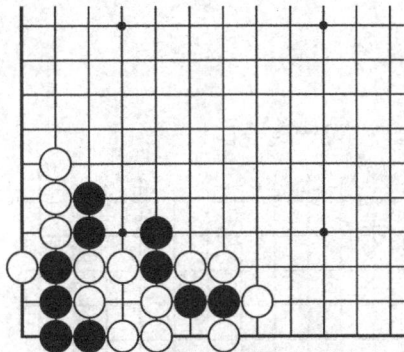

第 524 题

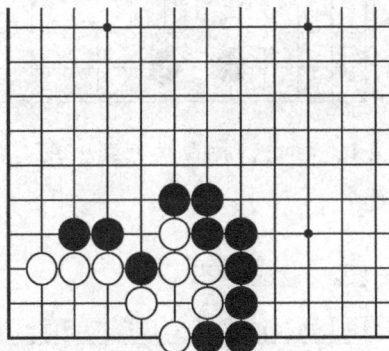

第 525 题

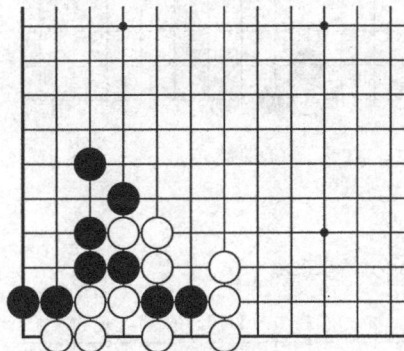

第 526 题

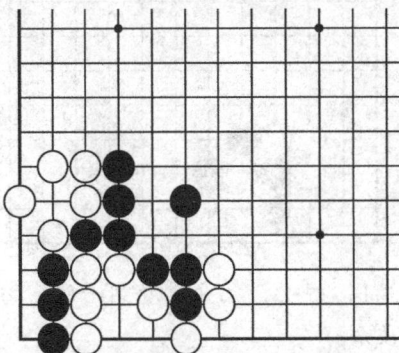

第 527 题

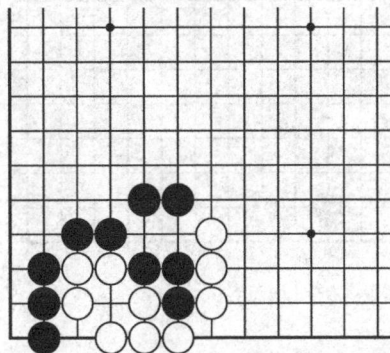

第 528 题

5.3 边线吃子

利用边线棋子气少的特点来吃子。

例1 吃一线子

图1 吃一线子1

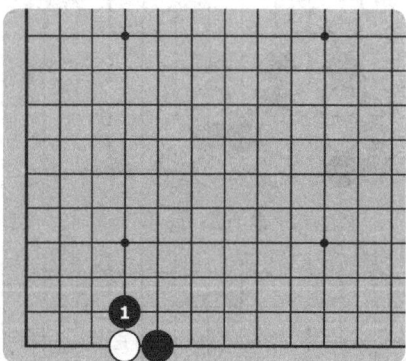

黑1，打吃，白棋被杀。

图2 吃一线子2

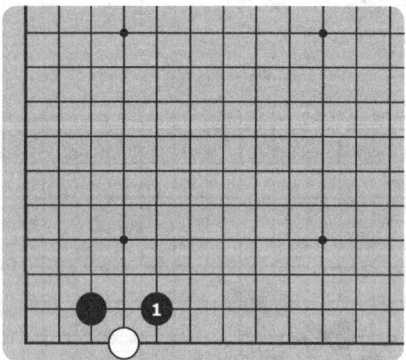

黑1枷，白棋被杀。

例2 吃二线子与吃三线子

图1 吃二线子

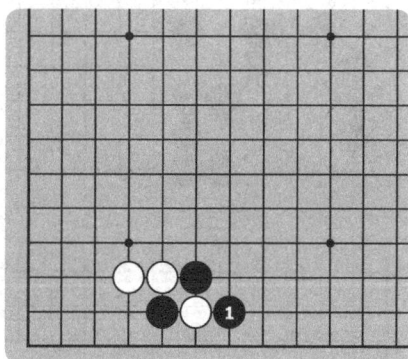

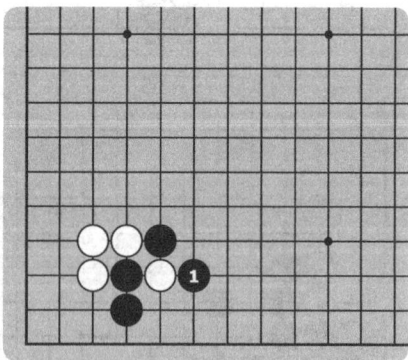

黑1，打吃，把白棋赶到一线，白被杀。

图2 吃三线子

黑1，打吃，把白棋赶到一线，白被杀。

吃一线子（一）

黑先，利用边线气少吃掉白棋，在要下子的地方写1。

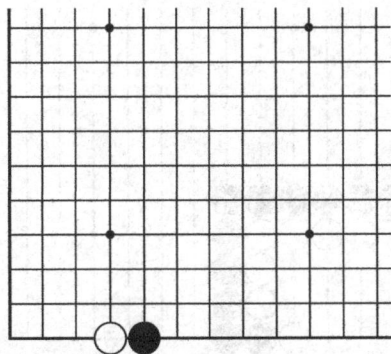

第 529 题

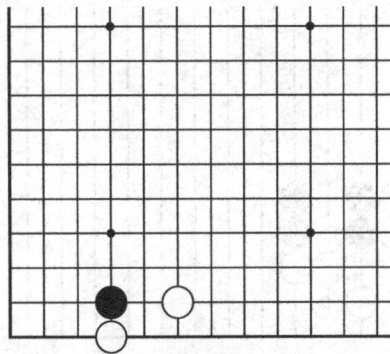

第 530 题

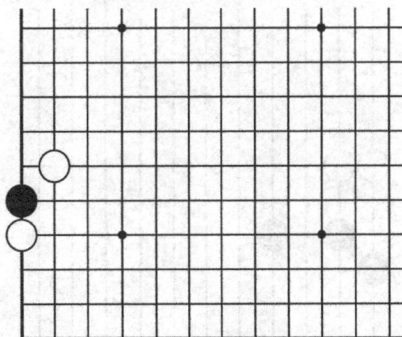

第 531 题

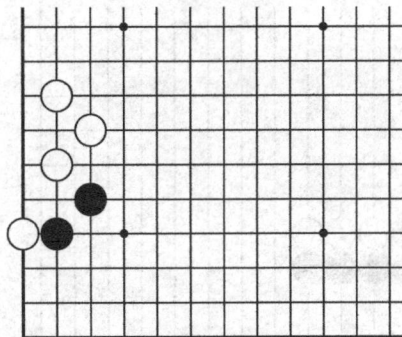

第 532 题

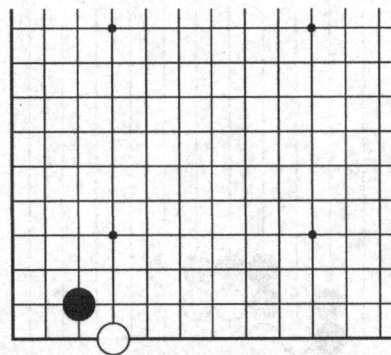

第 533 题

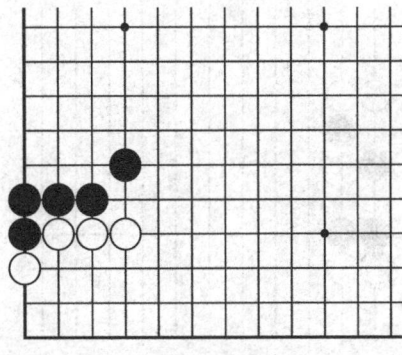

第 534 题

吃一线子（二）

黑先，利用边线气少吃掉白棋，在要下子的地方写1。

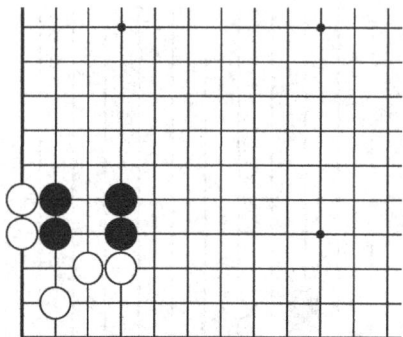

第 535 题

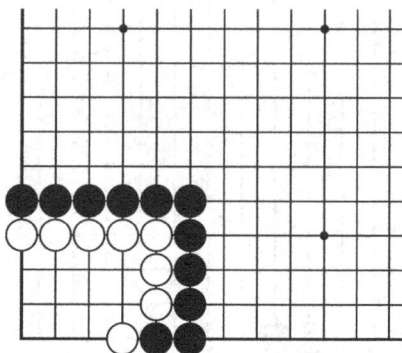

第 536 题

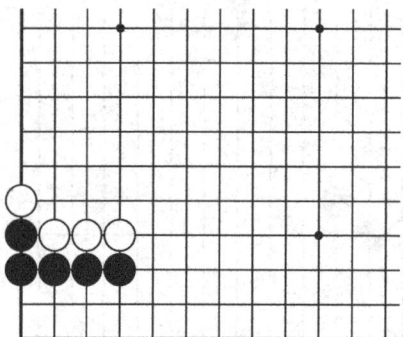

第 537 题

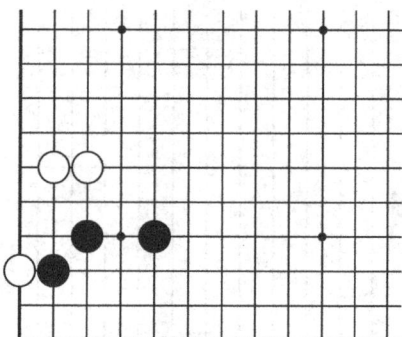

第 538 题

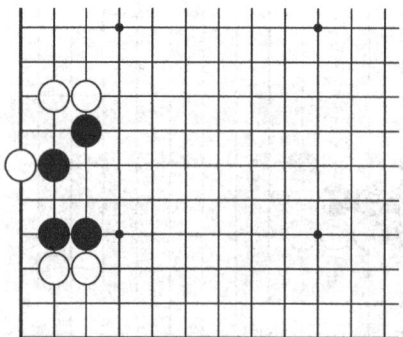

第 539 题

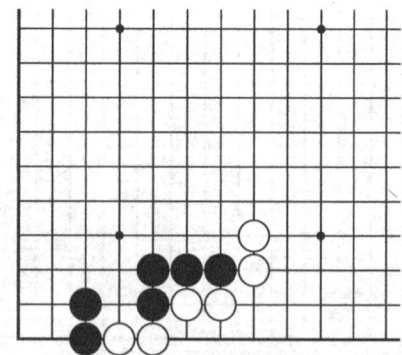

第 540 题

吃二线子

黑先，利用边线气少吃掉白棋，在要下子的地方写1。

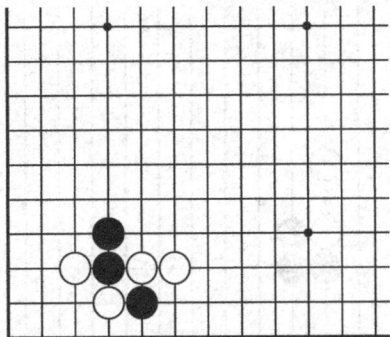

第 541 题

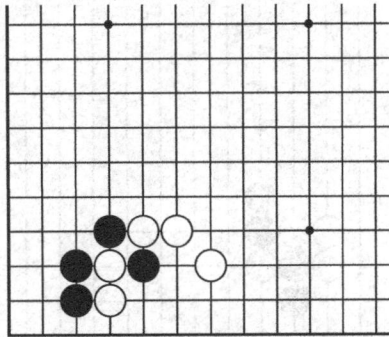

第 542 题

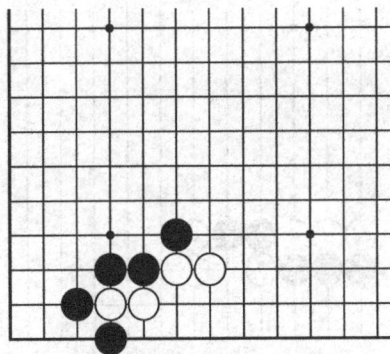

第 543 题

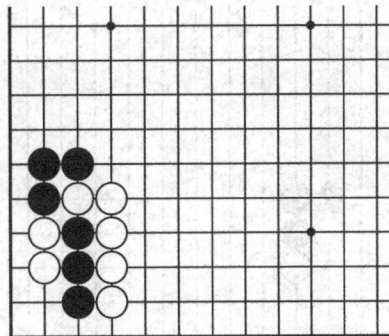

第 544 题

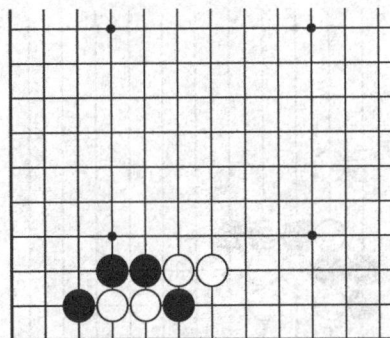

第 545 题

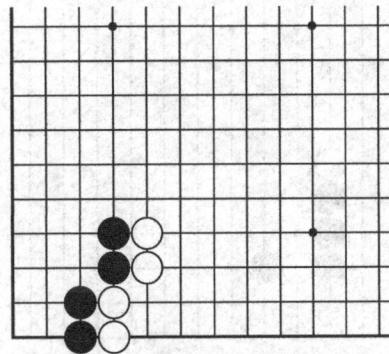

第 546 题

吃三线子

黑先，利用边线气少吃掉白棋，在要下子的地方写1。

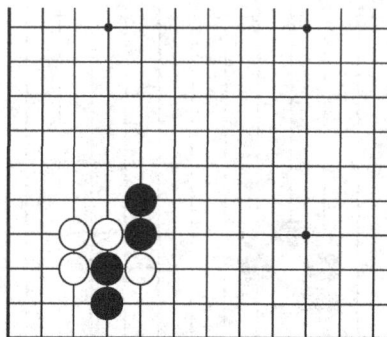

第 547 题

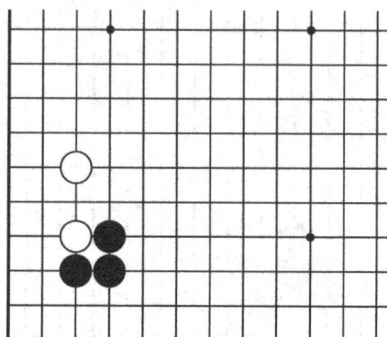

第 548 题

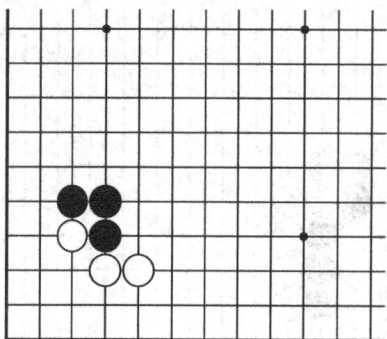

第 549 题

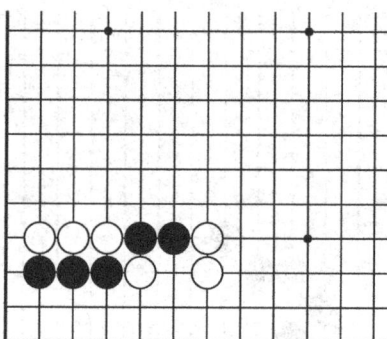

第 550 题

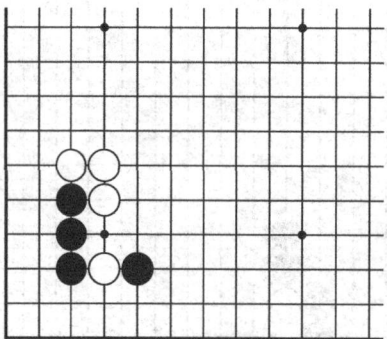

第 551 题

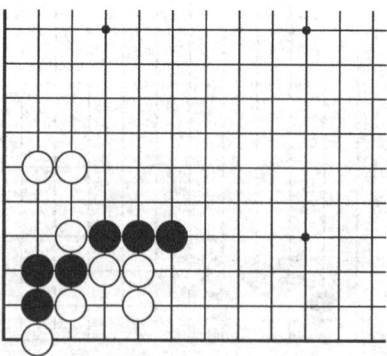

第 552 题

第六章
逃子与对杀

　　古代战场上，常出现短兵相接、你死我活的战斗场面。围棋中的对杀，就是这样惊险刺激的局面，这是围棋艺术中最具魅力的内容之一。当对杀不利时，逃子则是保护自己危险棋子的技巧。

6.1 逃子

当棋子面临敌强我弱的危险情况时，逃子就成为棋子避免被吃的重要方法。常用的逃子办法有：利用打吃逃跑；吃子逃跑。

例1 利用打吃逃跑

图1 问题图

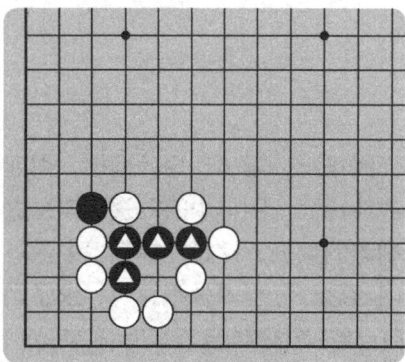

●四子被白棋紧紧地围住，陷入危险之中，有办法逃出吗？

图2 正解图

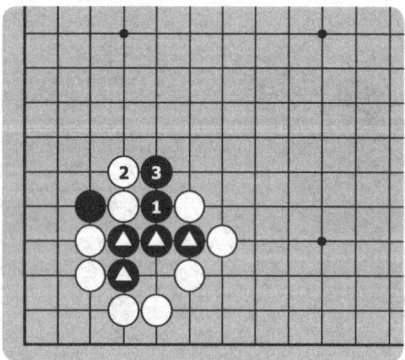

黑1冲锐利，白2无奈长，黑3继续冲出包围圈，白棋已经不能进行有效攻击。

例2 吃子逃跑

图1 问题图

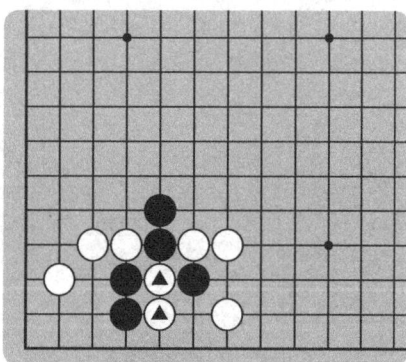

黑棋被白棋分割成三块棋，好像很危险。但是，白棋存在着致命的缺陷。

图2 正解图

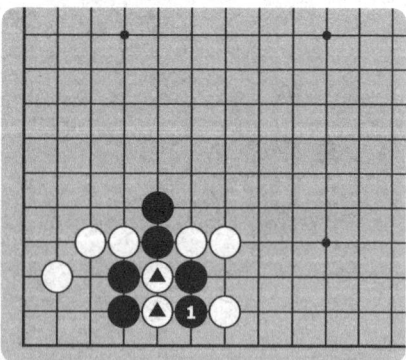

黑1漂亮地打吃，▲两子被吃，黑棋顺利地连接逃出。

逃子（一）

黑先，救出危险的棋子，在要下子的地方写1。

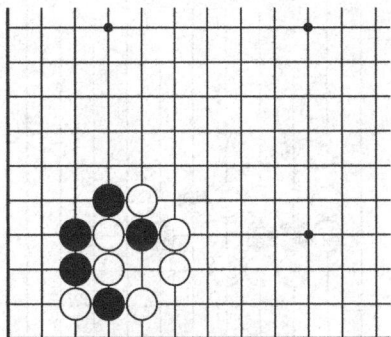

第553题

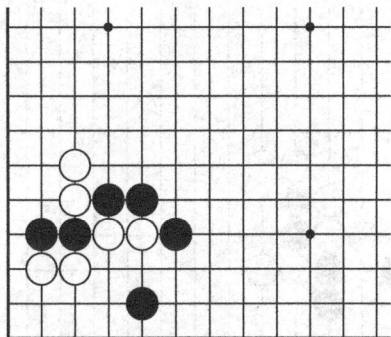

第554题

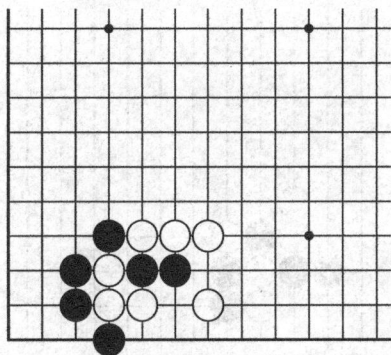

第555题

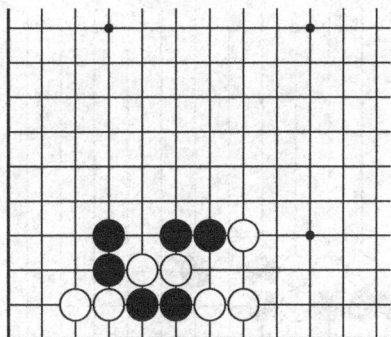

第556题

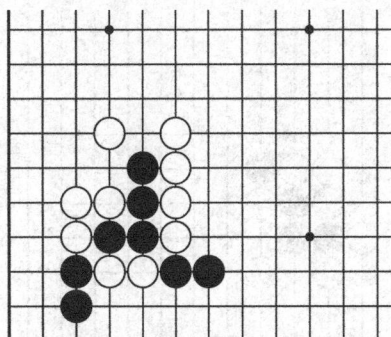

第557题

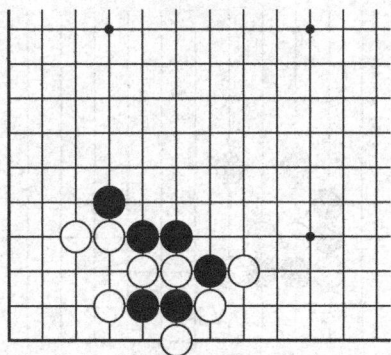

第558题

逃子（二）

黑先，救出危险的棋子，在要下子的地方写1。

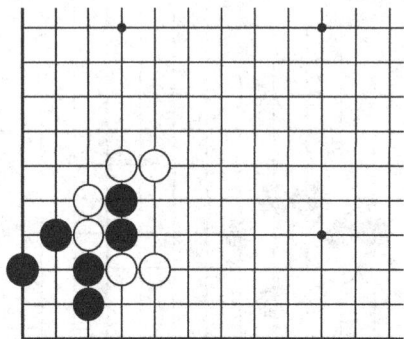

第 559 题

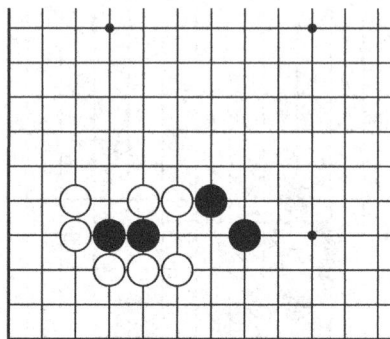

第 560 题

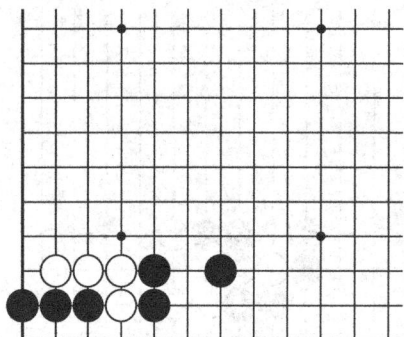

第 561 题

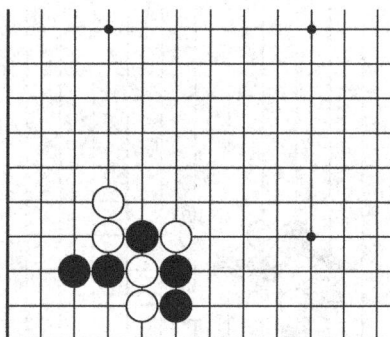

第 562 题

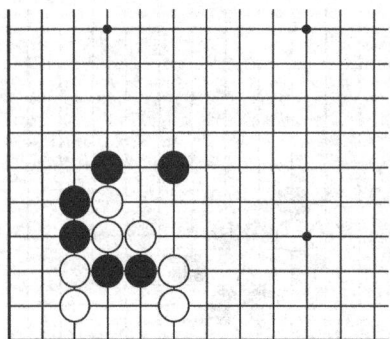

第 563 题

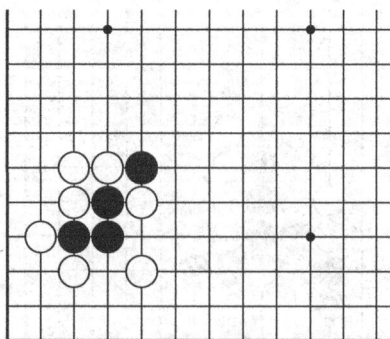

第 564 题

逃子（三）

黑先，救出危险的棋子，写出必要的过程。

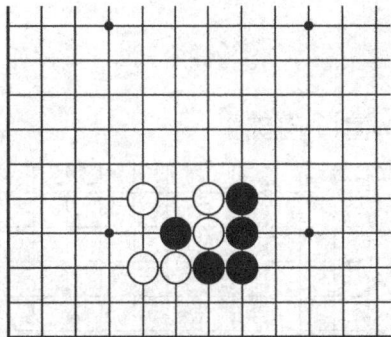

第565题

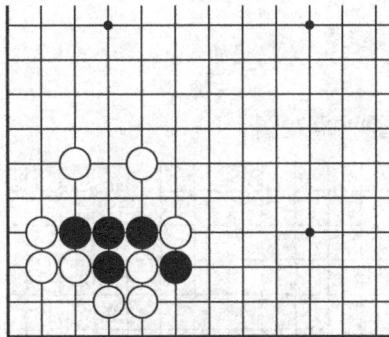

第566题

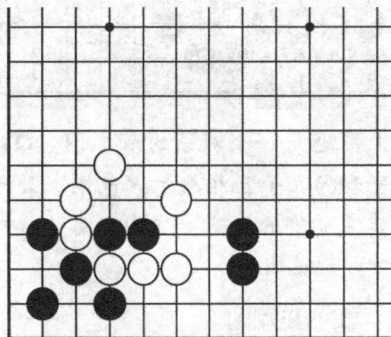

第567题

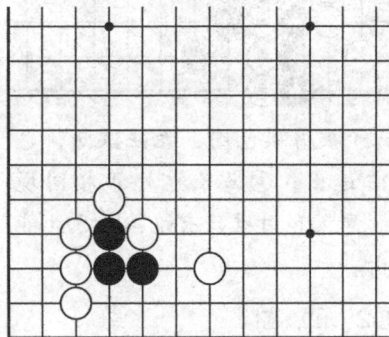

第568题

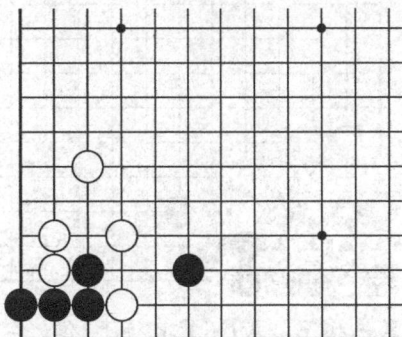

第569题

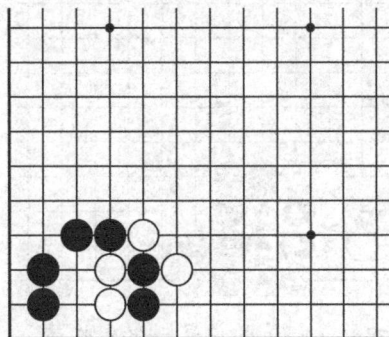

第570题

127

6.2 对杀

当双方的棋子互相包围，都无法逃出，也无法做活，就形成了对杀。对杀的时候，气是最重要的，谁的气更多，谁的力量就更大。

例1 对杀1

图1 问题图

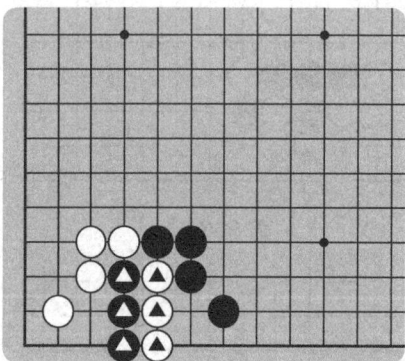

● 三子被白棋包围，无法做活，也无法逃出；▲三子也处于相同境遇。黑棋和白棋只有吃掉对方才能逃出。

图2 正解图

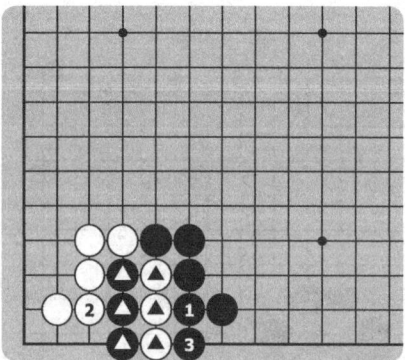

双方的气都是两口气。黑先收气，黑1、白2后，黑3位即可吃掉▲。

例2 对杀2

图1 问题图

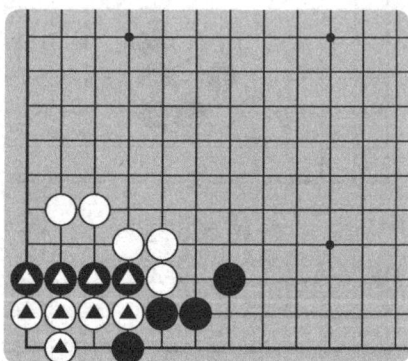

上图也是一个对杀的基本图。●四子和▲五子互相被对方包围，处于非常危险的境地。它们只有吃掉对方才能逃出。

图2 正解图

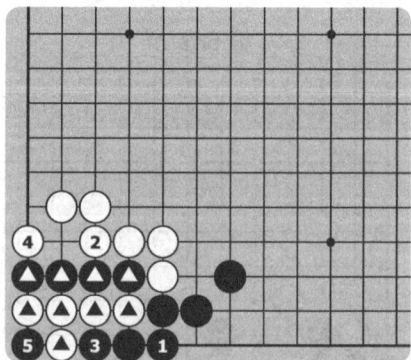

黑先收气，黑1不能直接下3位，会被提掉。所以，黑1接，黑3收气，然后下黑5位吃掉▲。

对杀（一）

黑先，收气杀白，请写出必要的过程。

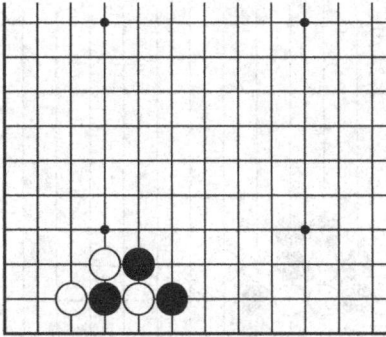

第 571 题

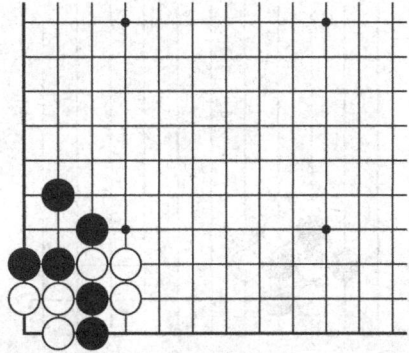

第 572 题

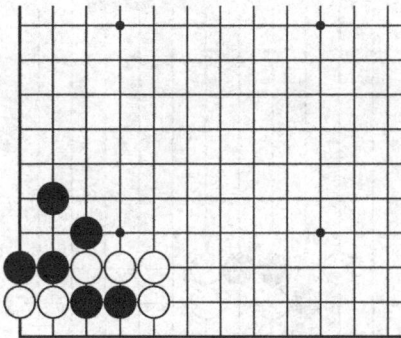

第 573 题

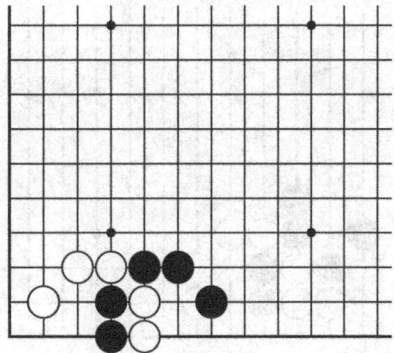

第 574 题

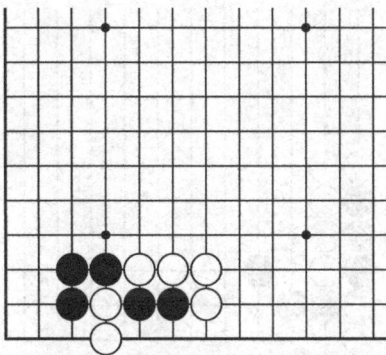

第 575 题

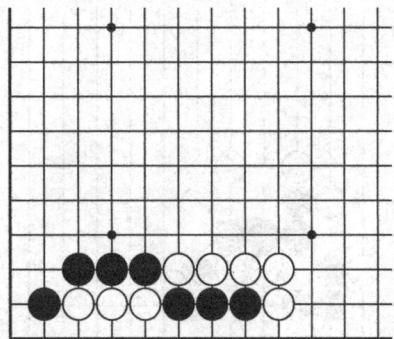

第 576 题

对杀（二）

黑先，收气杀白，请写出必要的过程。

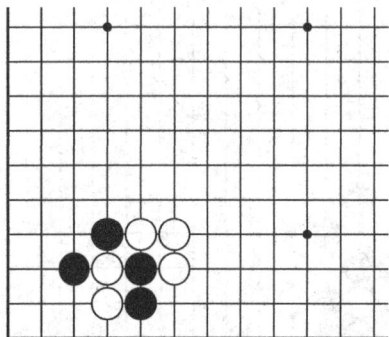

第 577 题

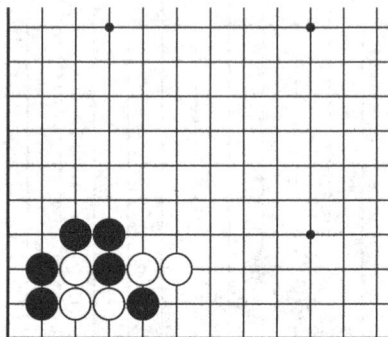

第 578 题

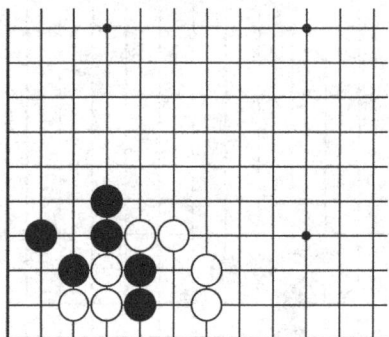

第 579 题

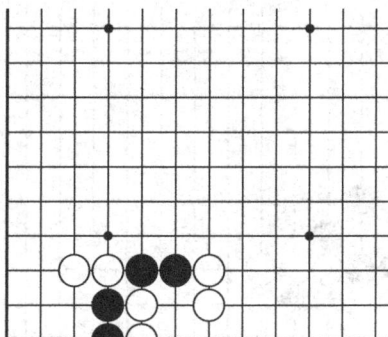

第 580 题

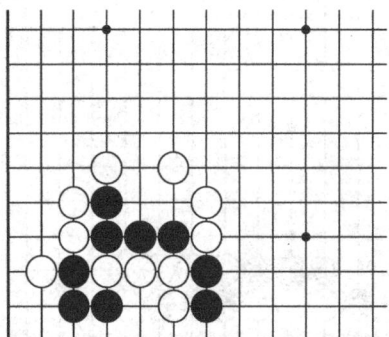

第 581 题

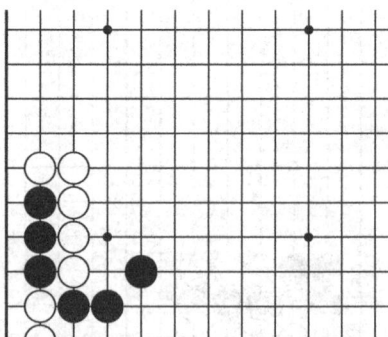

第 582 题

对杀（三）

黑先，收气杀白，请写出必要的过程。

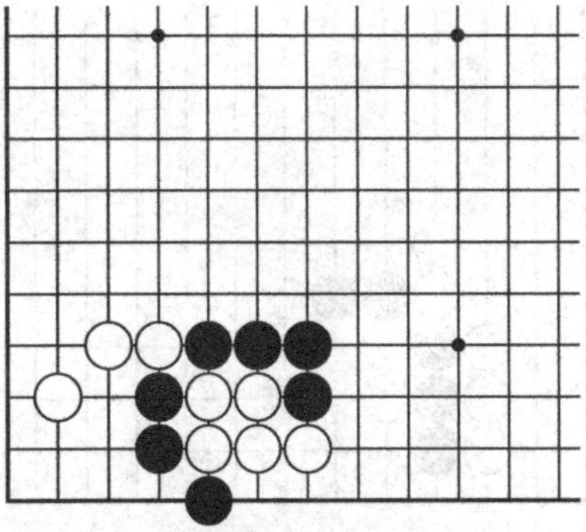

第 583 题

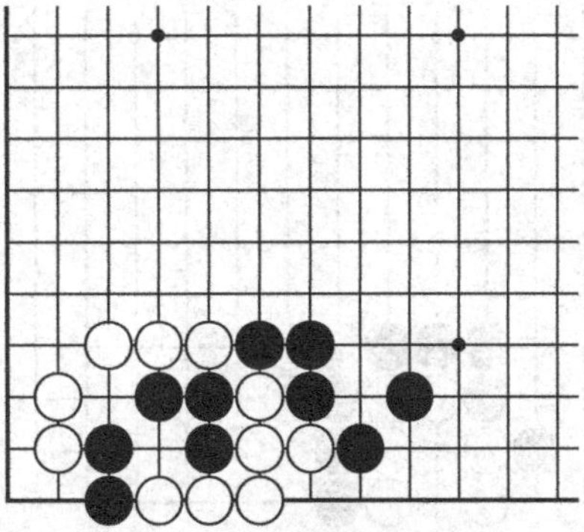

第 584 题

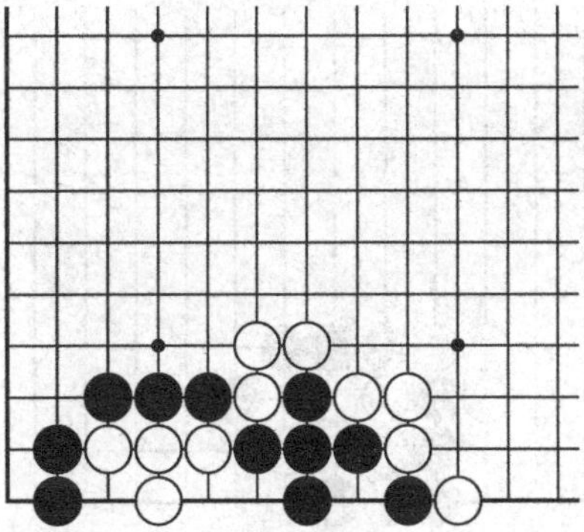

第 585 题

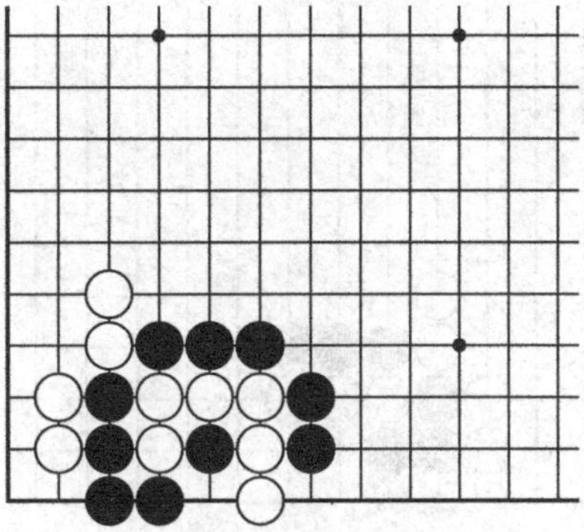

第 586 题

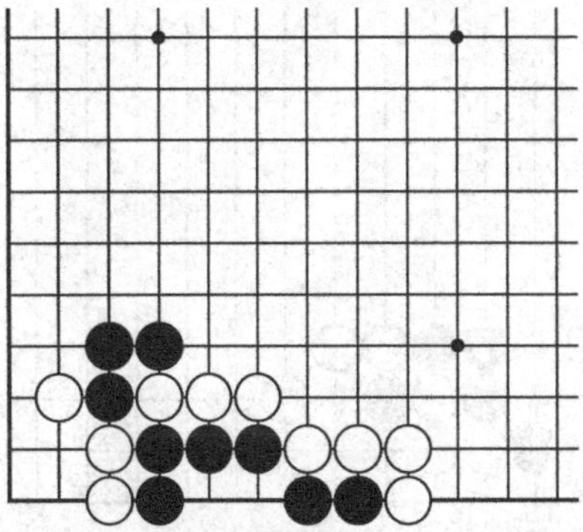

第 587 题

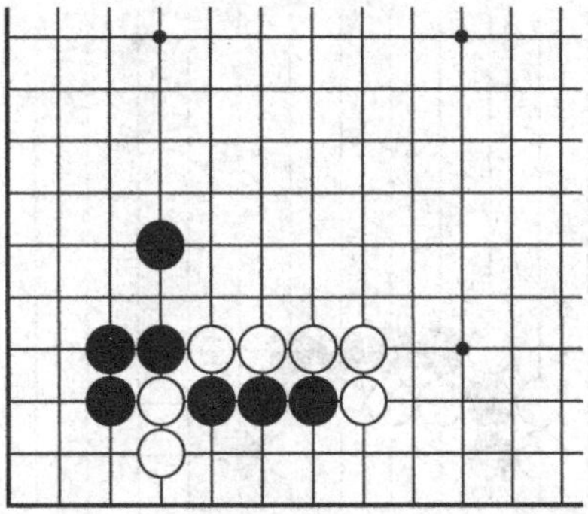

第 588 题

对杀（四）

黑先，收气杀白，请写出必要的过程。

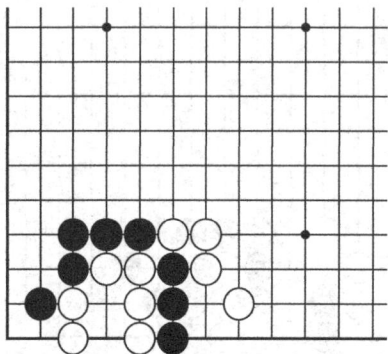

第 589 题

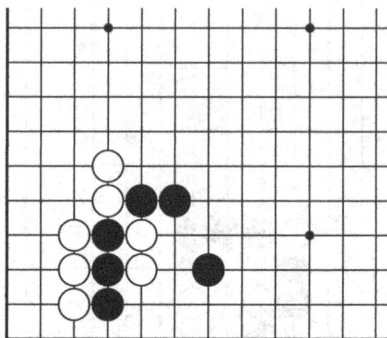

第 590 题

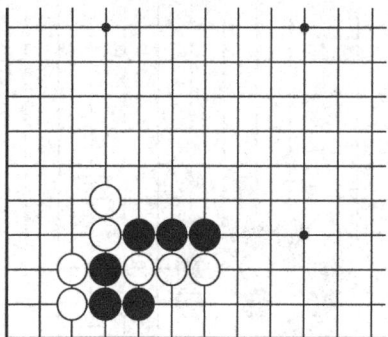

第 591 题

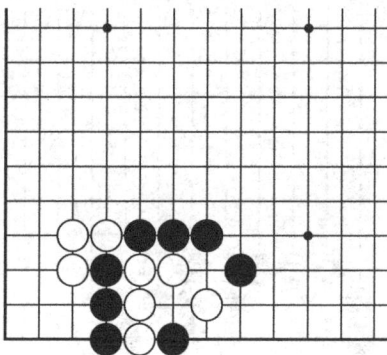

第 592 题

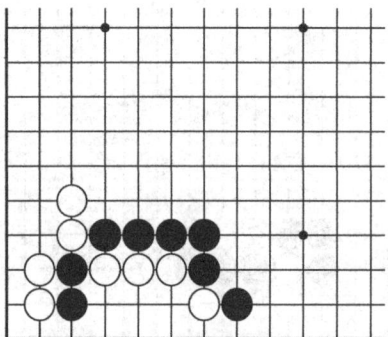

第 593 题

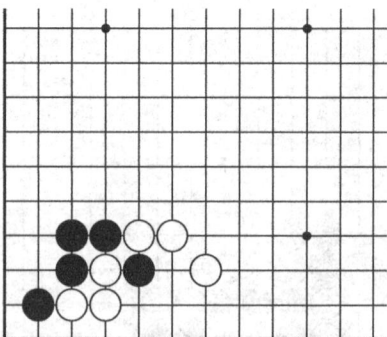

第 594 题

对杀（五）

黑先，收气杀白，请写出必要的过程。

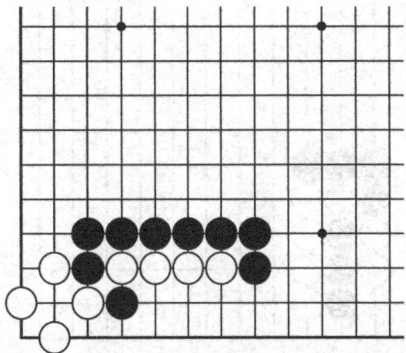

第 595 题

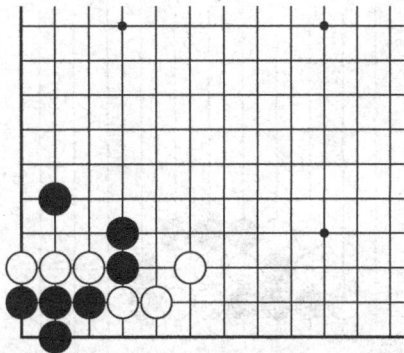

第 596 题

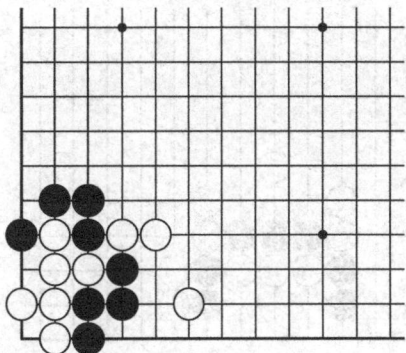

第 597 题

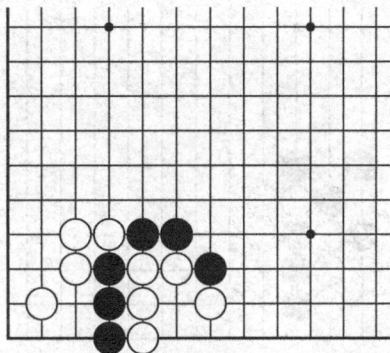

第 598 题

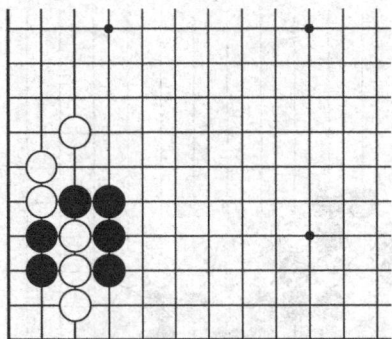

第 599 题

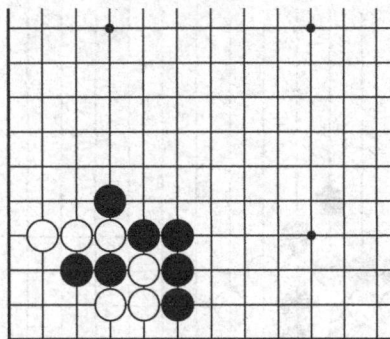

第 600 题

133

对杀（六）

黑先，收气杀白，请写出必要的过程。

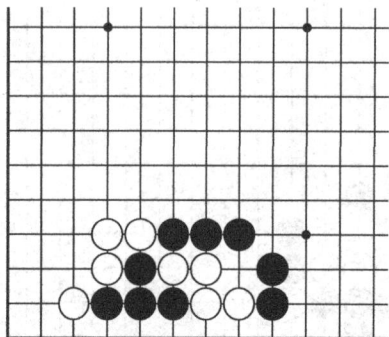

第 601 题

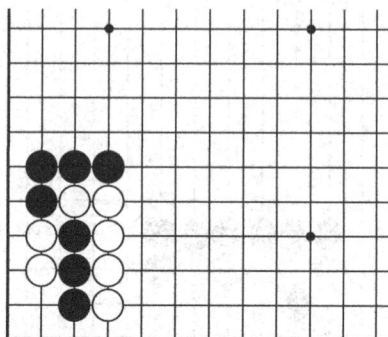

第 602 题

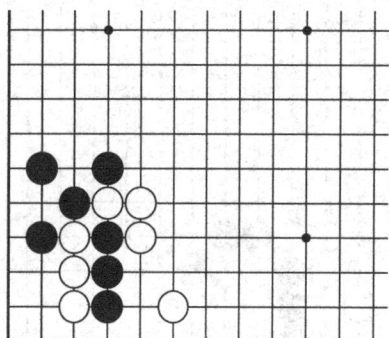

第 603 题

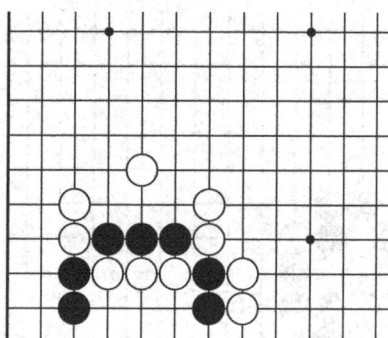

第 604 题

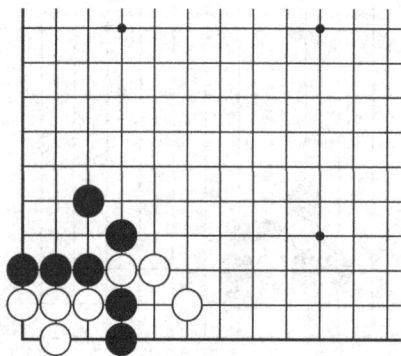

第 605 题

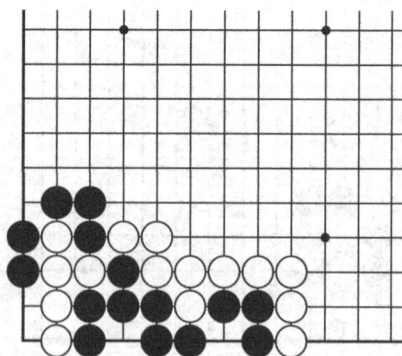

第 606 题

第七章
基本死活常形

　　当一方的棋子围住两个或两个以上的交叉点时，这个眼称为大眼。常见的大眼有直二、直三、弯三、直四、弯四、方四、刀把五、梅花五、葡萄六等，都是死活中常见的眼形。对上述眼形的认识，是死活的重要基础。

图1　直二

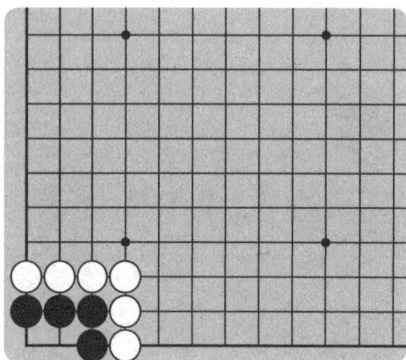

黑棋围了两个交叉点，这种眼形叫作直二。直二只有一只眼。

图3　直三

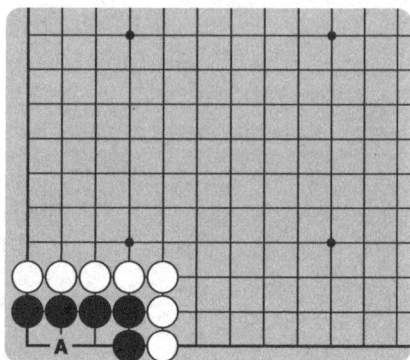

黑棋围了三个交叉点，这种眼形叫作直三。直三需要在"A"处补一手，才能做出两只眼；反之，如果被白棋抢占"A"处，黑棋只有一只眼。

图2　方四

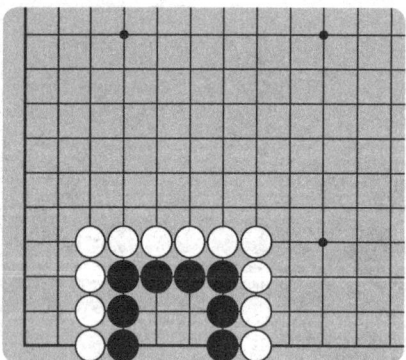

黑棋围了四个交叉点，这种眼形像豆腐块，所以叫作方四。方四只有一只眼。

图4　弯三

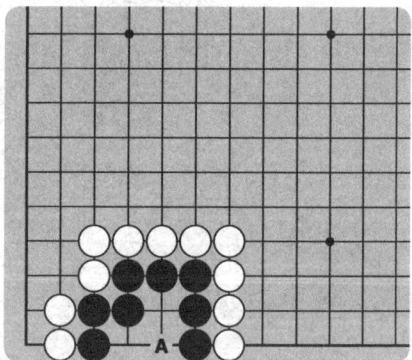

黑棋围了三个交叉点，这种眼形叫作弯三。弯三和直三破眼做眼的方法近似，需要在"A"处补一手。

图5 丁四

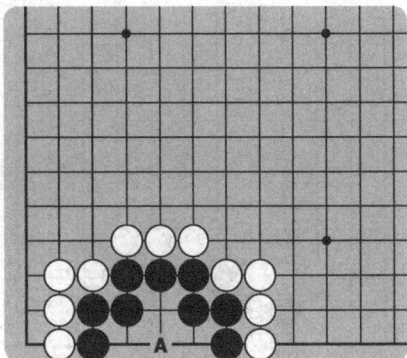

黑棋围了四个交叉点，眼的形状像一颗钉子，所以这种眼形叫作"丁四"。丁四的眼形需要在"A"处补一手才能活棋；反之，如果被白棋抢占"A"处，则黑棋只有一只眼。

图6 刀把五

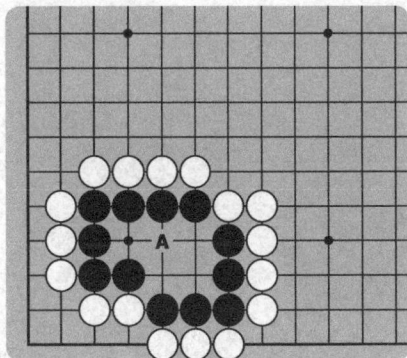

黑棋围了五个交叉点，眼的形状像一把菜刀，所以这种眼形叫作"刀把五"。刀把五的眼形需要在"A"处补一手才能活棋；反之，如果被白棋抢占"A"处，则黑棋只有一只眼。

图7 梅花五

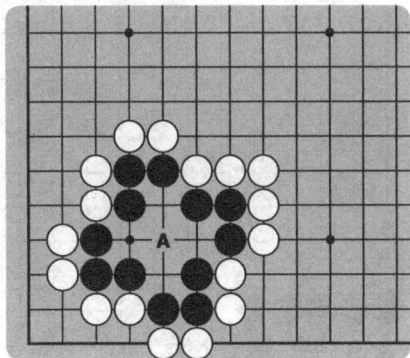

黑棋围了五个交叉点，眼的形状像一朵梅花，所以这种眼形叫作"梅花五"。梅花五的眼形需要在"A"处补一手才能活棋；反之，如果被白棋抢占"A"处，则黑棋只有一只眼。

图8 葡萄六

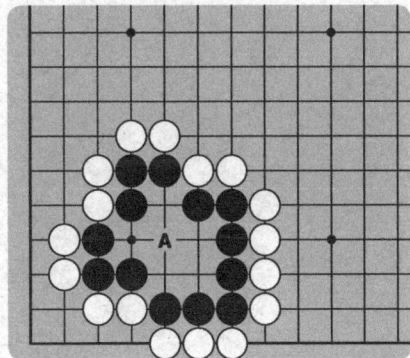

黑棋围了六个交叉点，眼的形状像一串葡萄，所以这种眼形叫作"葡萄六"。葡萄六的眼形需要在"A"处补一手才能活棋；反之，如果被白棋抢占"A"处，则黑棋只有一只眼。

图9　直四

图10　弯四

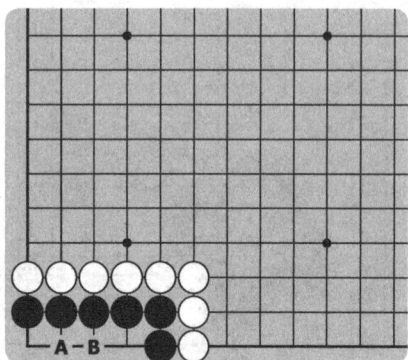

黑棋围了四个交叉点，这种眼形叫作"直四"。直四的眼形本身就有两只眼，不需要去做活。当白棋下在A处，黑棋则下在B处；反之亦然。

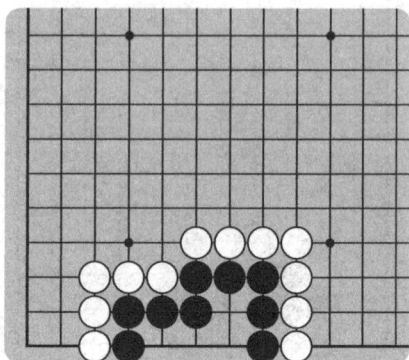

黑棋围了四个交叉点，这种眼形叫作"弯四"，也叫"曲四"。弯四的眼形本身就有两只眼，不需要去做活。

直二、方四一只眼（一）

请判断黑棋有几只真眼，写在棋盘下方的括号中。

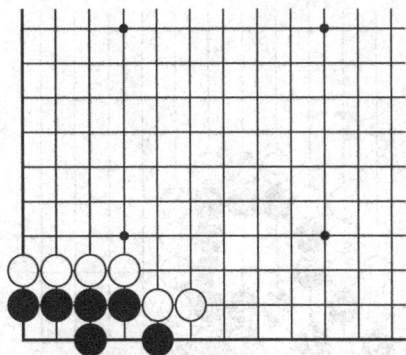

第 607 题 （　　）

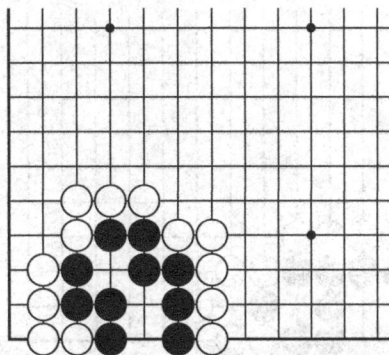

第 608 题 （　　）

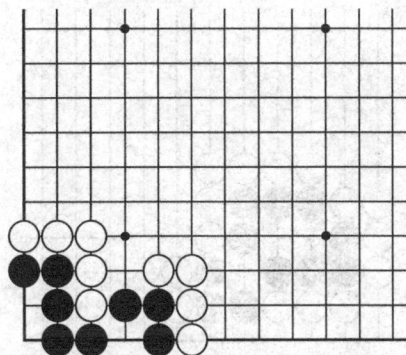

第 609 题 （　　）

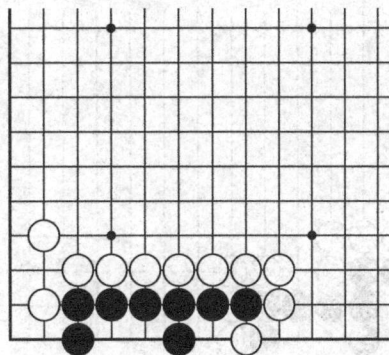

第 610 题 （　　）

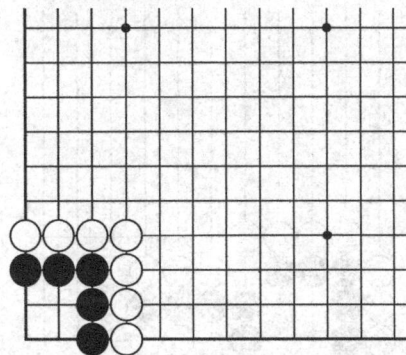

第 611 题 （　　）

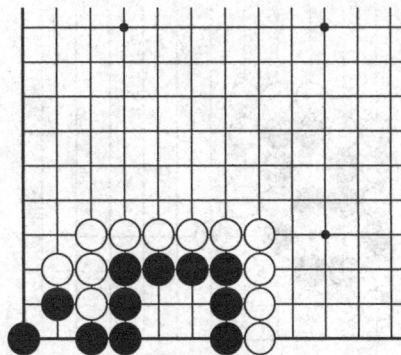

第 612 题 （　　）

直二、方四一只眼（二）

请判断黑棋有几只真眼，写在棋盘下方的括号中。

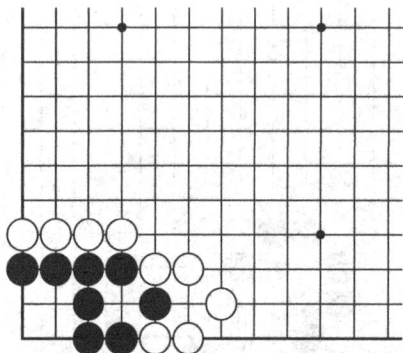

第613题 （　　　）

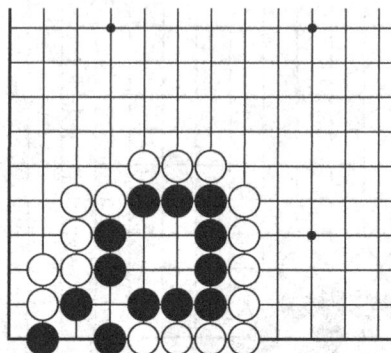

第614题 （　　　）

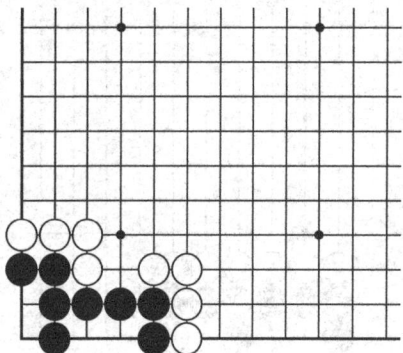

第615题 （　　　）

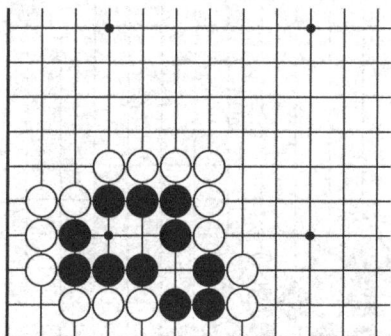

第616题 （　　　）

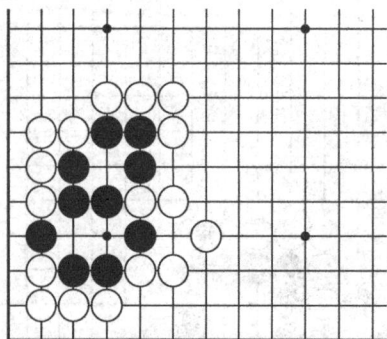

第617题 （　　　）

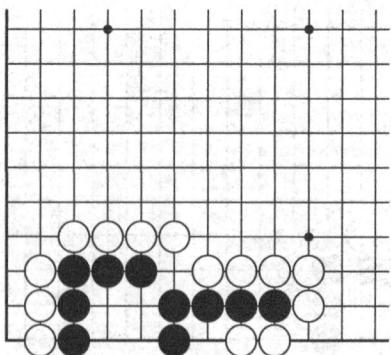

第618题 （　　　）

直三、弯三补一手（一）

黑先，请做活黑棋，在要下子的地方写1。

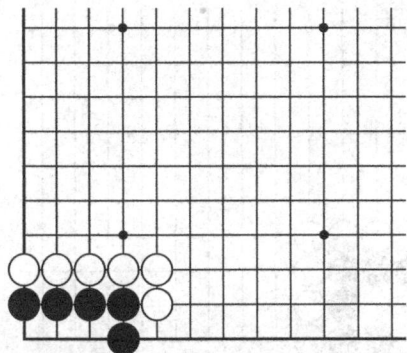

第 619 题

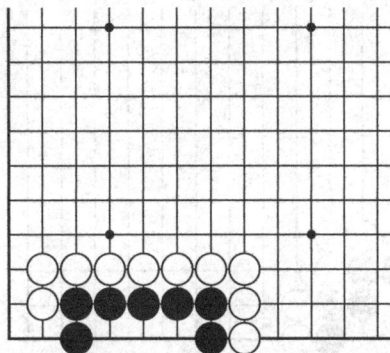

第 620 题

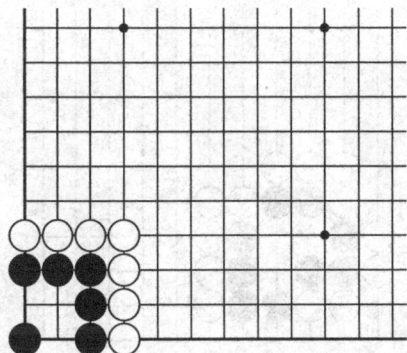

第 621 题

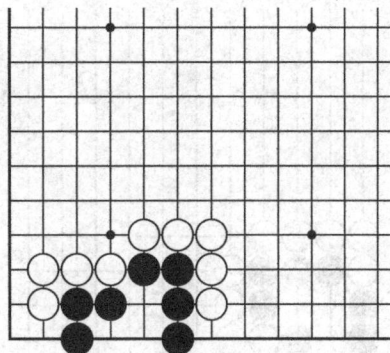

第 622 题

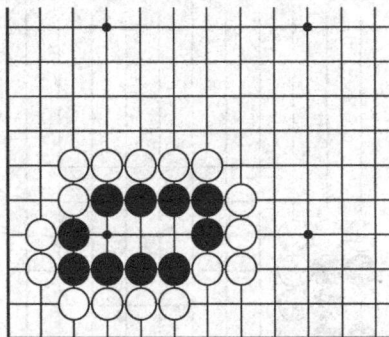

第 623 题

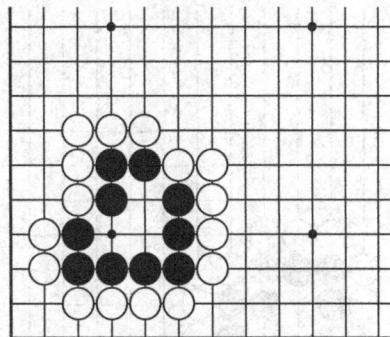

第 624 题

直三、弯三补一手（二）

黑先，请做活黑棋，在要下子的地方写1。

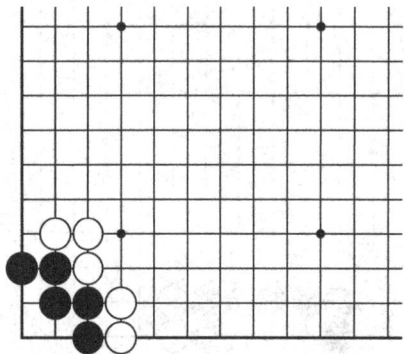

第 625 题

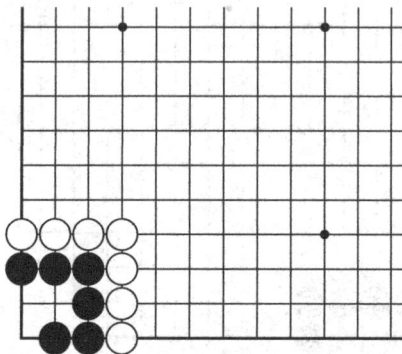

第 626 题

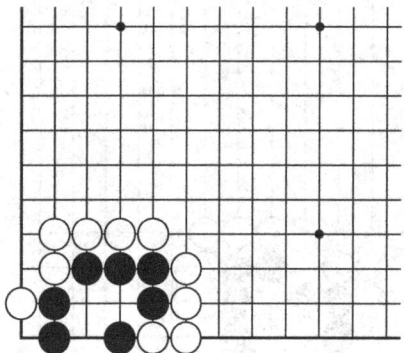

第 627 题

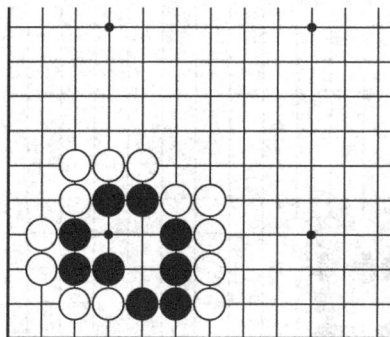

第 628 题

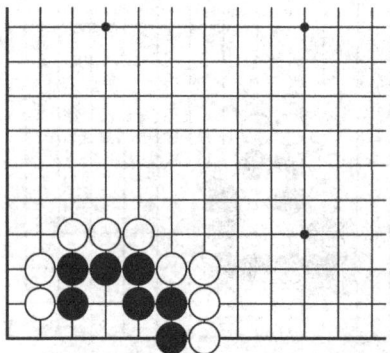

第 629 题

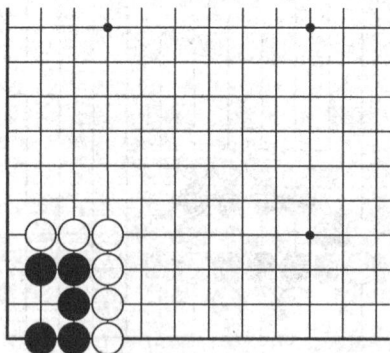

第 630 题

直三、弯三补一手（三）

黑先，请做活黑棋，在要下子的地方写1。

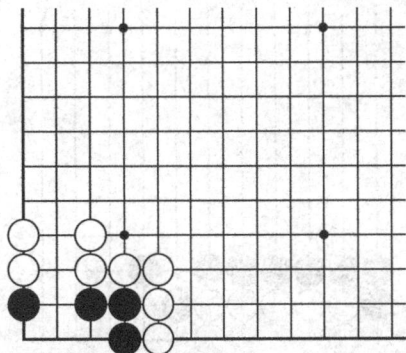

第 631 题

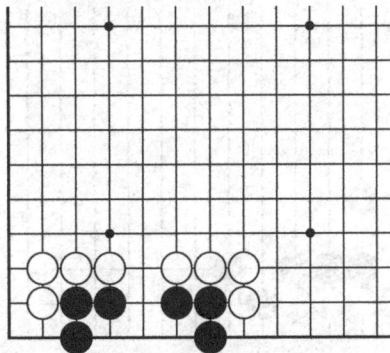

第 632 题

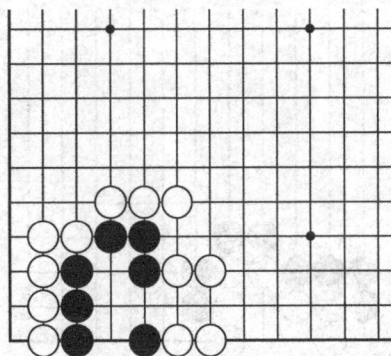

第 633 题

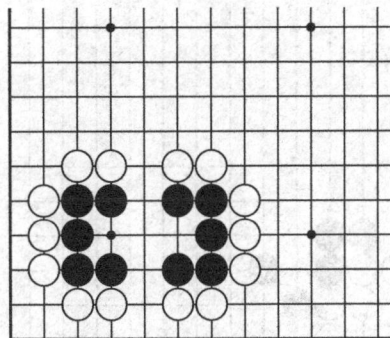

第 634 题

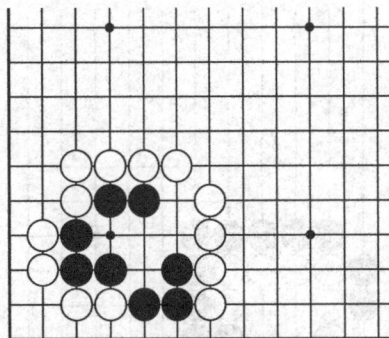

第 635 题

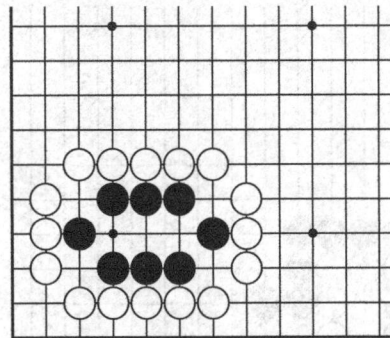

第 636 题

直三、弯三补一手（四）

黑先，请杀死白棋，在要下子的地方写1。

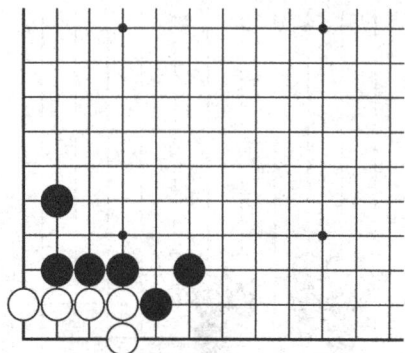

第 637 题

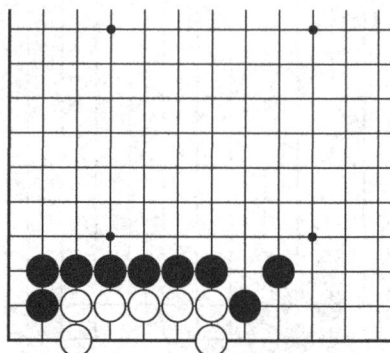

第 638 题

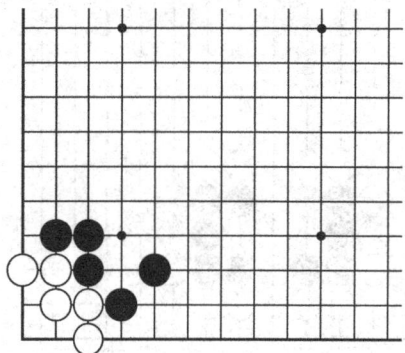

第 639 题

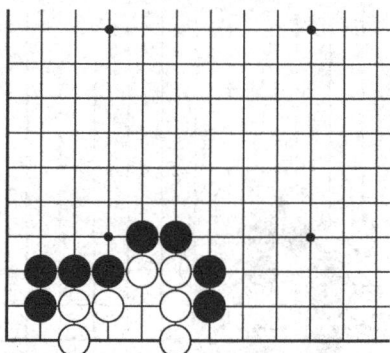

第 640 题

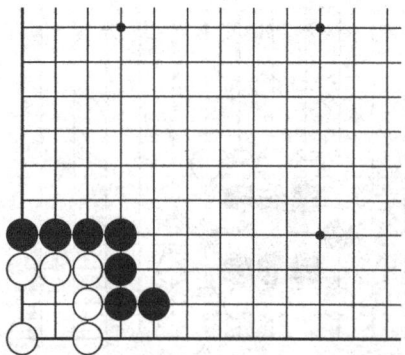

第 641 题

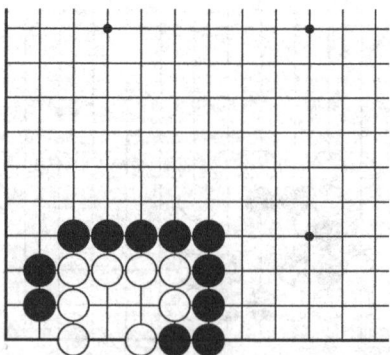

第 642 题

直三、弯三补一手（五）

黑先，请杀死白棋，在要下子的地方写1。

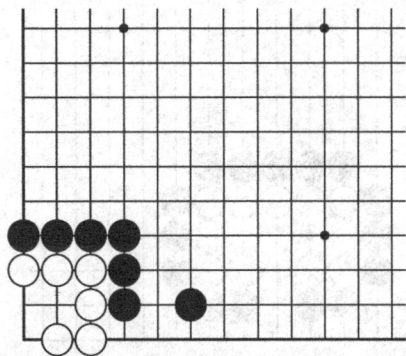

第 643 题

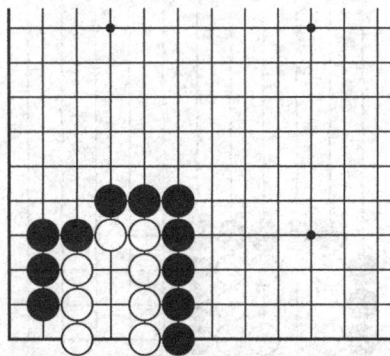

第 644 题

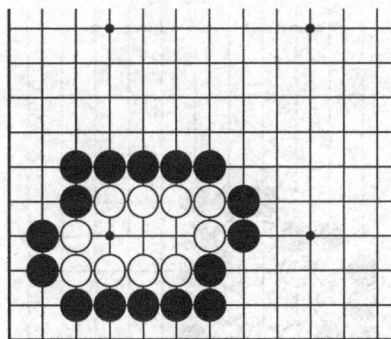

第 645 题

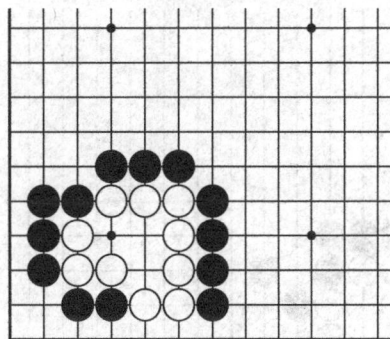

第 646 题

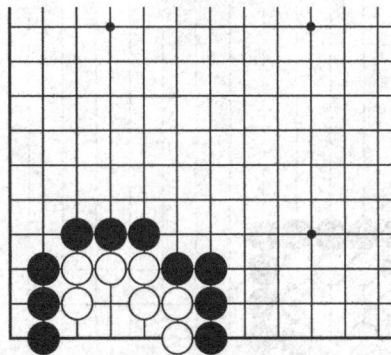

第 647 题

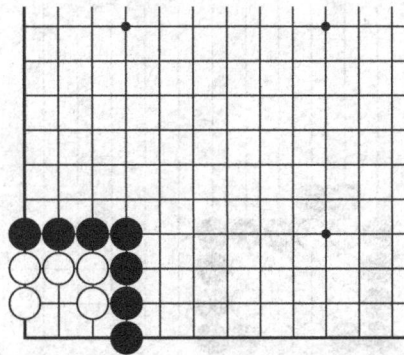

第 648 题

直三、弯三补一手（六）

黑先，请杀死白棋，在要下子的地方写1。

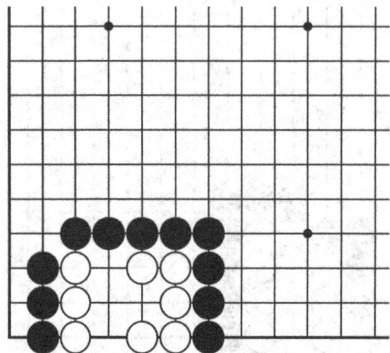

第 649 题

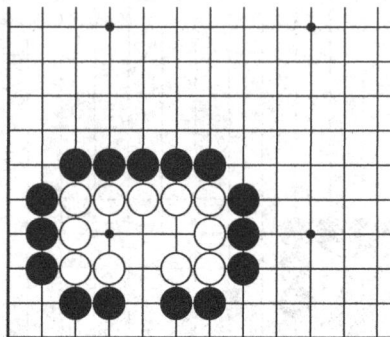

第 650 题

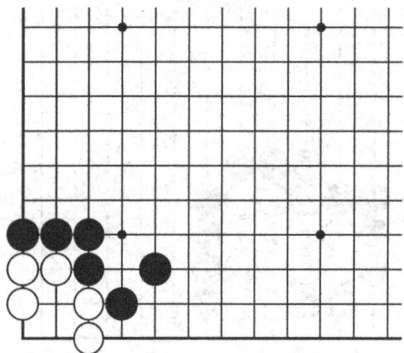

第 651 题

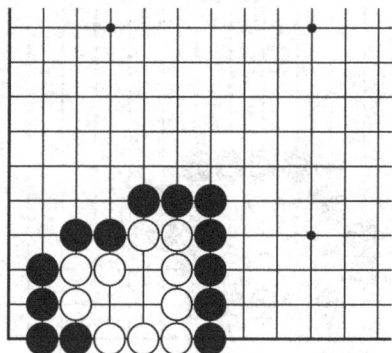

第 652 题

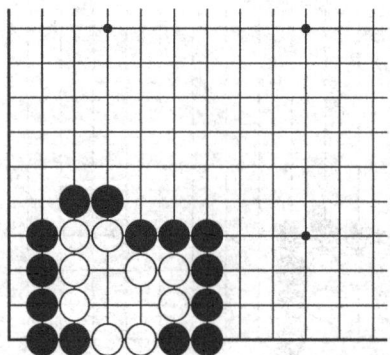

第 653 题

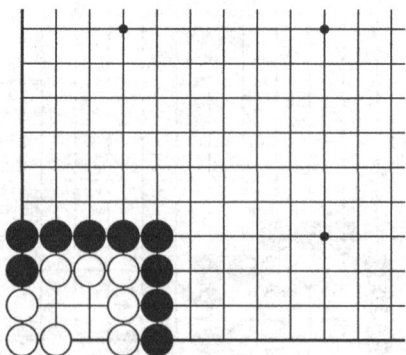

第 654 题

丁四、刀把五补一手（一）

黑先，请做活黑棋，在要下子的地方写1。

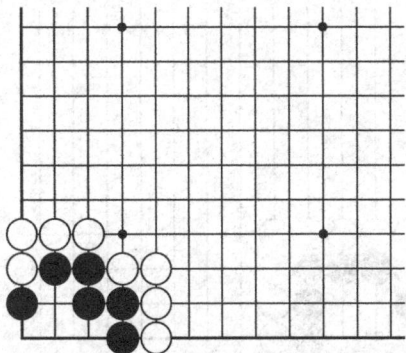

第655题

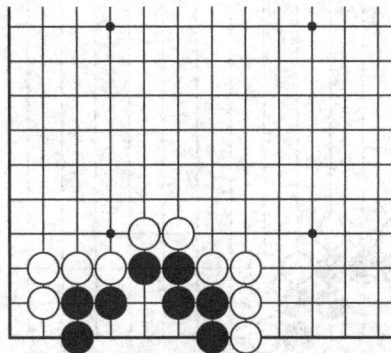

第656题

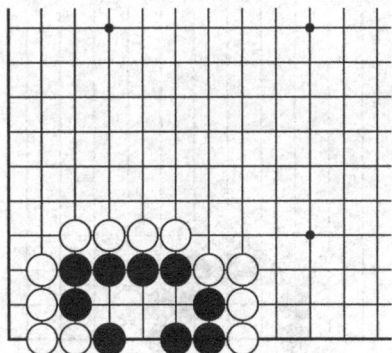

第657题

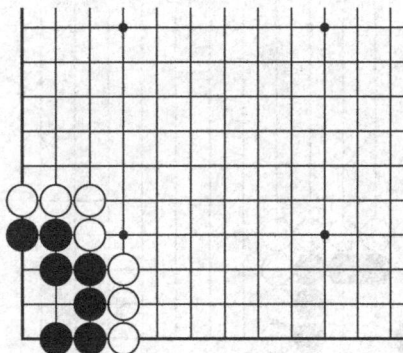

第658题

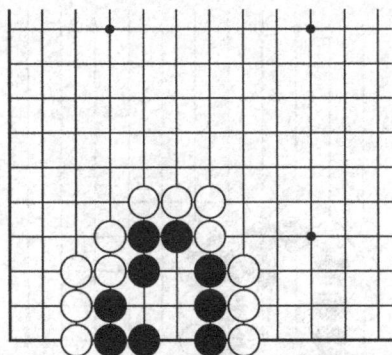

第659题

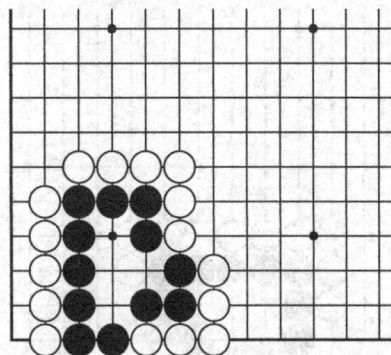

第660题

丁四、刀把五补一手（二）

黑先，请做活黑棋，在要下子的地方写1。

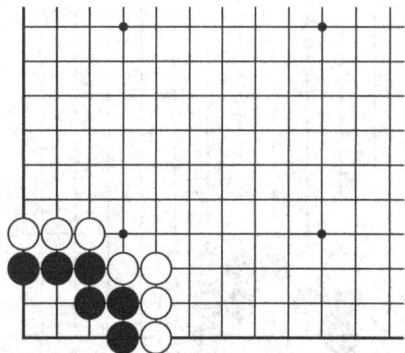

第 661 题

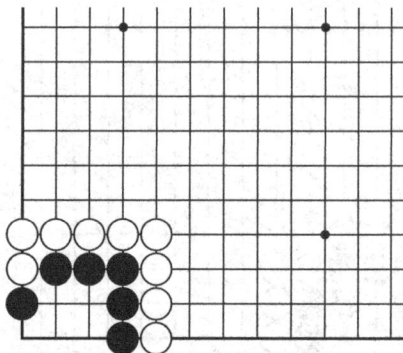

第 662 题

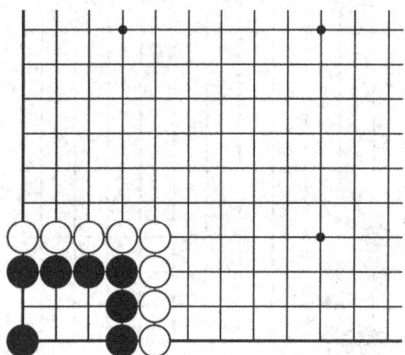

第 663 题

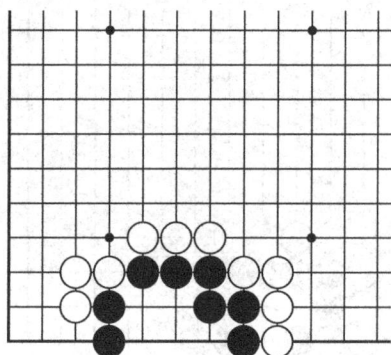

第 664 题

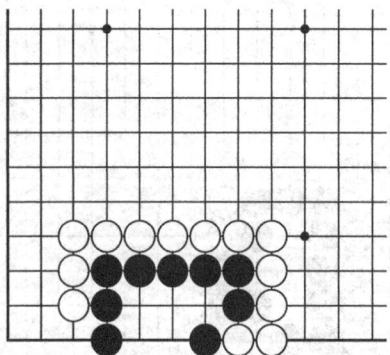

第 665 题

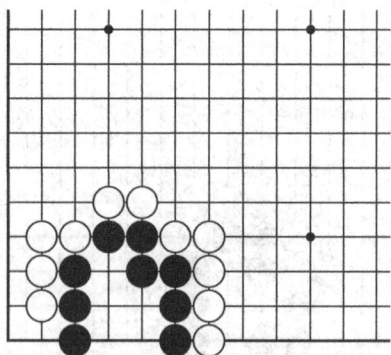

第 666 题

丁四、刀把五补一手（三）

黑先，请做活黑棋，在要下子的地方写1。

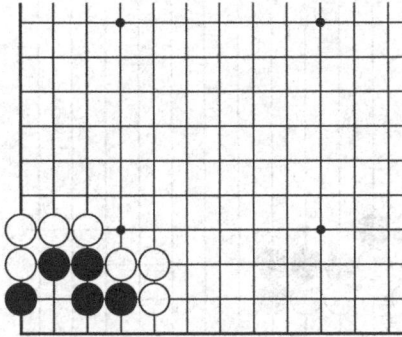

第 667 题

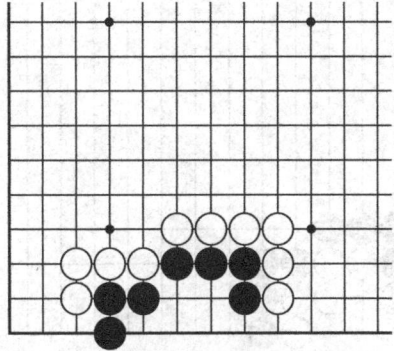

第 668 题

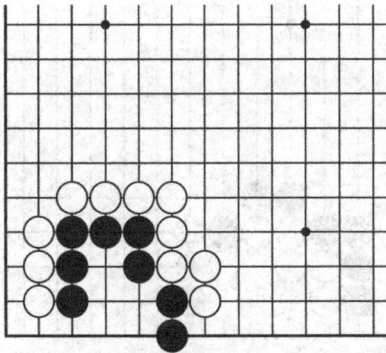

第 669 题

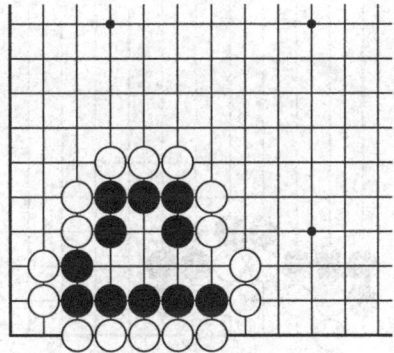

第 670 题

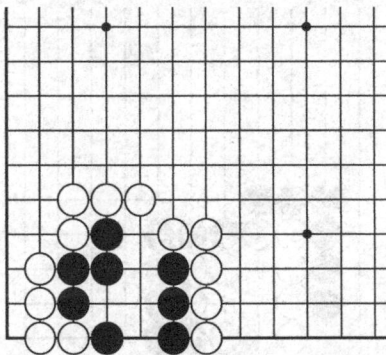

第 671 题

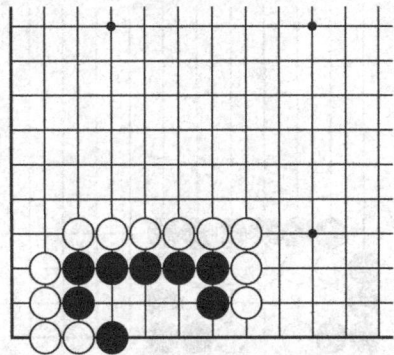

第 672 题

丁四、刀把五补一手（四）

黑先，请杀死白棋，在要下子的地方写1。

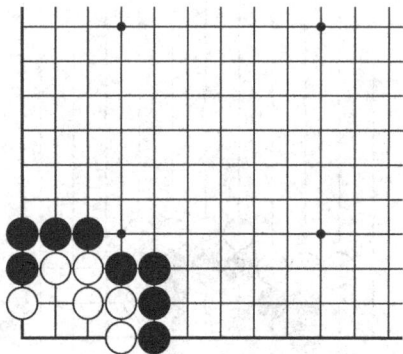

第 673 题

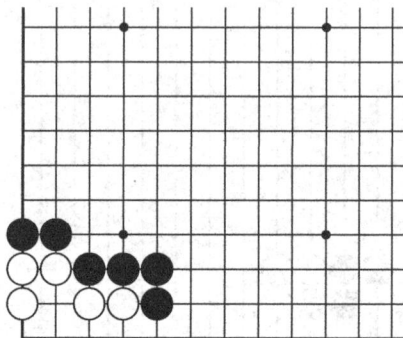

第 674 题

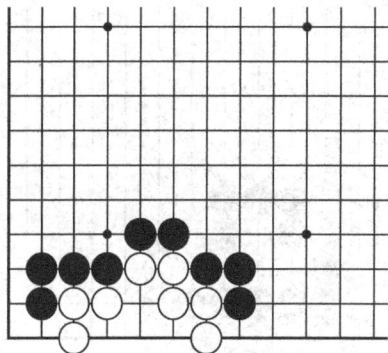

第 675 题

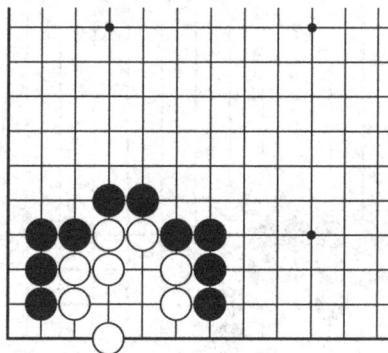

第 676 题

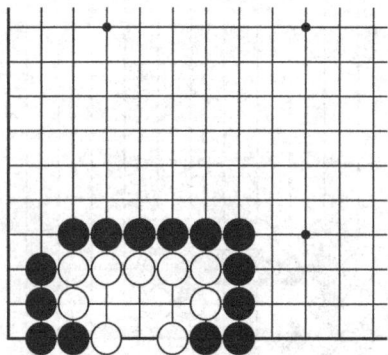

第 677 题

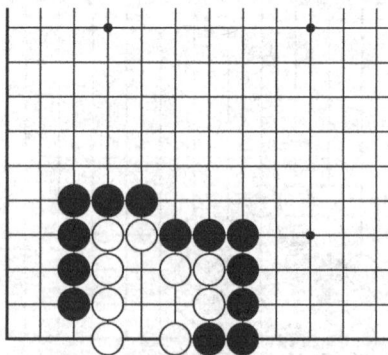

第 678 题

丁四、刀把五补一手（五）

黑先，请杀死白棋，在要下子的地方写1。

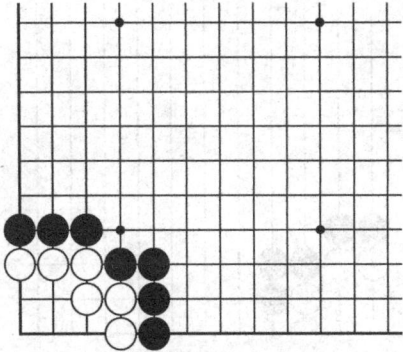

第 679 题

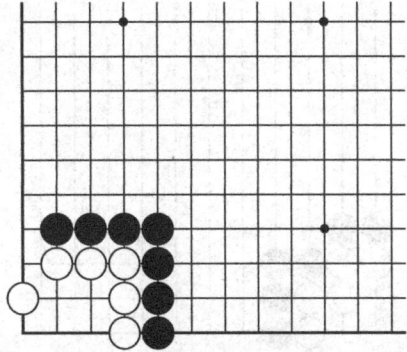

第 680 题

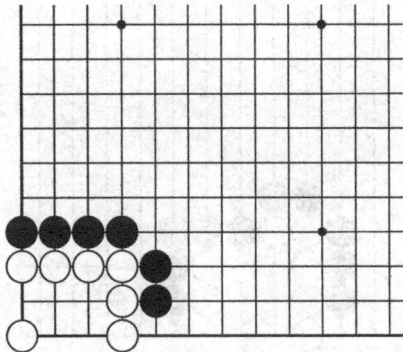

第 681 题

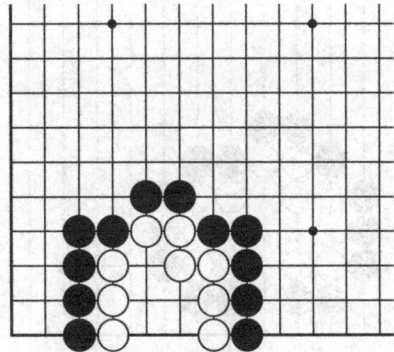

第 682 题

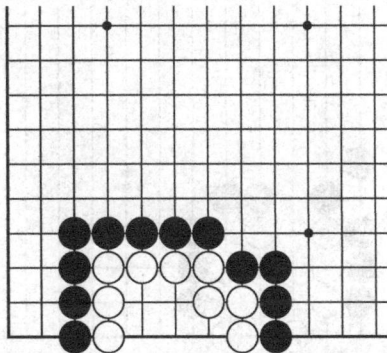

第 683 题

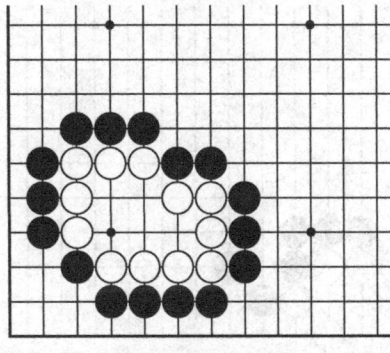

第 684 题

丁四、刀把五补一手（六）

黑先，请杀死白棋，在要下子的地方写1。

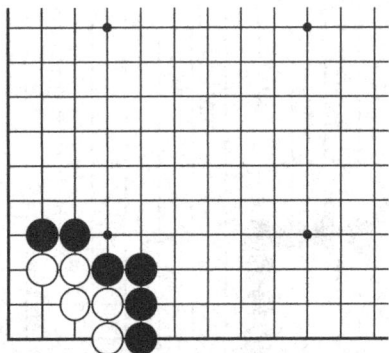

第 685 题

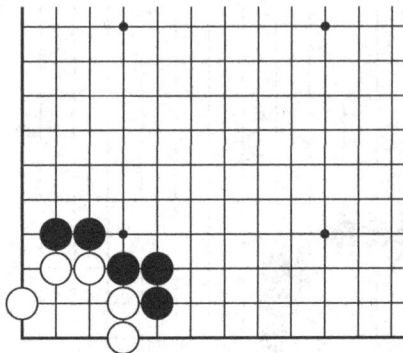

第 686 题

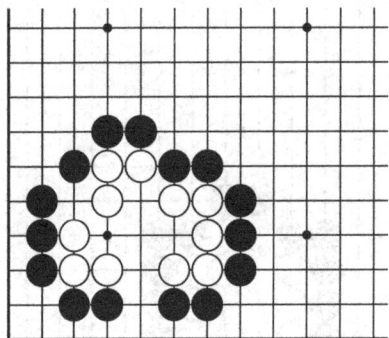

第 687 题

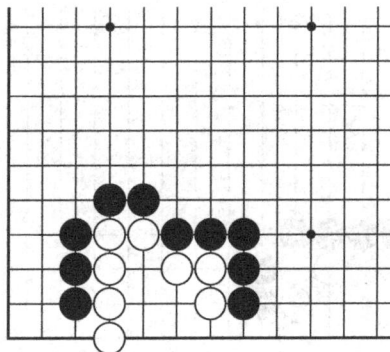

第 688 题

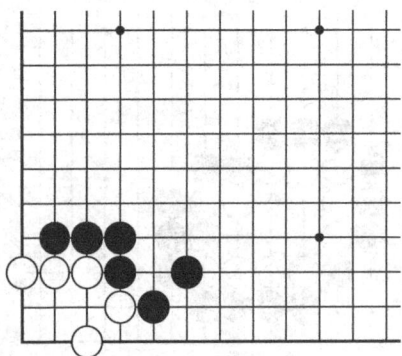

第 689 题

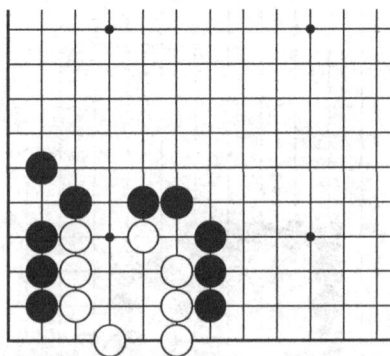

第 690 题

梅花五、葡萄六补一手（一）

黑先，请做活黑棋，在要下子的地方写1。

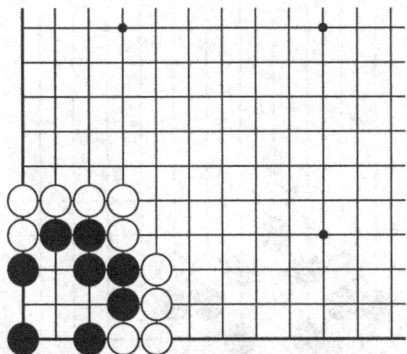

第691题

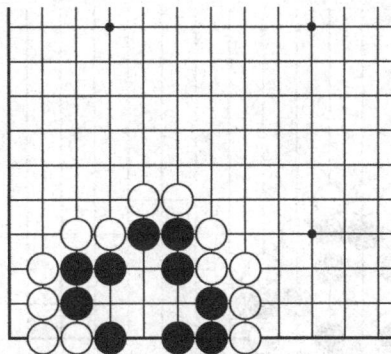

第692题

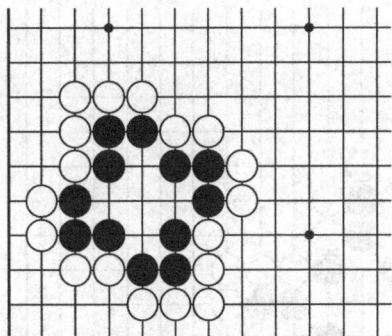

第693题

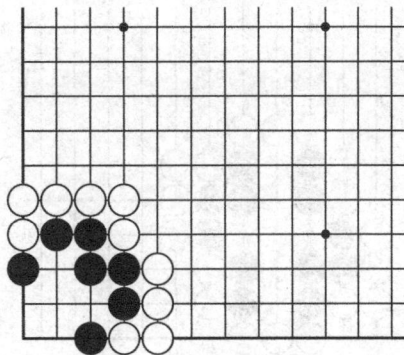

第694题

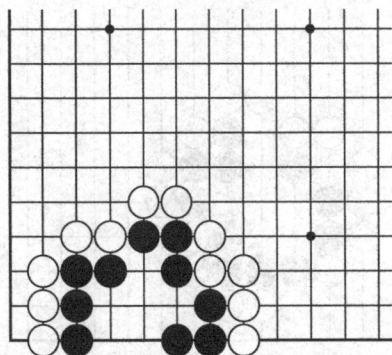

第695题

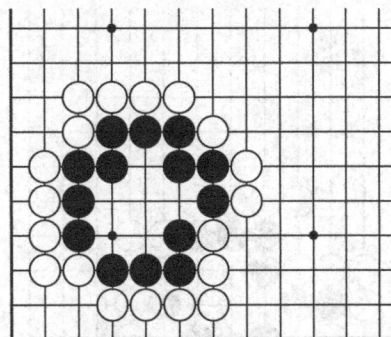

第696题

梅花五、葡萄六补一手（二）

黑先，请做活黑棋，在要下子的地方写1。

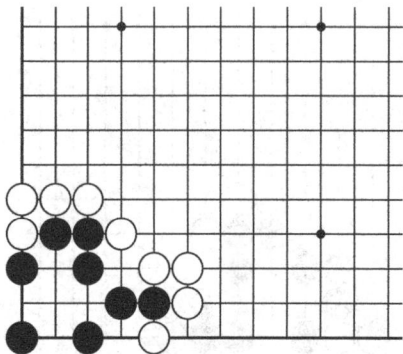

第 697 题

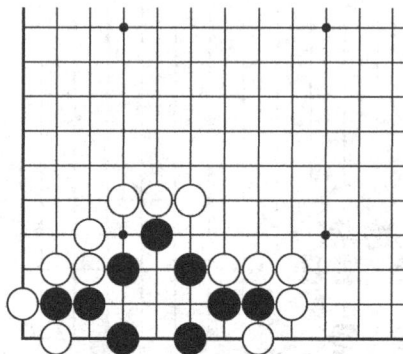

第 698 题

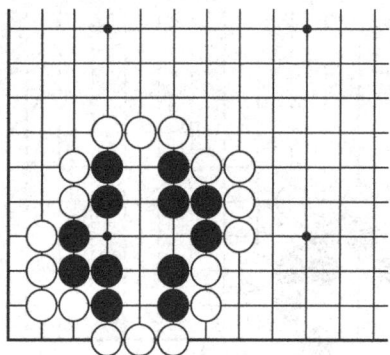

第 699 题

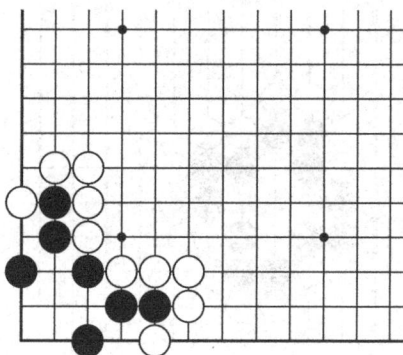

第 700 题

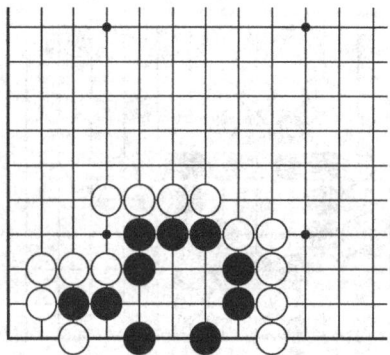

第 701 题

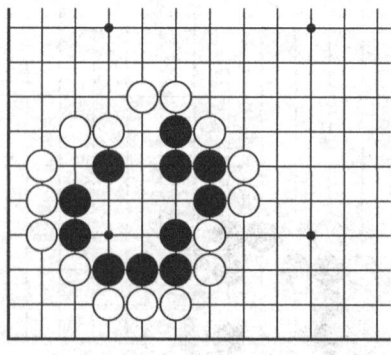

第 702 题

梅花五、葡萄六补一手（三）

黑先，请杀死白棋，在要下子的地方写1。

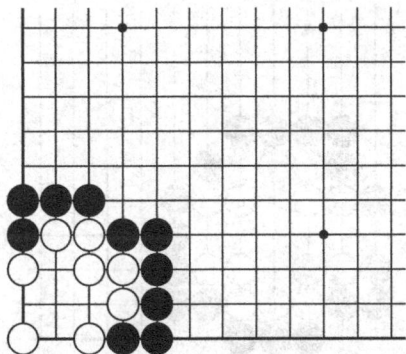

第703题

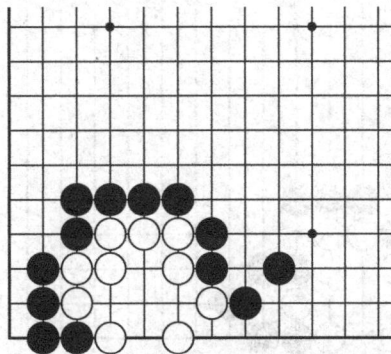

第704题

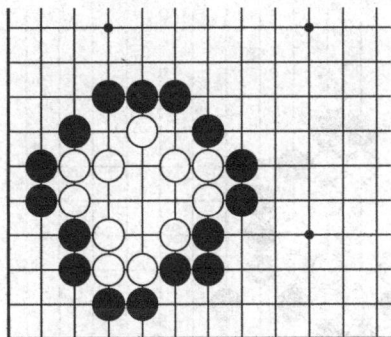

第705题

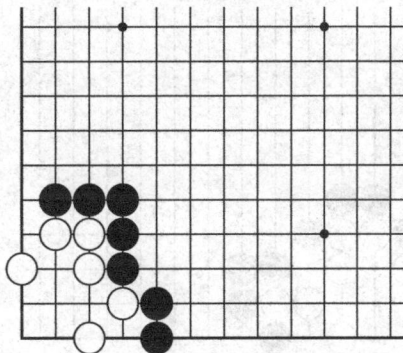

第706题

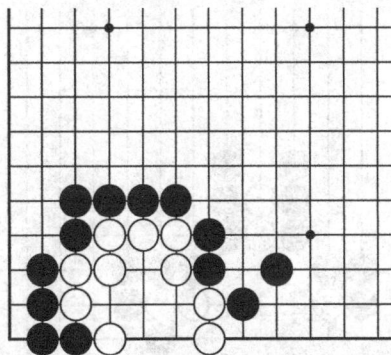

第707题

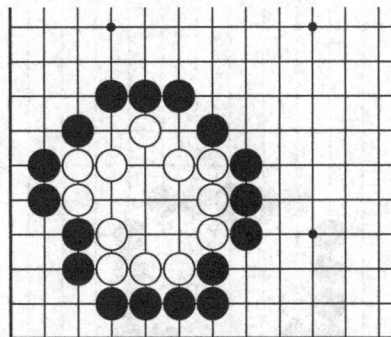

第708题

梅花五、葡萄六补一手（四）

黑先，请杀死白棋，在要下子的地方写1。

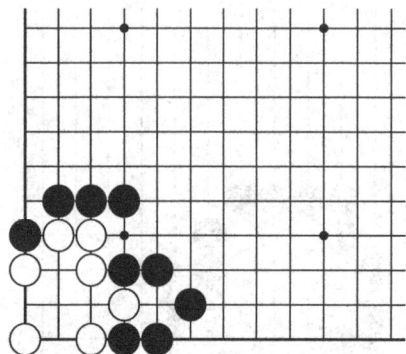

第 709 题

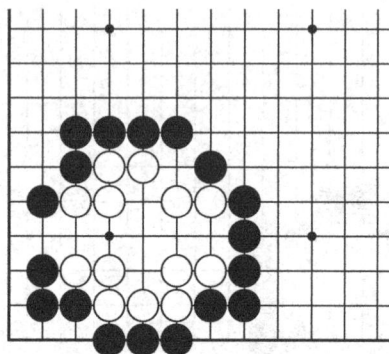

第 710 题

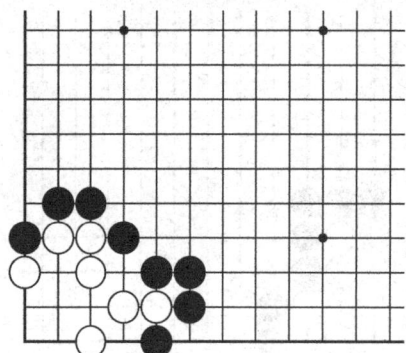

第 711 题

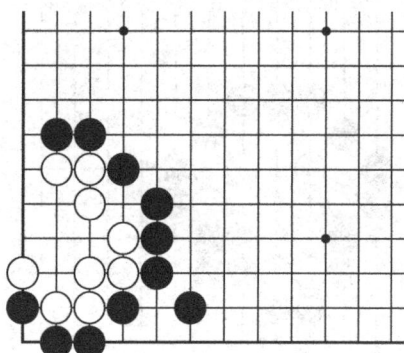

第 712 题

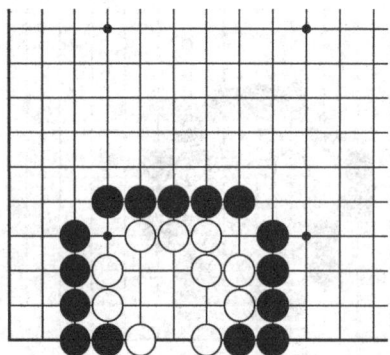

第 713 题

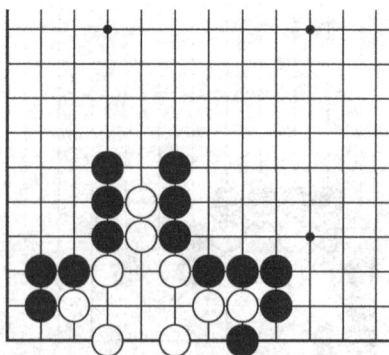

第 714 题

直四、弯四两只眼（一）

黑先，请做活黑棋，在要下子的地方写1。

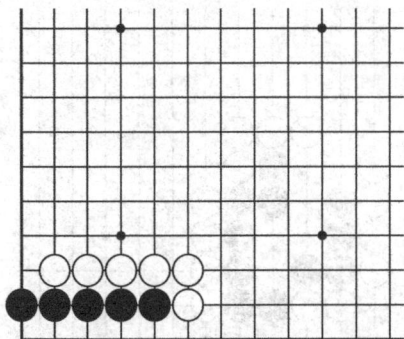

第 715 题

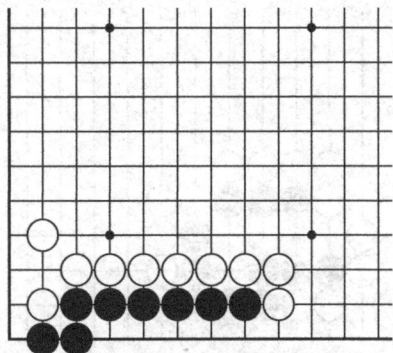

第 716 题

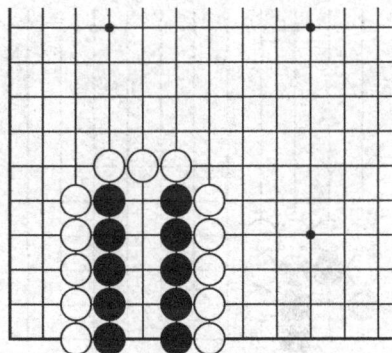

第 717 题

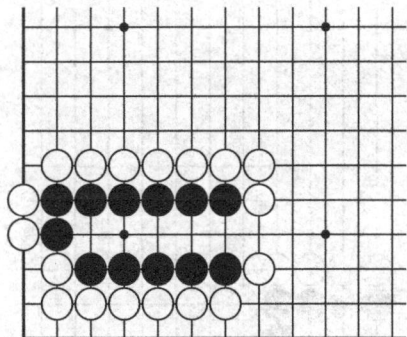

第 718 题

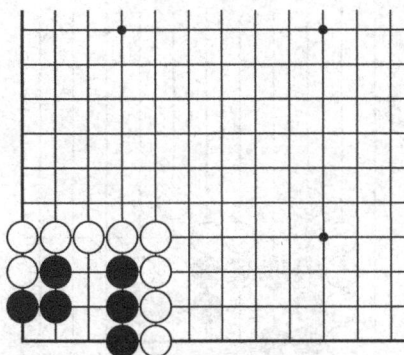

第 719 题

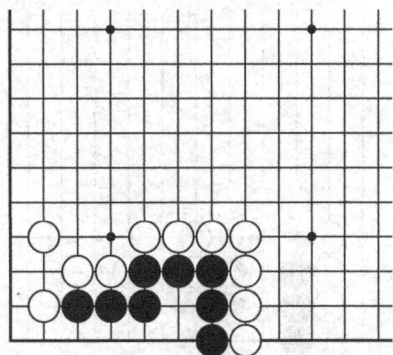

第 720 题

157

直四、弯四两只眼（二）

黑先，请做活黑棋，在要下子的地方写1。

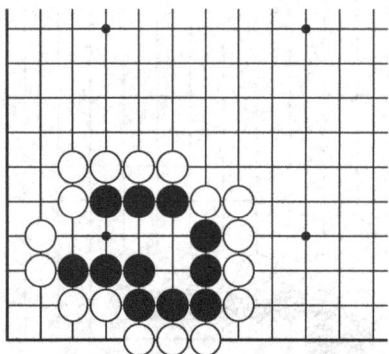

第 721 题

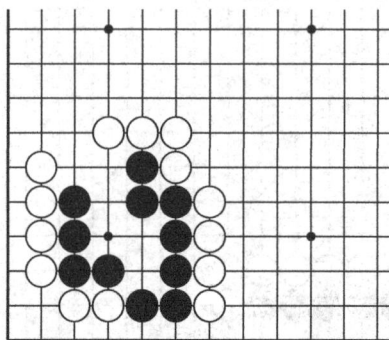

第 722 题

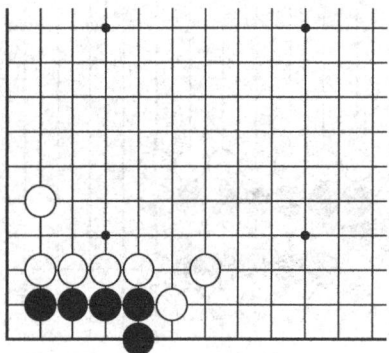

第 723 题

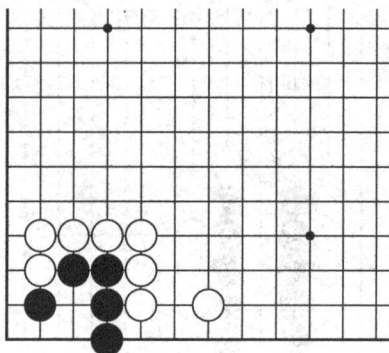

第 724 题

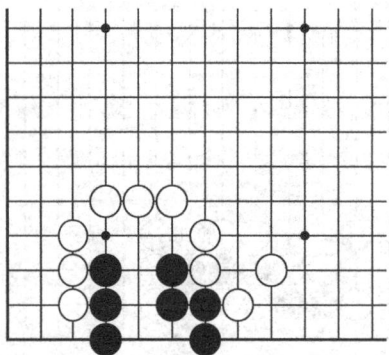

第 725 题

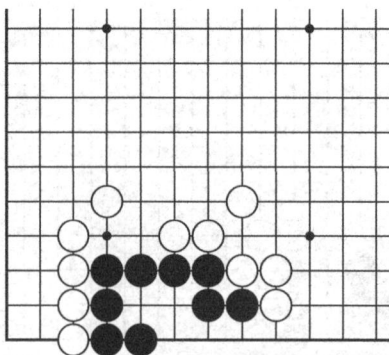

第 726 题

直四、弯四两只眼（三）

黑先，请杀死白棋，写出必要的过程。

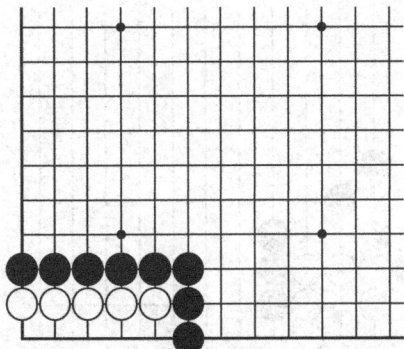

第 727 题

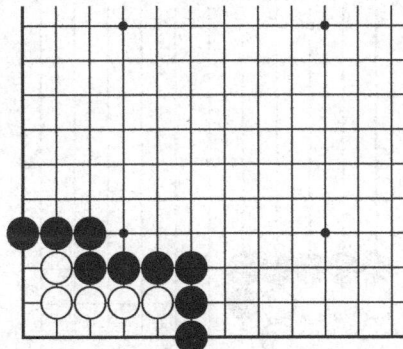

第 728 题

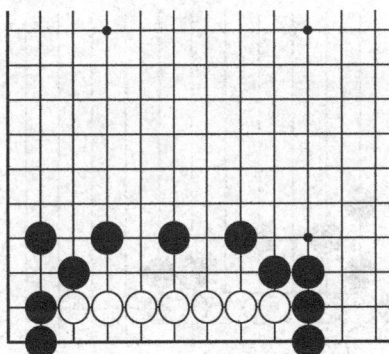

第 729 题

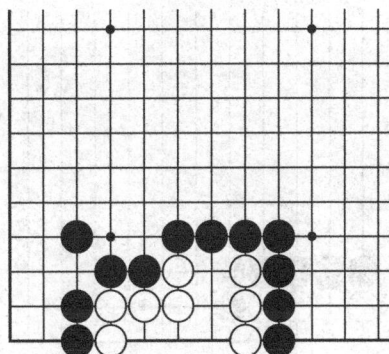

第 730 题

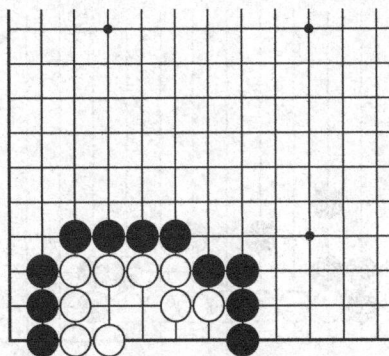

第 731 题

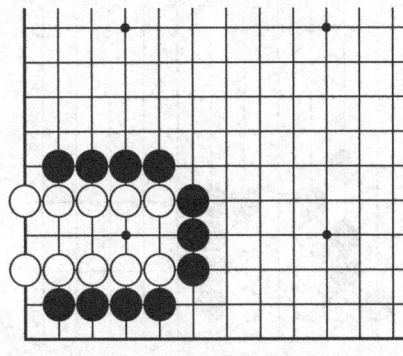

第 732 题

直四、弯四两只眼（四）

黑先，请杀死白棋，写出必要的过程。

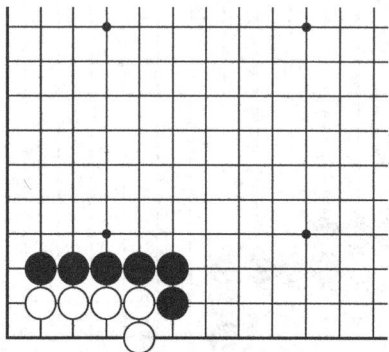

第 733 题

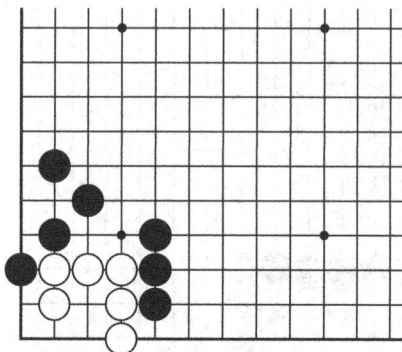

第 734 题

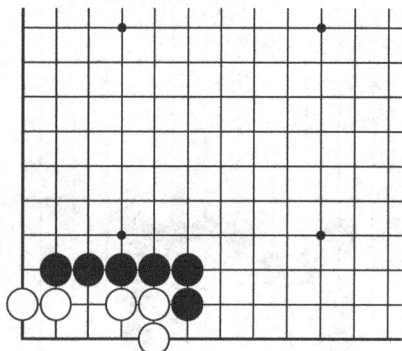

第 735 题

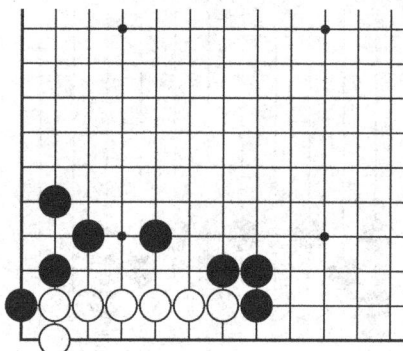

第 736 题

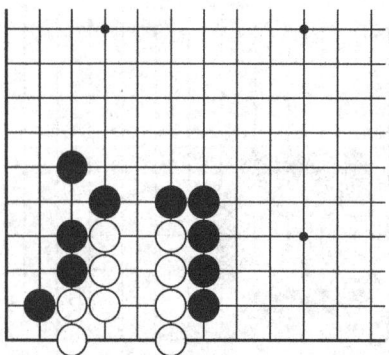

第 737 题

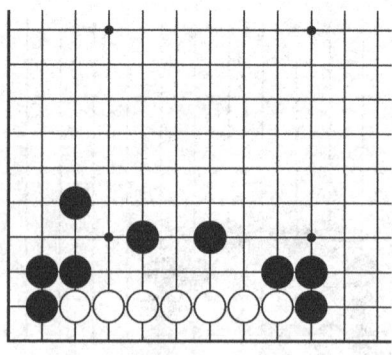

第 738 题

聂卫平围棋习题精解
综合训练
（从入门到10级）

答案

人民邮电出版社
北京

目　录

第一章
连接和分断

1.1 连接

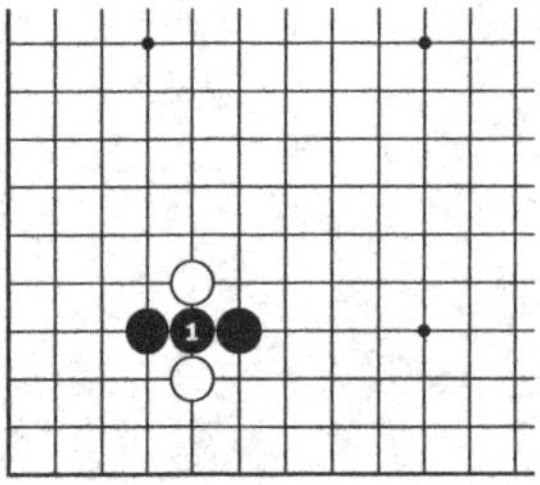

第 1 题

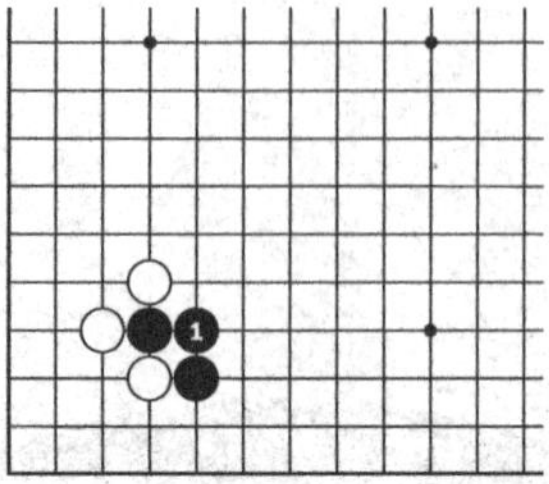

第 2 题

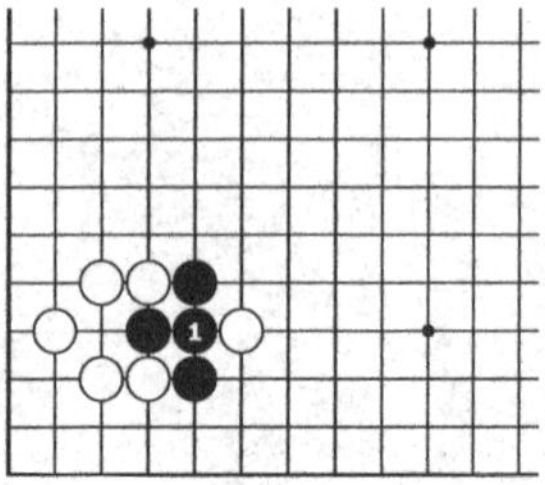

第 3 题

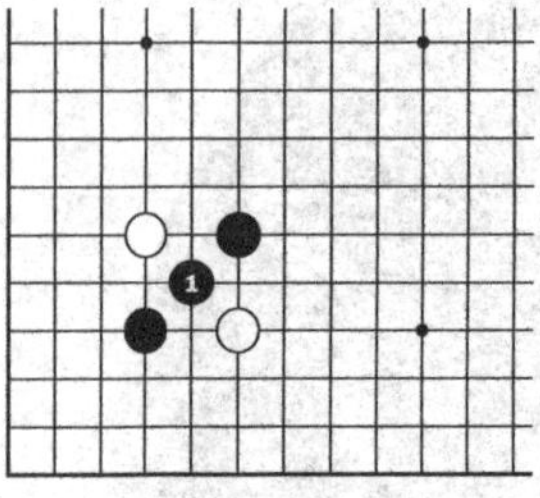

第 4 题

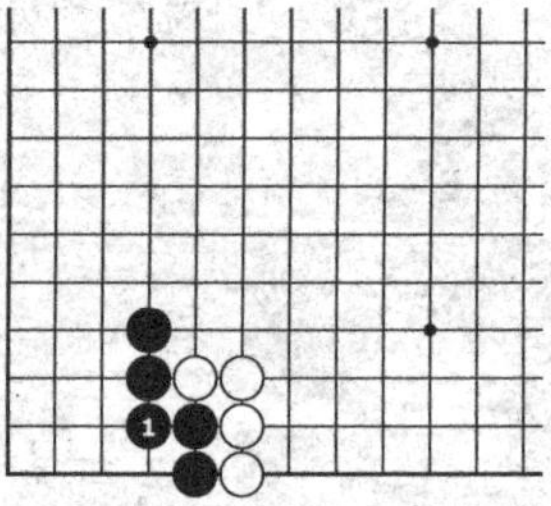

第 5 题

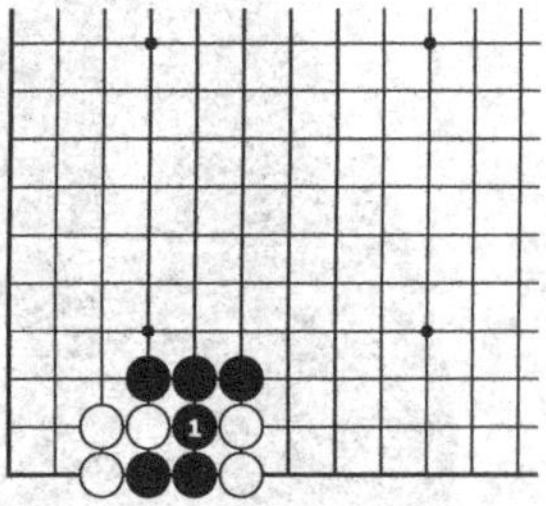

第 6 题

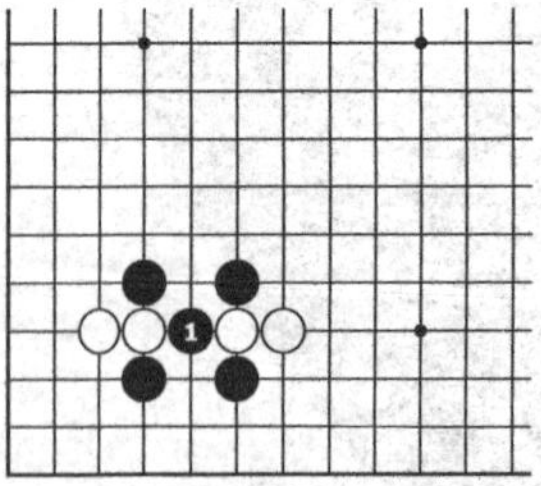

第 7 题

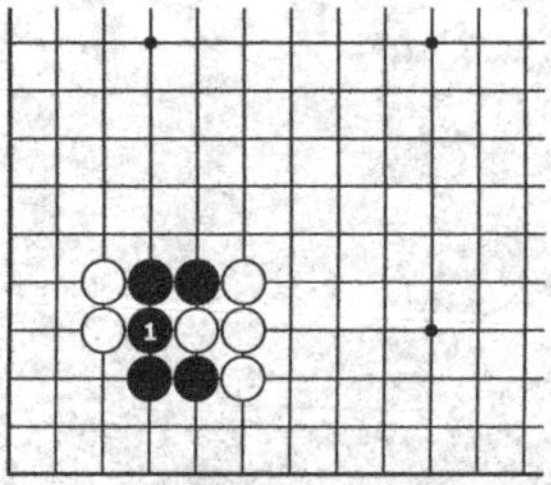

第 8 题

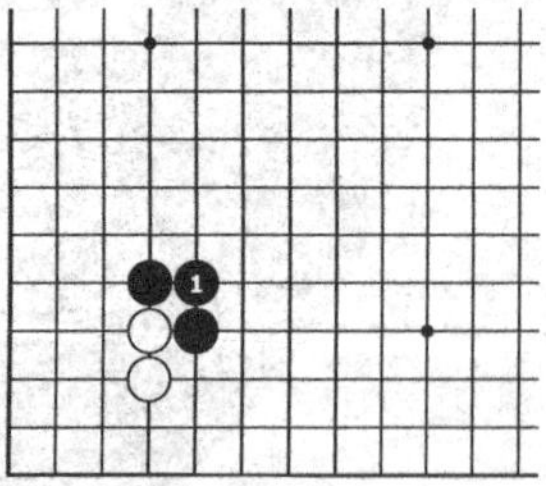

第 9 题

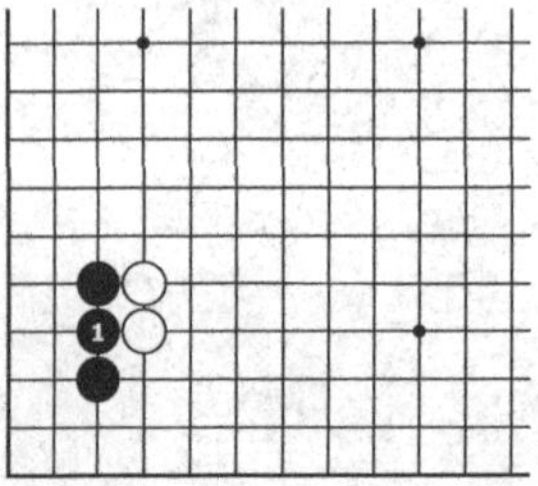

第 10 题

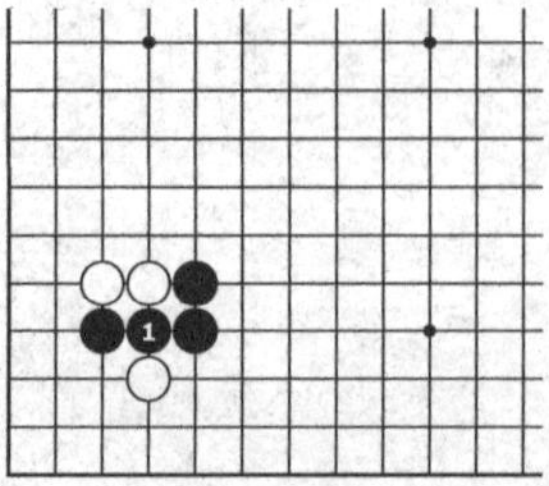

第 11 题

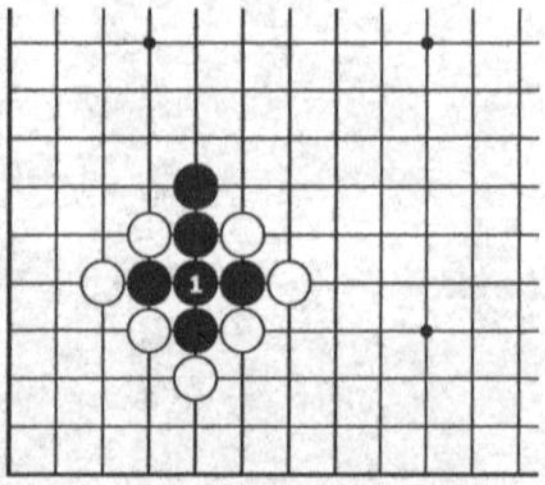

第 12 题

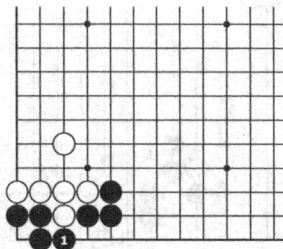

第 13 题

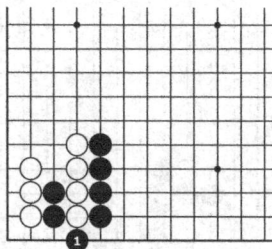

第 14 题

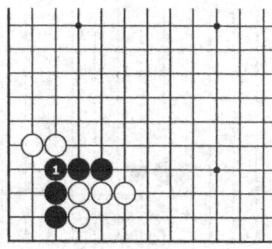

第 15 题

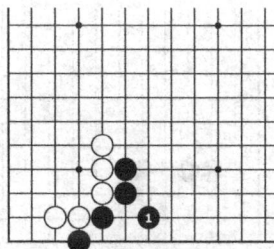

第 16 题

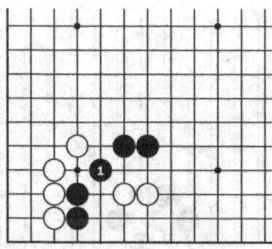

第 17 题

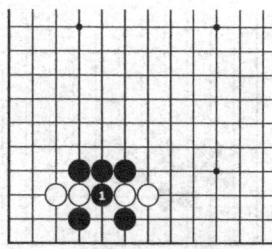

第 18 题

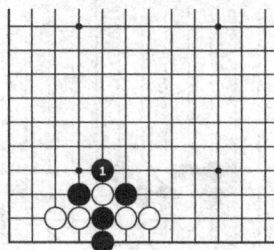

第 19 题

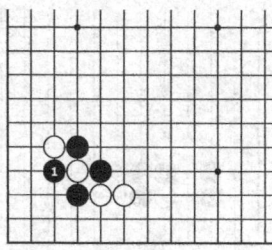

第 20 题

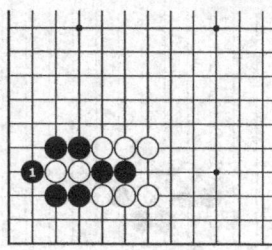

第 21 题

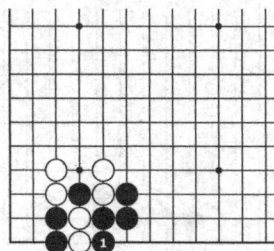

第 22 题

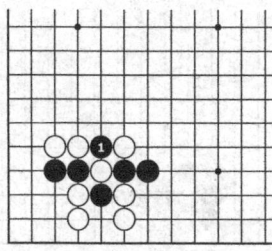

第 23 题

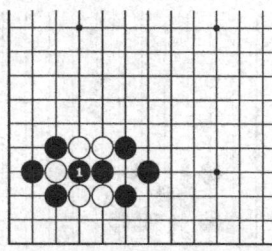

第 24 题

1.2 分断

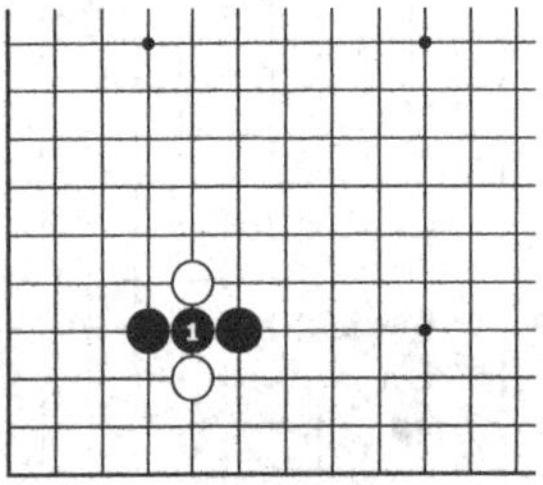

第 25 题

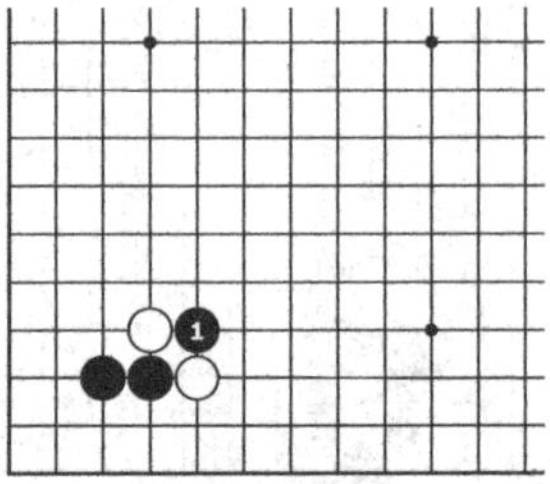

第 26 题

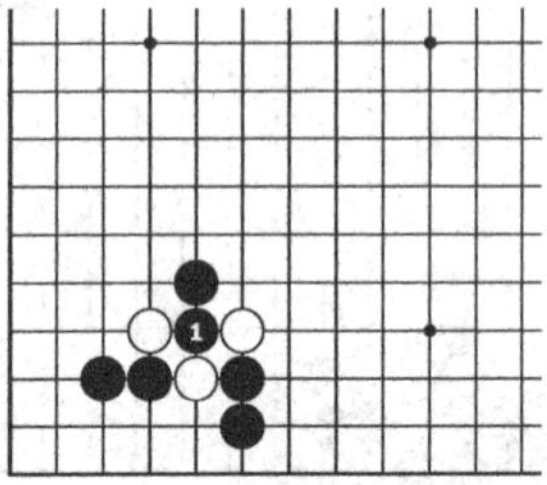

第 27 题

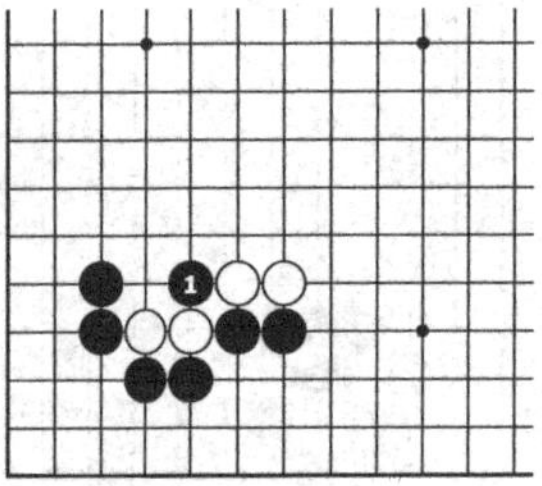

第 28 题

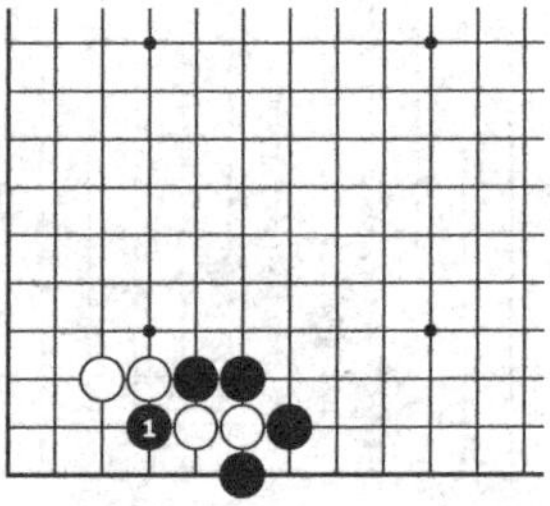

第 29 题

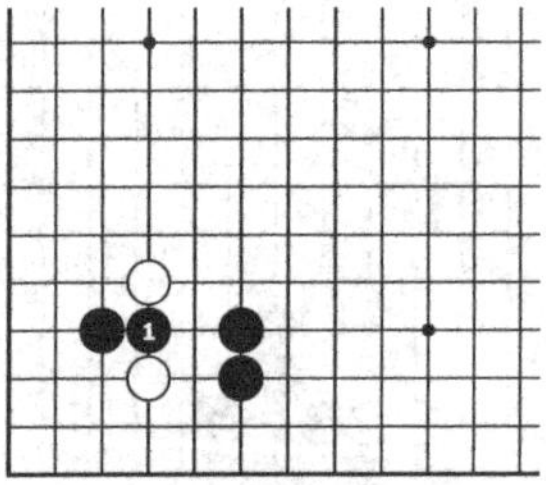

第 30 题

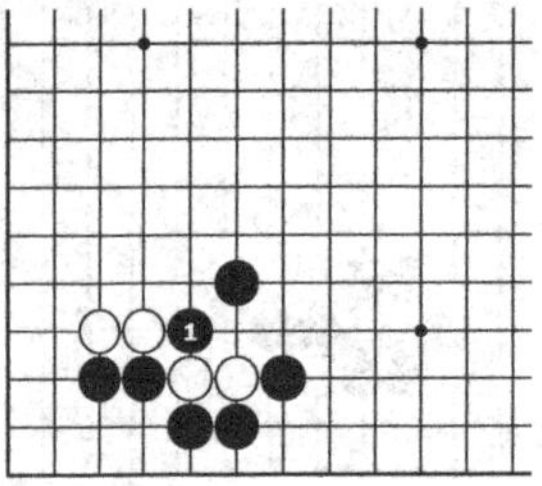

第 31 题

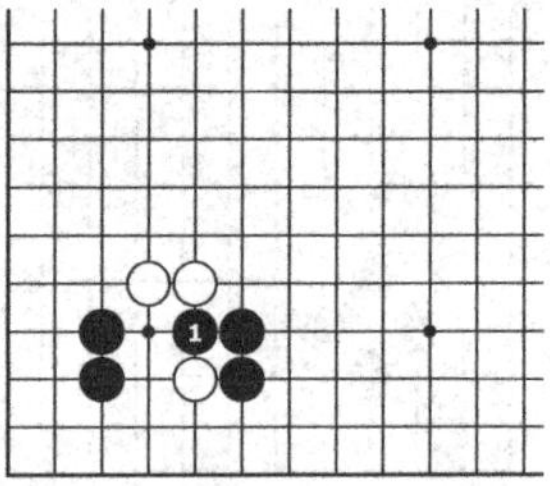

第 32 题

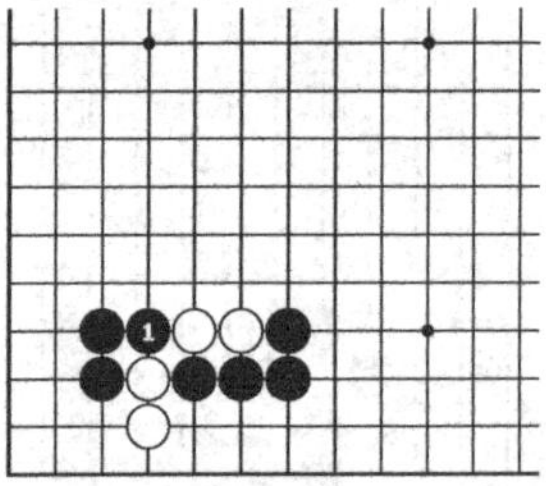

第 33 题

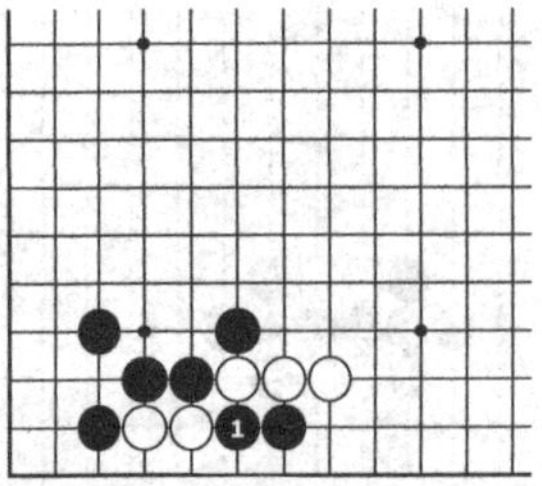

第 34 题

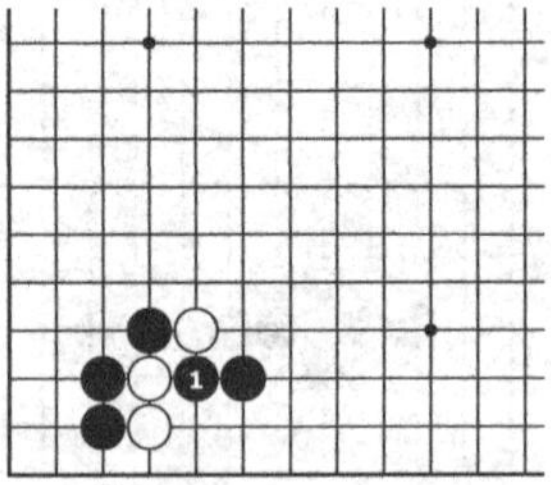

第 35 题

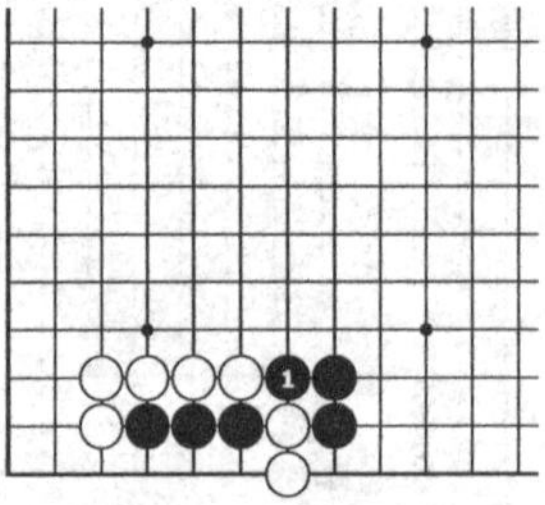

第 36 题

第二章
吃子技巧（一）

2.1 双打吃

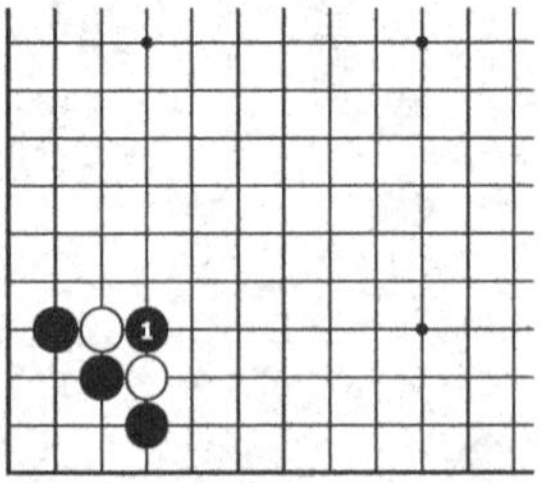

第 37 题

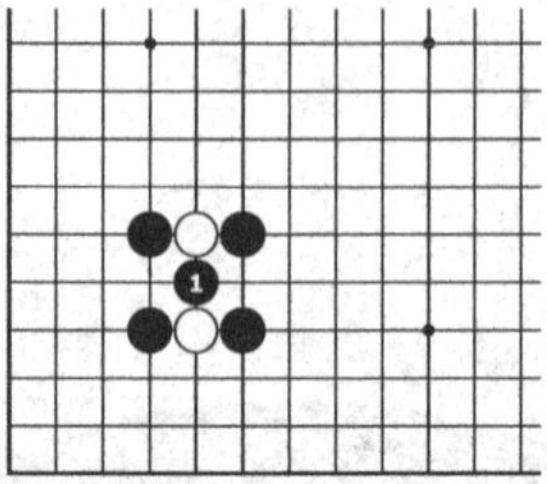

第 38 题

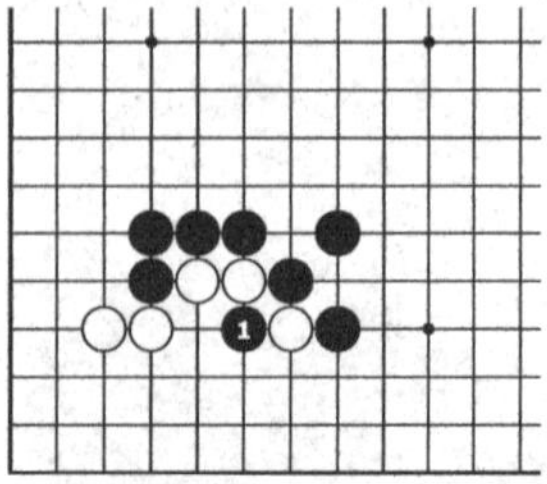

第 39 题

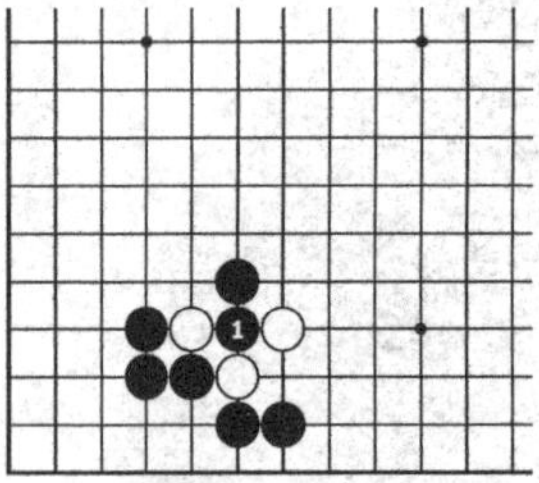

第 40 题

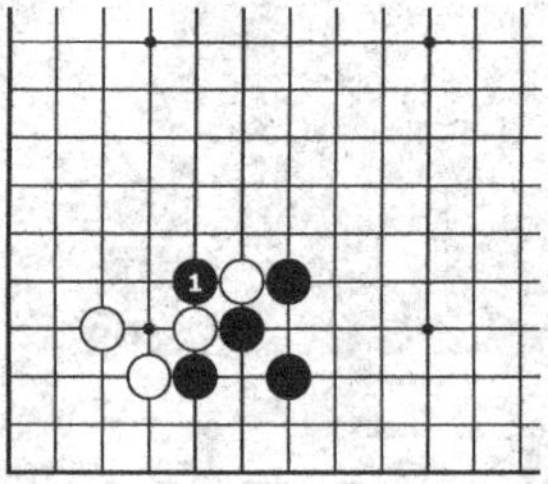

第 41 题

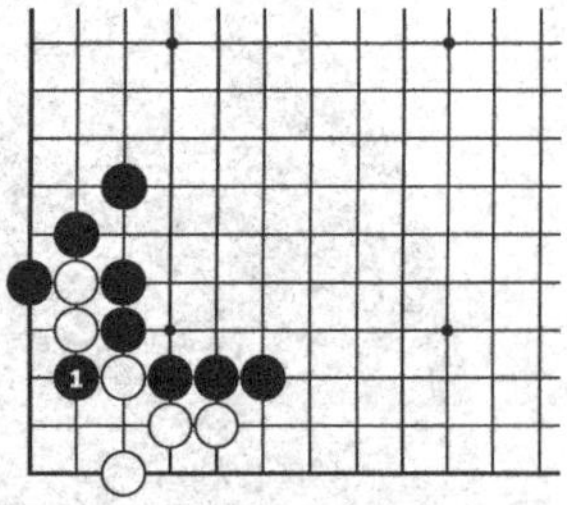

第 42 题

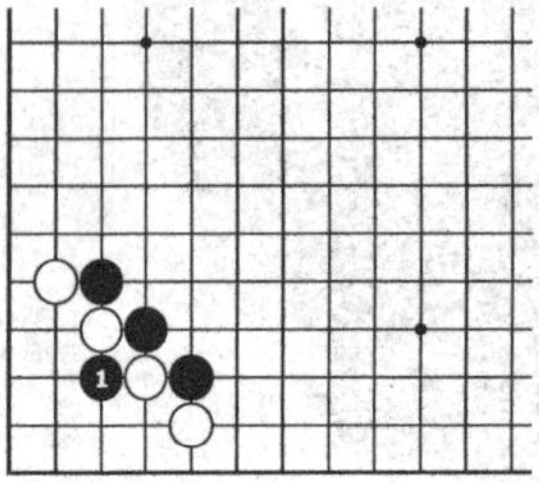

第 43 题

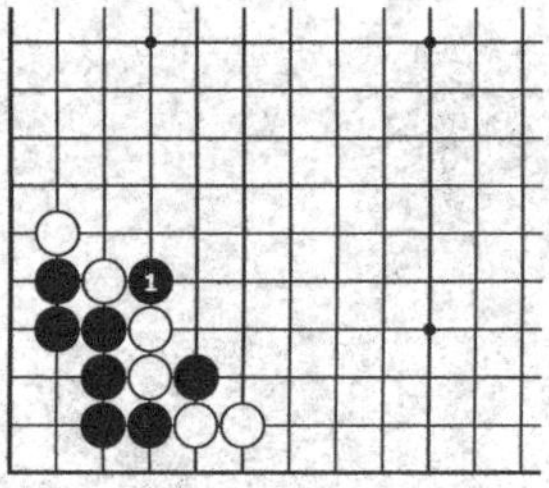

第 44 题

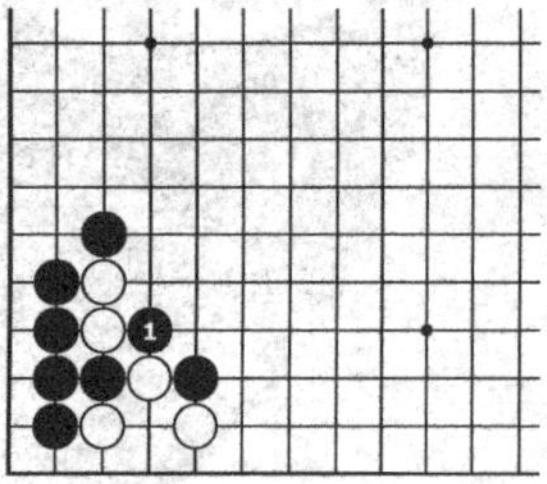

第 45 题

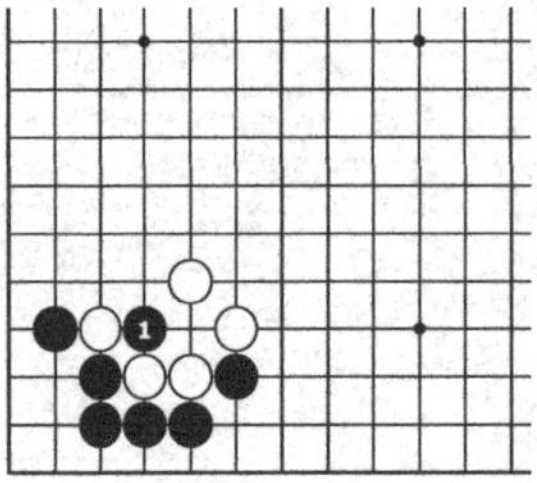

第 46 题

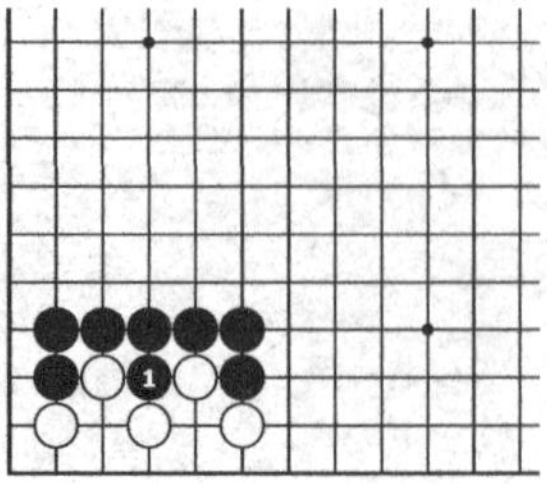

第 47 题

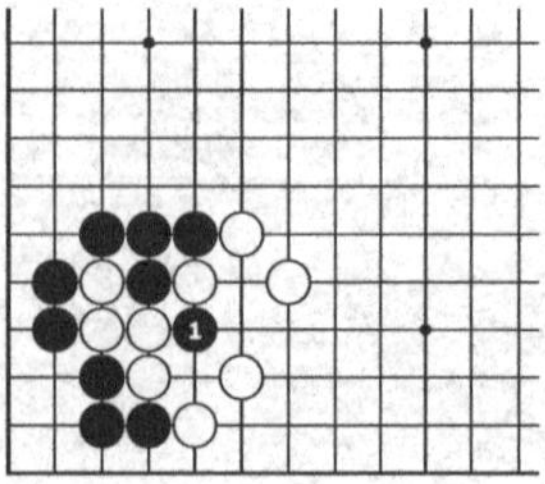

第 48 题

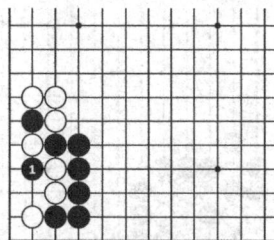

第 49 题

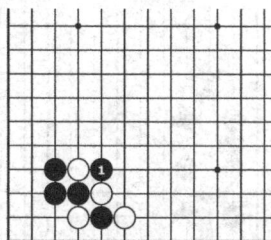

第 50 题

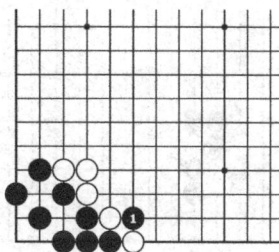

第 51 题

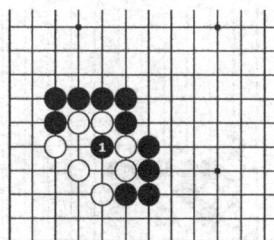

第 52 题

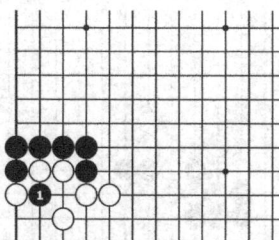

第 53 题

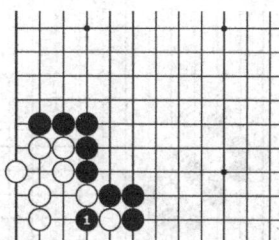

第 54 题

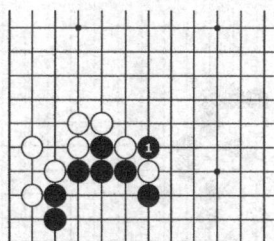

第 55 题

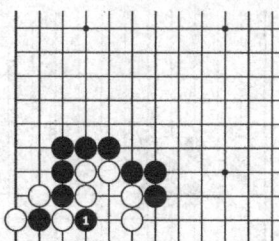

第 56 题

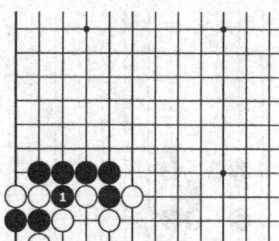

第 57 题

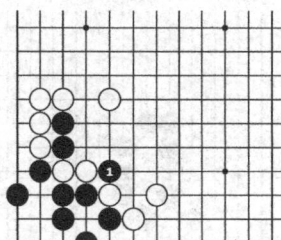

第 58 题

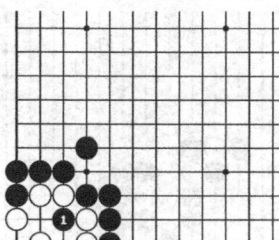

第 59 题

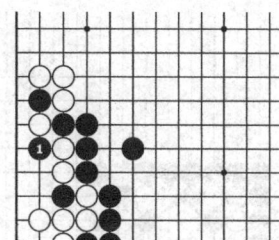

第 60 题

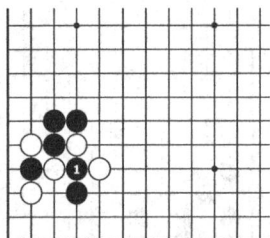

第 61 题

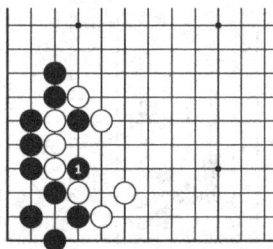

第 62 题

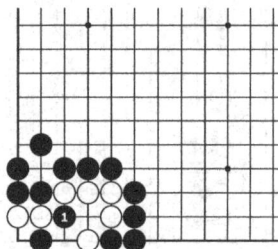

第 63 题

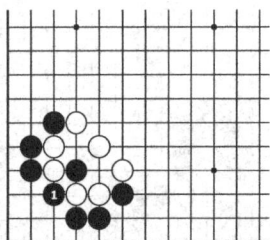

第 64 题

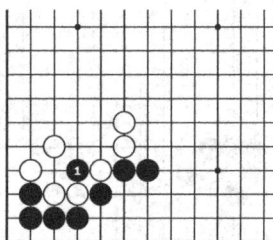

第 65 题

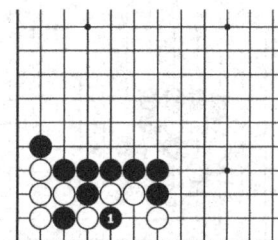

第 66 题

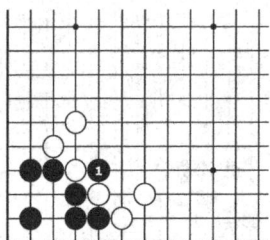

第 67 题

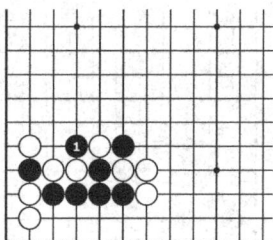

第 68 题

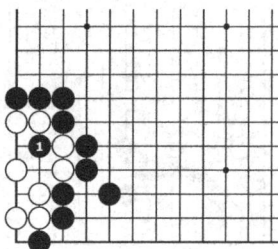

第 69 题

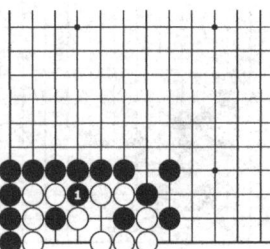

第 70 题

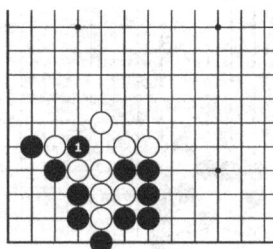

第 71 题

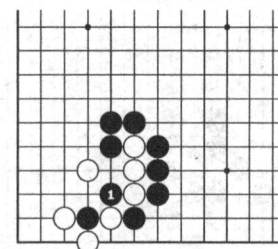

第 72 题

2.2 征吃

第73题 ×   第74题 √   第75题 ×

第76题 √   第77题 √   第78题 ×

第79题 √   第80题 ×   第81题 √

第82题 ×   第83题 ×   第84题 √

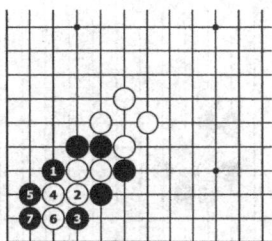

第85题

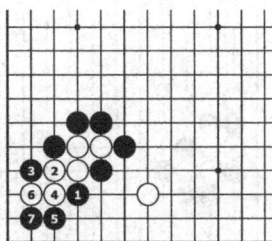

第86题

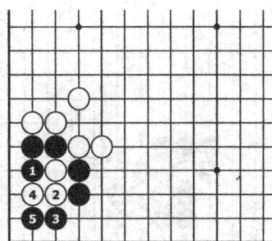

第87题

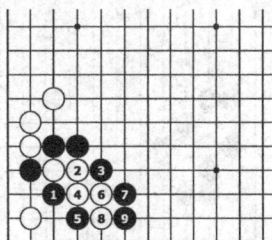

第88题

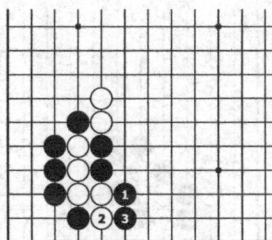

第89题

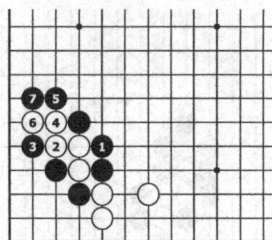

第90题

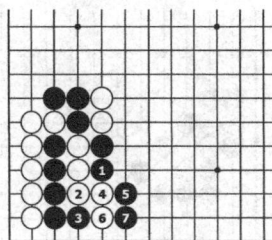

第91题

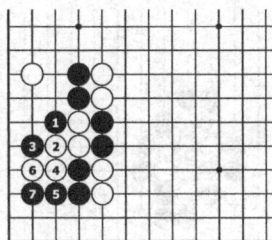

第92题

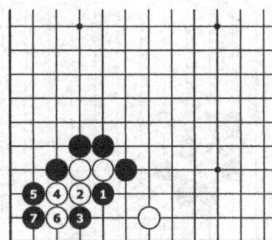

第93题

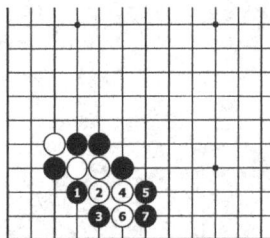

第 94 题

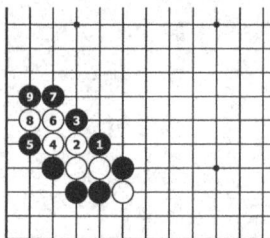

第 95 题

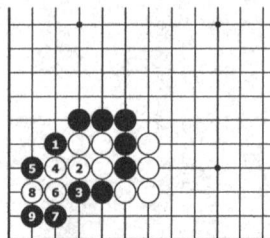

第 96 题

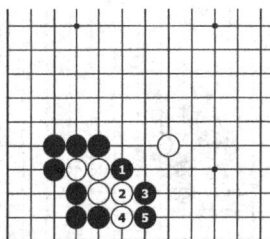

第 97 题

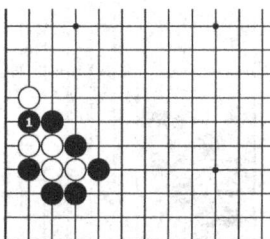

第 98 题

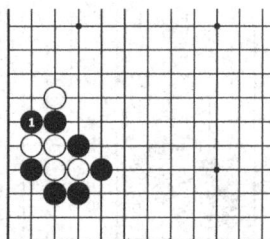

第 99 题

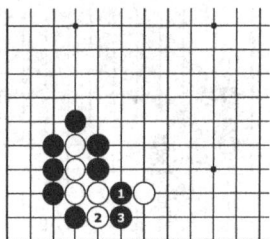

第 100 题

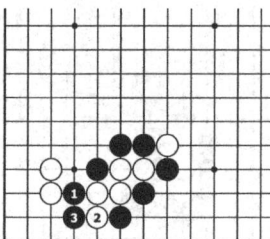

第 101 题

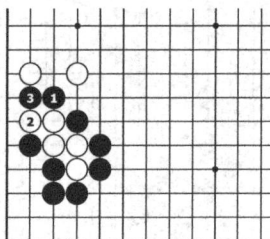

第 102 题

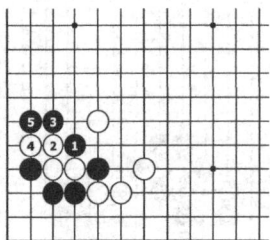

第 103 题

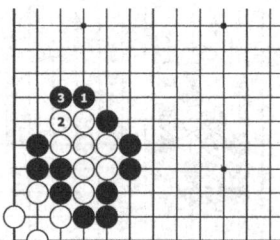

第 104 题

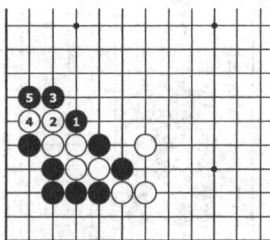

第 105 题

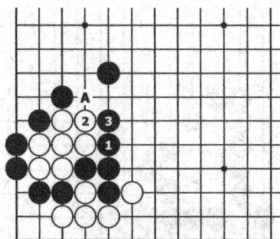

注：黑3也可下在A处。

第106题

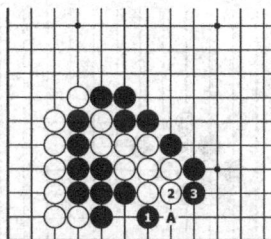

注：黑3也可下在A处。

第107题

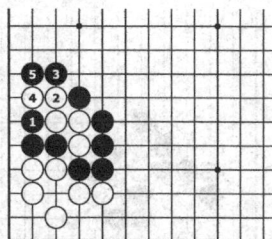

第108题

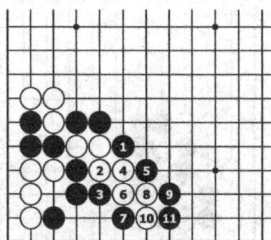

第109题

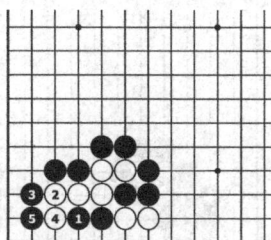

第110题

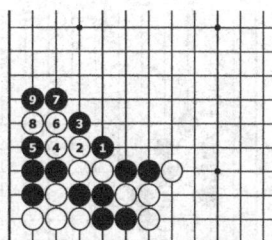

第111题

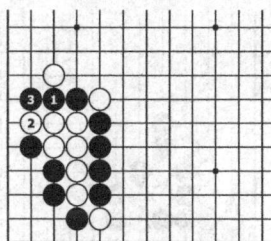

第112题

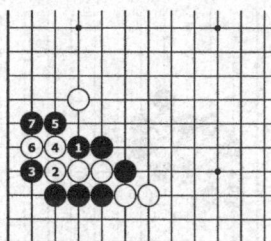

第113题

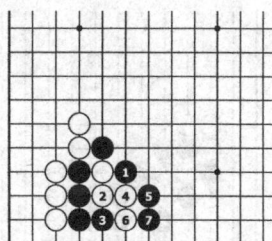

第114题

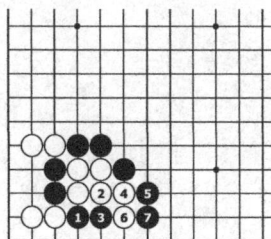

第115题

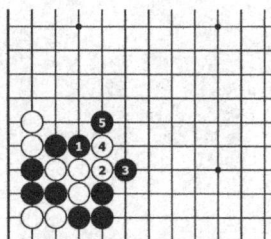

第116题

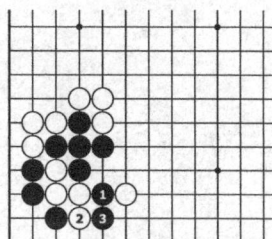

第117题

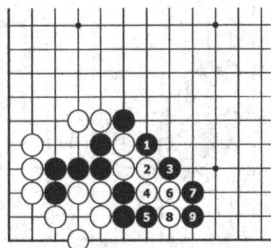

第 118 题

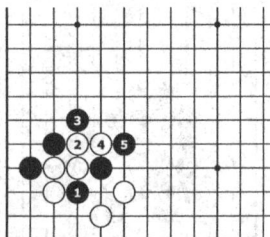

第 119 题

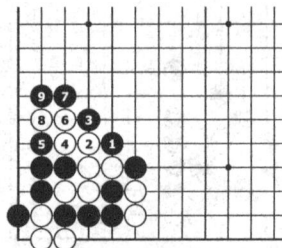

第 120 题

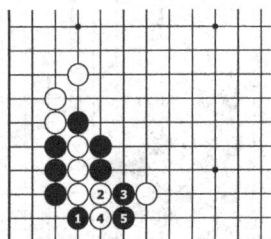

第 121 题

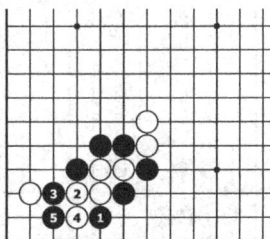

第 122 题

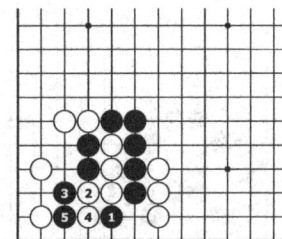

第 123 题

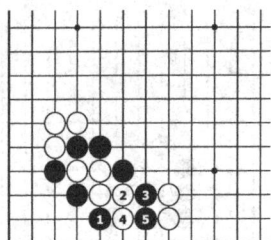

第 124 题

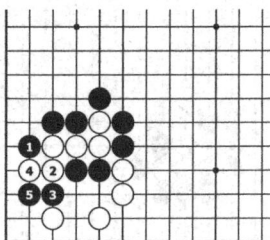

第 125 题

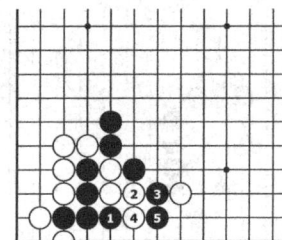

第 126 题

2.3 门吃

第 127 题

第 128 题

第 129 题

第 130 题

第 131 题

第 132 题

第 133 题

第 134 题

第 135 题

第 136 题

第 137 题

第 138 题

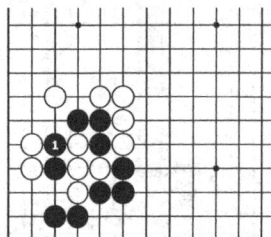

第 139 题

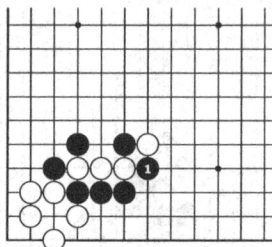

第 140 题

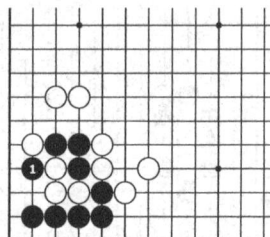

第 141 题

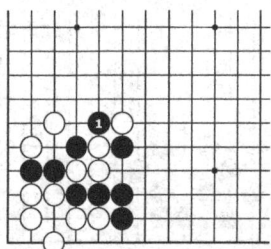

第 142 题

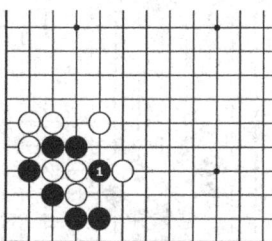

第 143 题

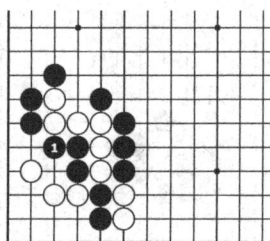

第 144 题

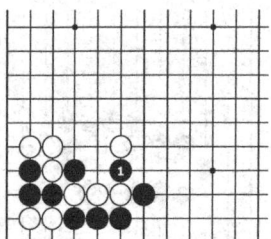

第 145 题

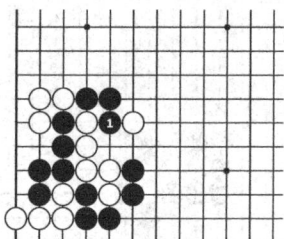

第 146 题

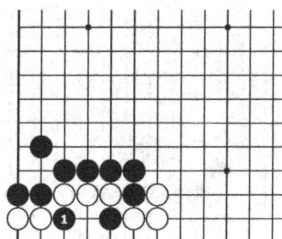

第 147 题

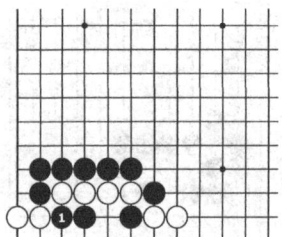

第 148 题

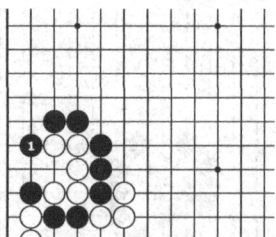

第 149 题

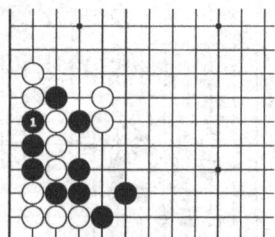

第 150 题

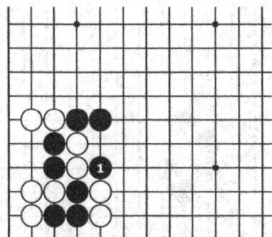

第 151 题

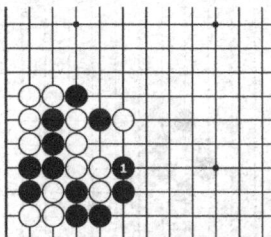

第 152 题

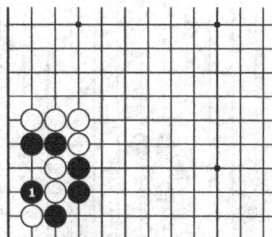

第 153 题

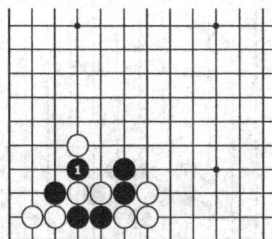

第 154 题

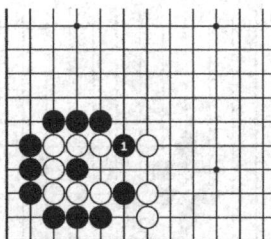

第 155 题

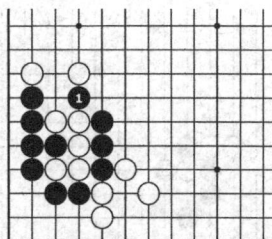

第 156 题

2.4 抱吃

第 157 题

第 158 题

第 159 题

第 160 题

第 161 题

第 162 题

第 163 题

第 164 题

第 165 题

第 166 题

第 167 题

第 168 题

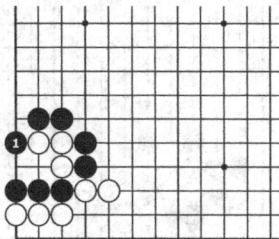

第 169 题

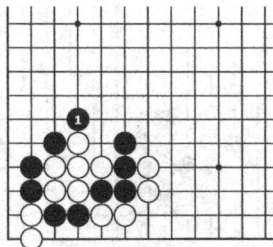

第 170 题

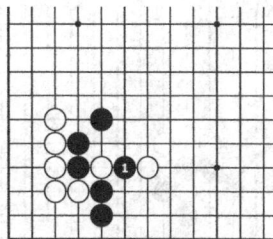

第 171 题

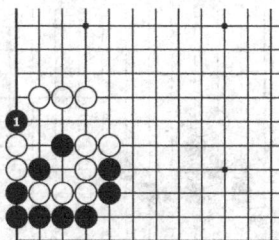

第 172 题

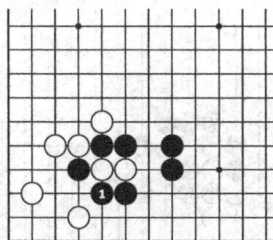

第 173 题

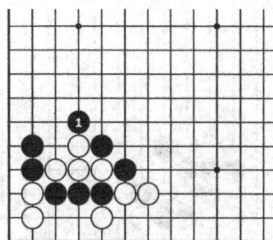

第 174 题

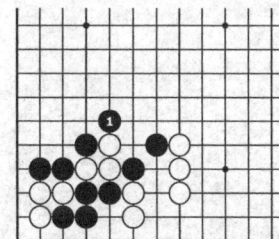

第 175 题

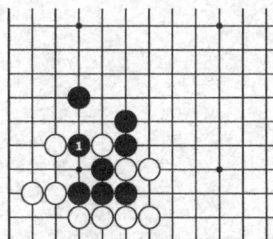

第 176 题

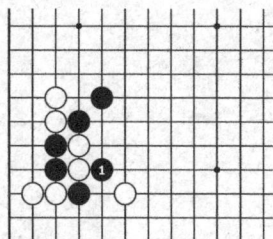

第 177 题

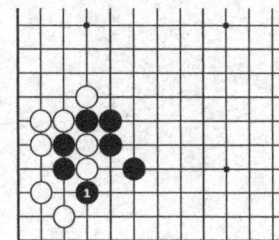

第 178 题

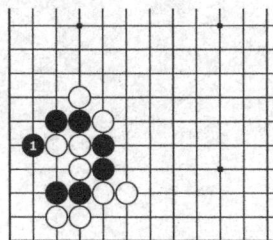

第 179 题

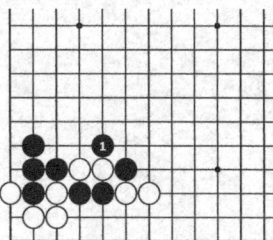

第 180 题

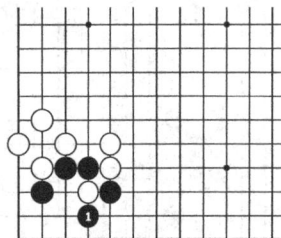

第 181 题

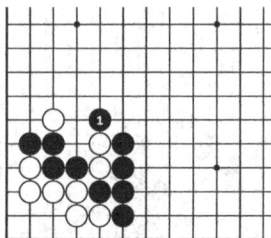

第 182 题

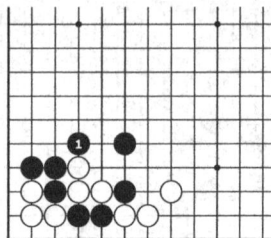

第 183 题

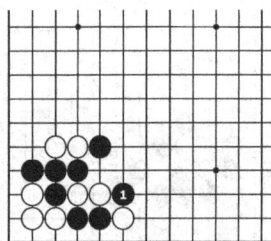

第 184 题

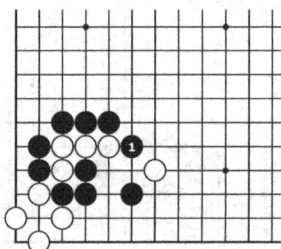

第 185 题

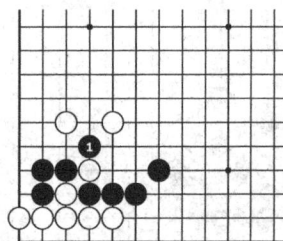

第 186 题

2.5 枷吃

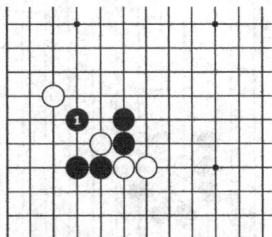

第 187 题

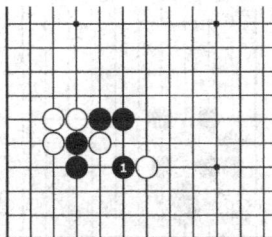

第 188 题

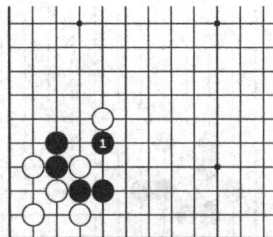

第 189 题

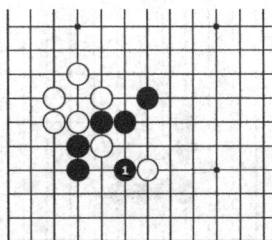

第 190 题

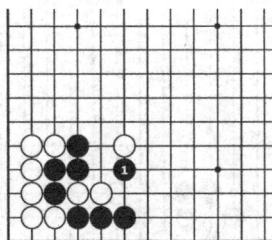

第 191 题

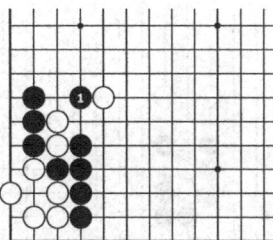

第 192 题

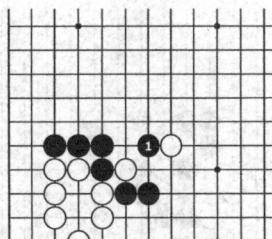

第 193 题

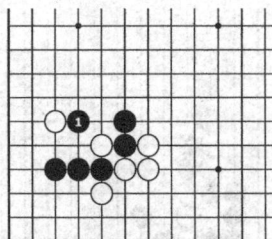

第 194 题

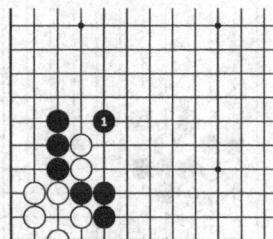

第 195 题

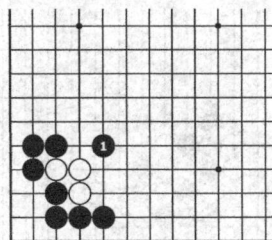

第 196 题

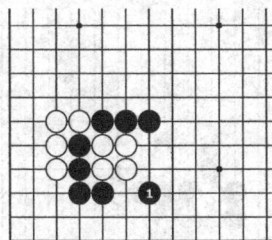

第 197 题

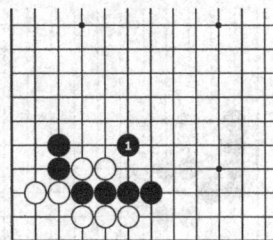

第 198 题

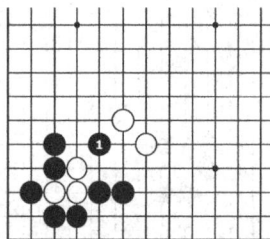

第 199 题

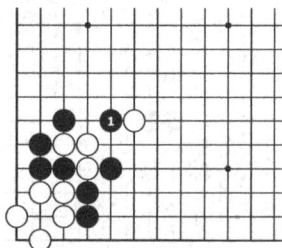

第 200 题

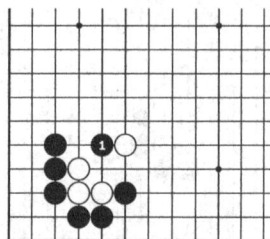

第 201 题

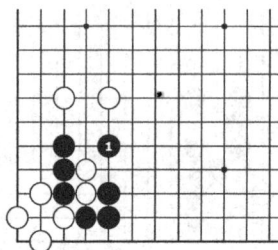

第 202 题

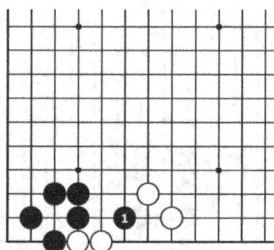

第 203 题

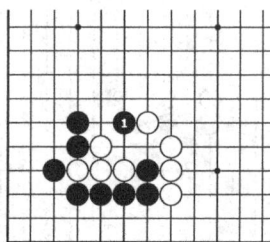

第 204 题

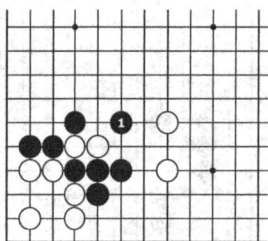

第 205 题

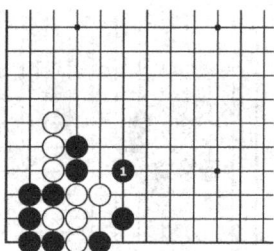

第 206 题

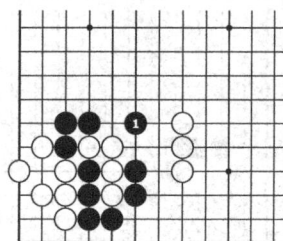

第 207 题

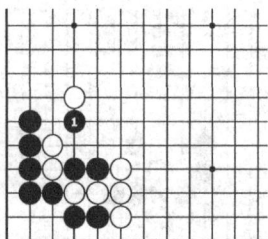

第 208 题

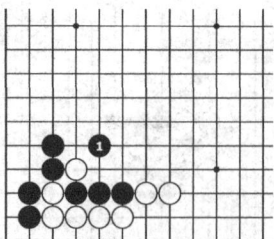

第 209 题

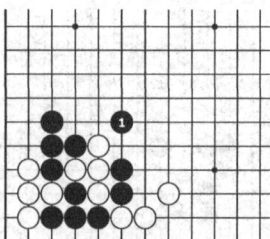

第 210 题

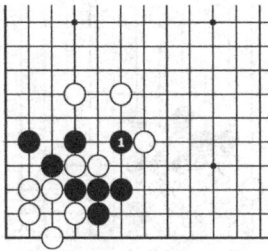

第 211 题

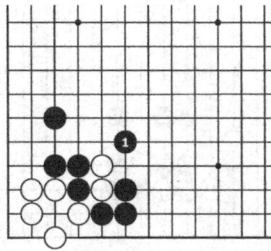

第 212 题

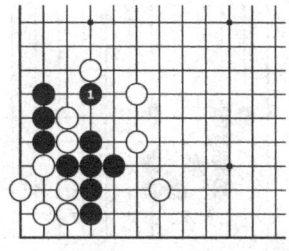

第 213 题

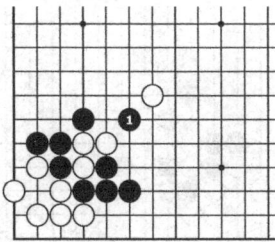

第 214 题

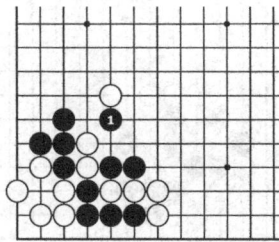

第 215 题

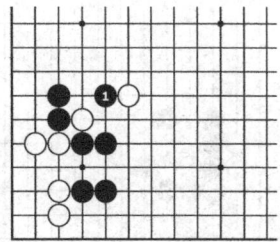

第 216 题

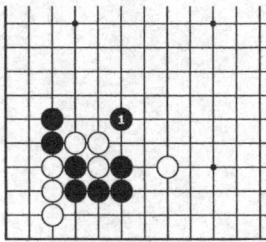

第 217 题

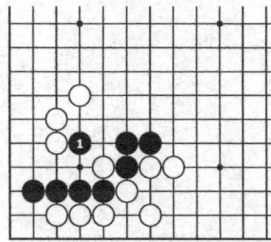

第 218 题

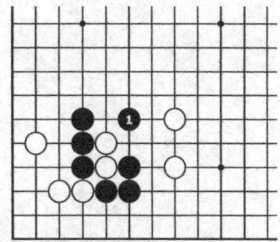

第 219 题

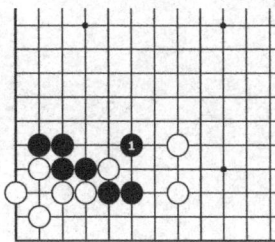

第 220 题

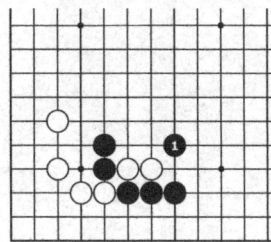

第 221 题

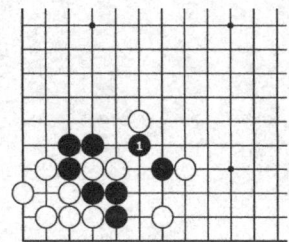

第 222 题

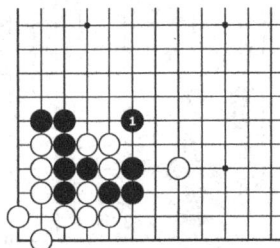

第 223 题

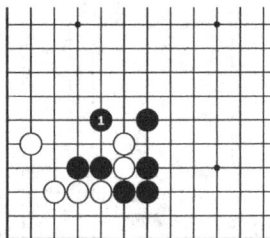

第 224 题

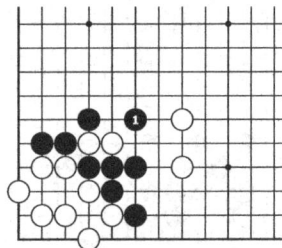

第 225 题

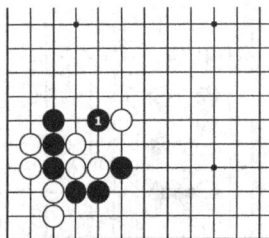

第 226 题

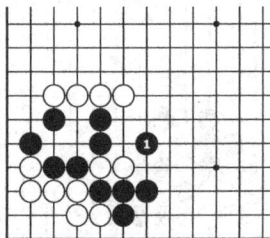

第 227 题

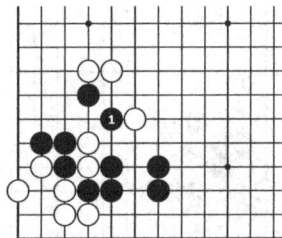

第 228 题

第三章
综合吃子技巧

3.1 互相叫吃

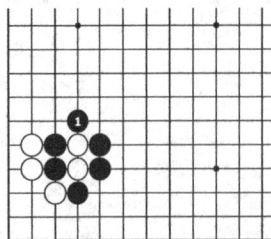

第 229 题

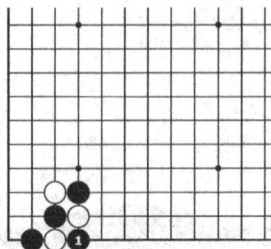

第 230 题

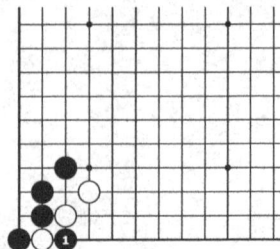

第 231 题

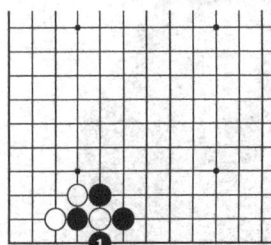

第 232 题

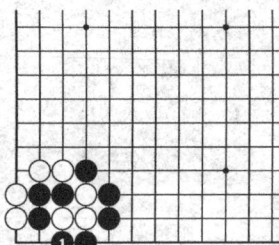

第 233 题

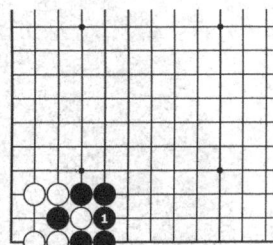

第 234 题

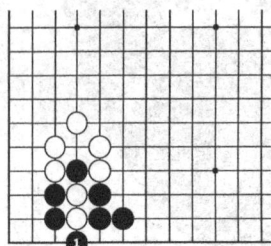

第 235 题

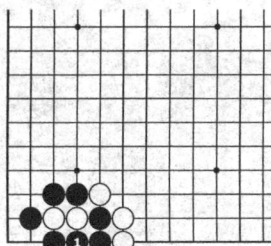

第 236 题

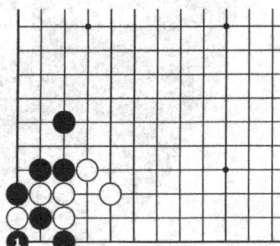

第 237 题

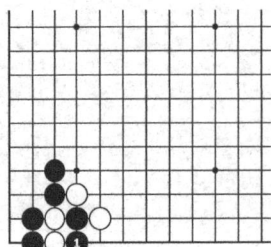

第 238 题

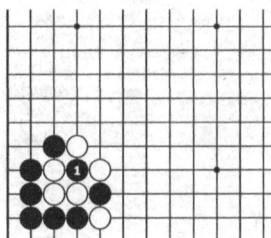

第 239 题

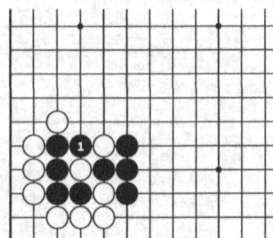

第 240 题

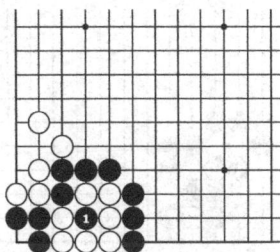

第 241 题

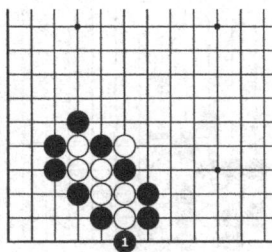

第 242 题

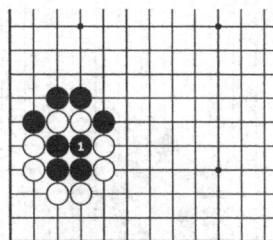

第 243 题

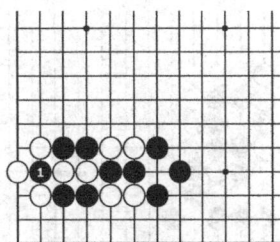

第 244 题

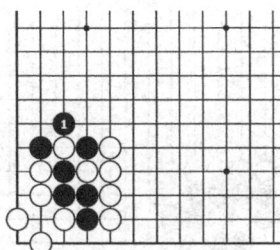

第 245 题

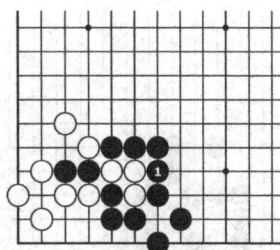

第 246 题

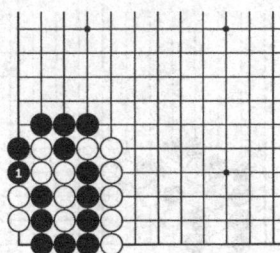

第 247 题

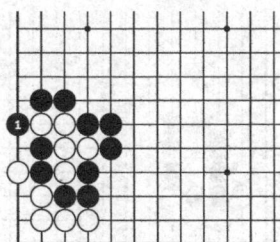

第 248 题

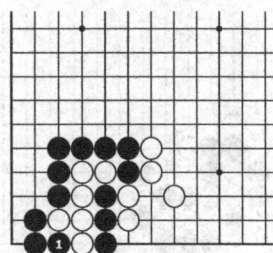

第 249 题

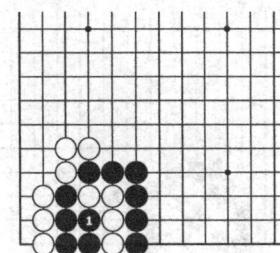

第 250 题

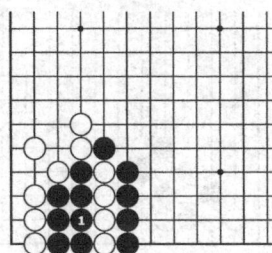

第 251 题

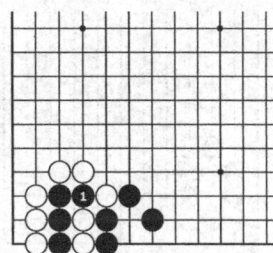

第 252 题

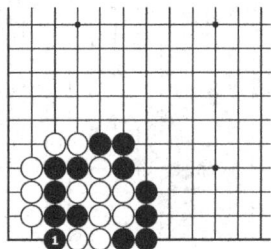

第 253 题

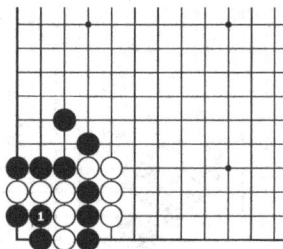

第 254 题

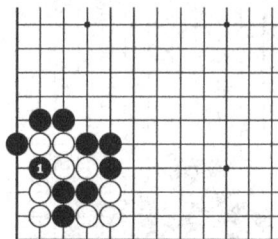

第 255 题

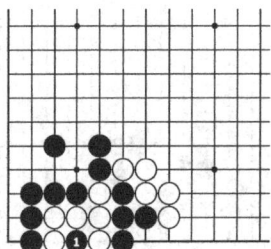

第 256 题

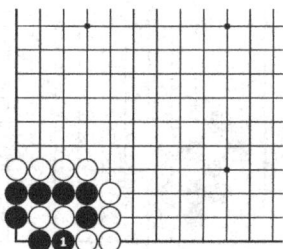

第 257 题

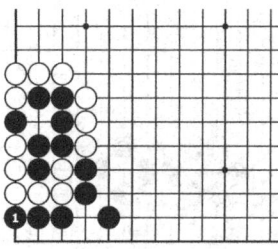

第 258 题

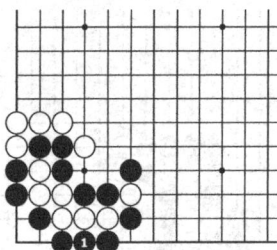

第 259 题

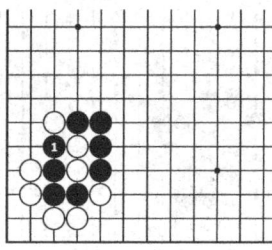

第 260 题

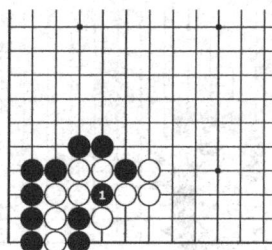

第 261 题

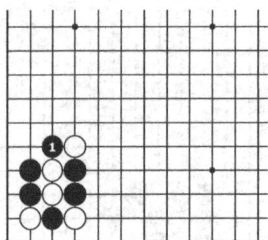

第 262 题

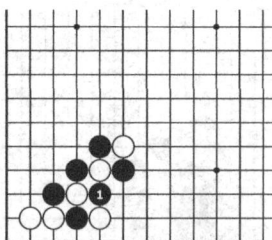

第 263 题

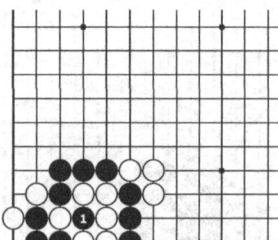

第 264 题

3.2 断吃

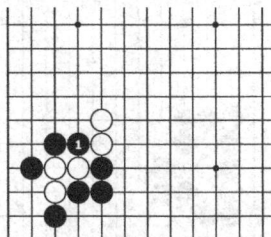

第 265 题

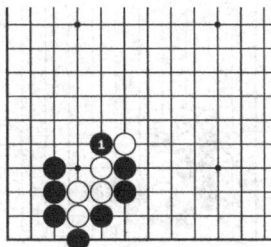

第 266 题

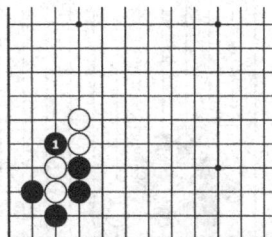

第 267 题

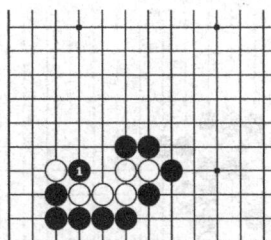

第 268 题

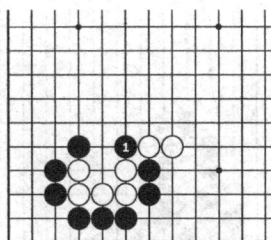

第 269 题

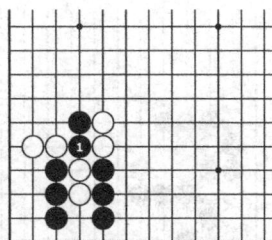

第 270 题

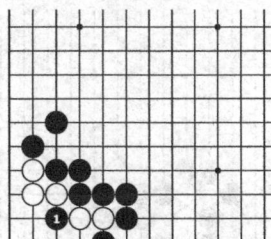

第 271 题

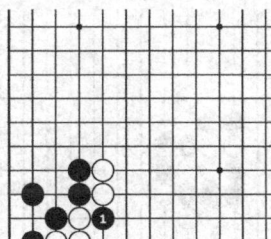

第 272 题

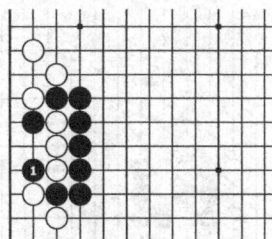

第 273 题

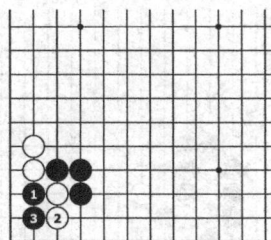

提示：白2长，黑3注意挡的方向。

第 274 题

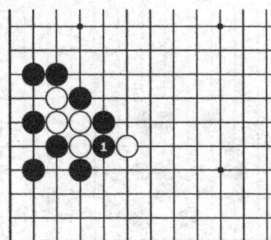

第 275 题

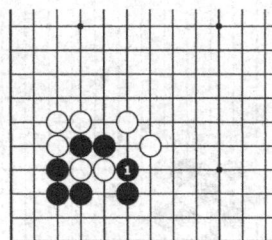

第 276 题

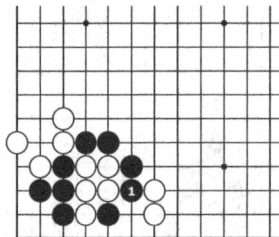

第 277 题

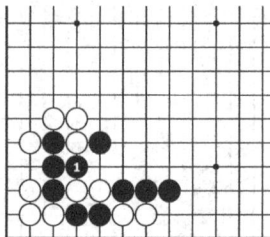

第 278 题

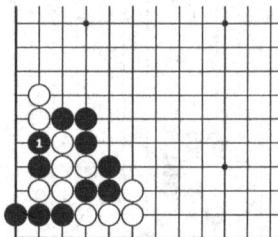

第 279 题

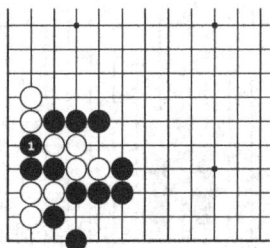

第 280 题

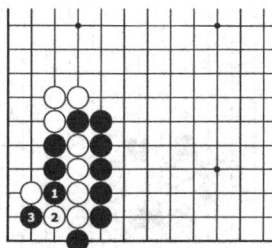

提示：白2挡，黑3断。
第 281 题

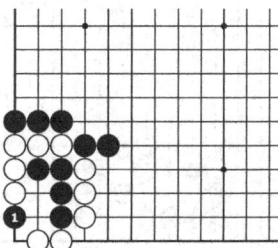

第 282 题

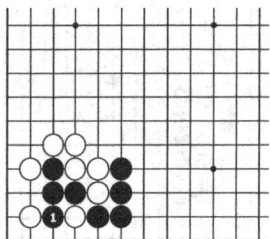

第 283 题

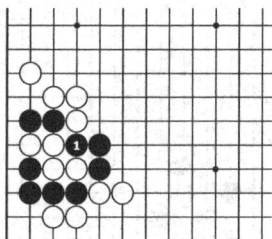

第 284 题

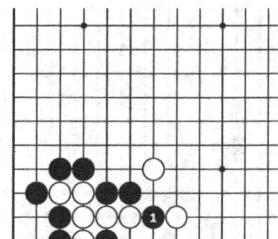

第 285 题

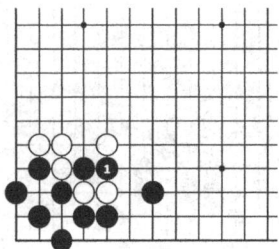

第 286 题

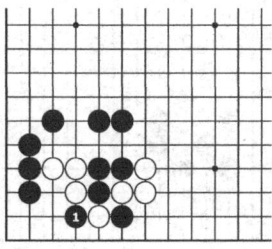

第 287 题

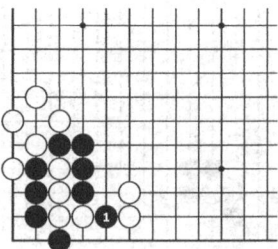

第 288 题

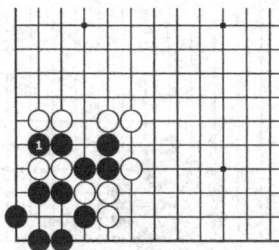

第 289 题

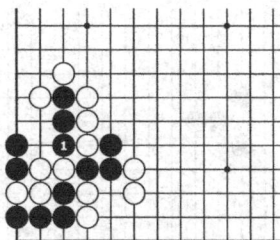

第 290 题

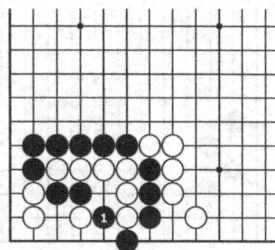

第 291 题

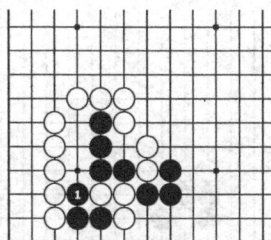

第 292 题

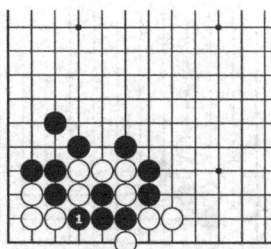

第 293 题

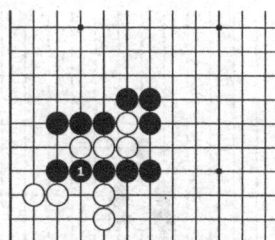

第 294 题

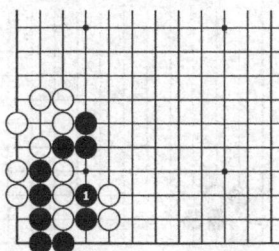

第 295 题

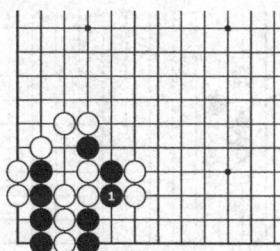

第 296 题

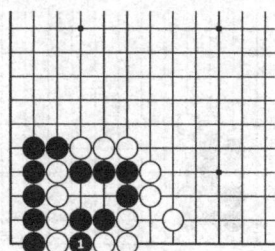

第 297 题

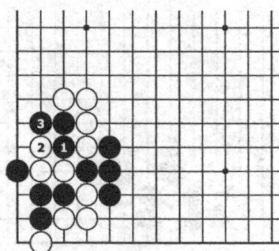

提示：白2长，黑3挡。

第 298 题

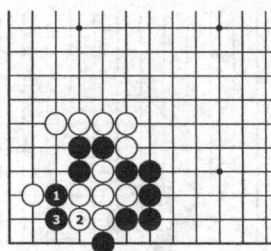

提示：白2逃，黑3挡。

第 299 题

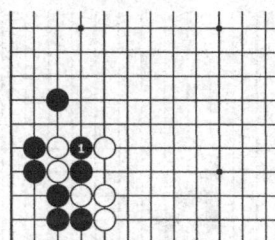

第 300 题

3.3 吃子方向

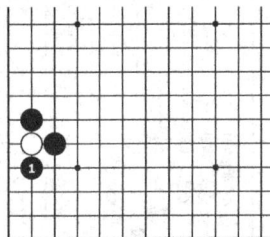

第 301 题

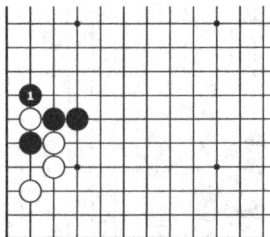

第 302 题

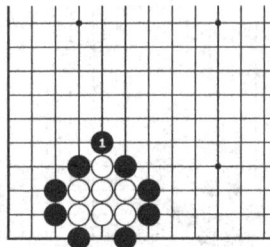

第 303 题

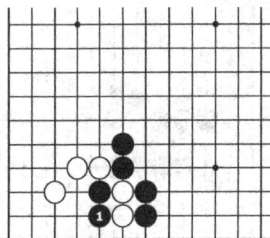

第 304 题

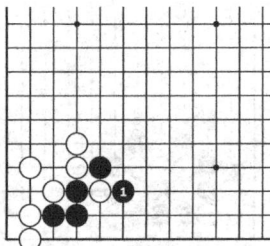

第 305 题

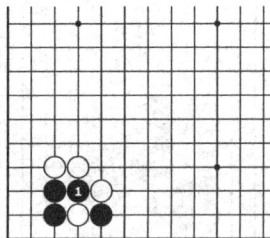

第 306 题

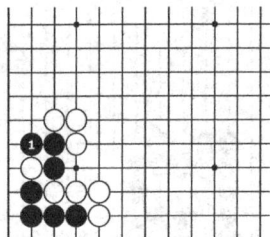

第 307 题

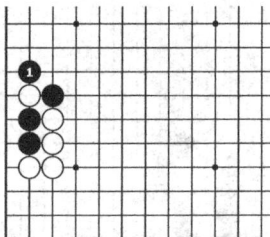

第 308 题

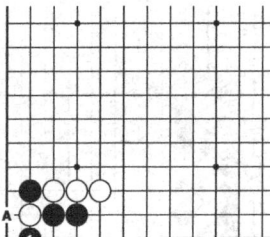

注：黑1也可下在A处。

第 309 题

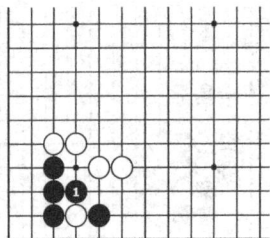

第 310 题

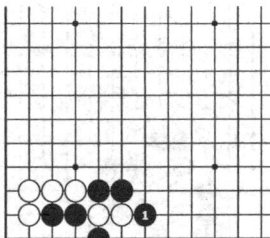

第 311 题

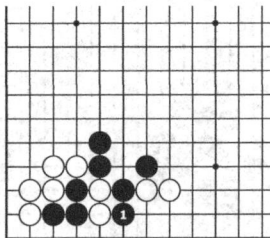

第 312 题

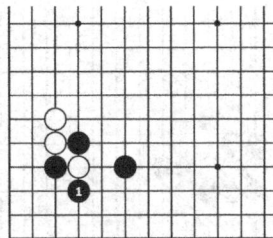

第 313 题

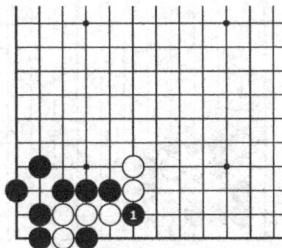

第 314 题

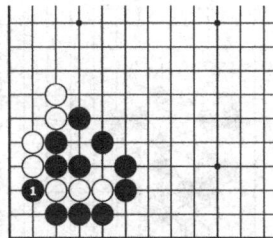

第 315 题

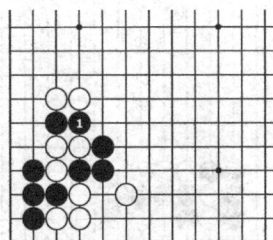

第 316 题

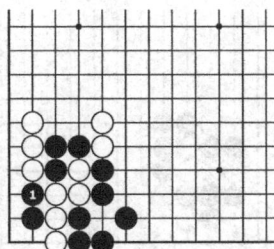

第 317 题

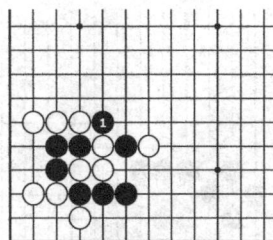

第 318 题

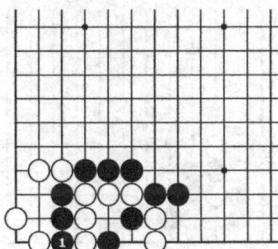

第 319 题

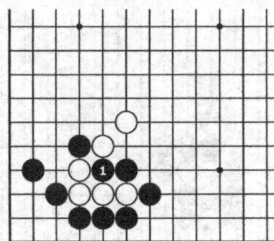

第 320 题

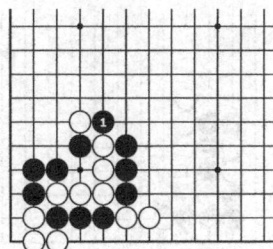

第 321 题

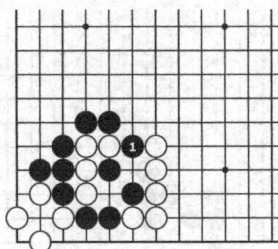

第 322 题

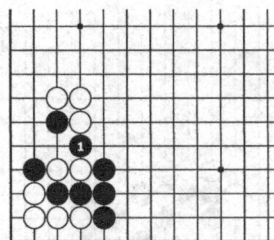

第 323 题

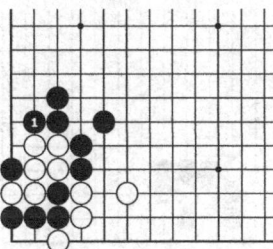

第 324 题

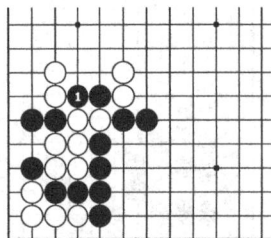

第 325 题

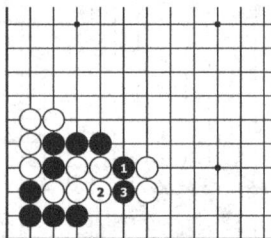

提示：白2逃，黑3断。

第 326 题

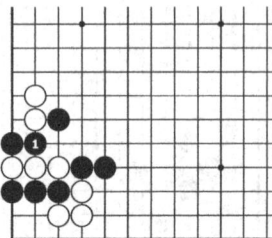

第 327 题

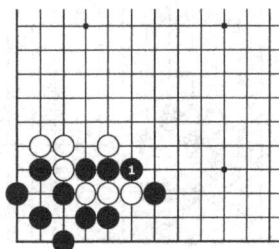

第 328 题

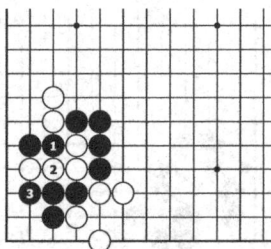

提示：白2连，黑3打吃。

第 329 题

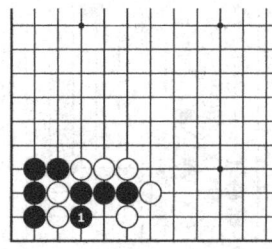

第 330 题

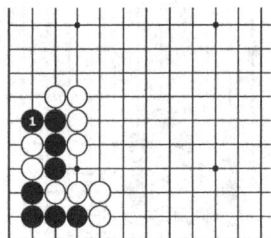

第 331 题

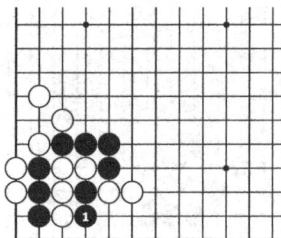

第 332 题

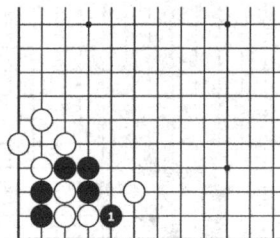

第 333 题

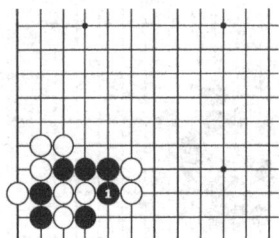

第 334 题

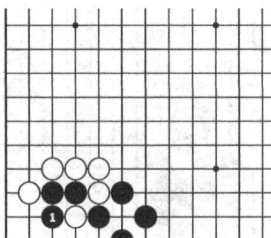

第 335 题

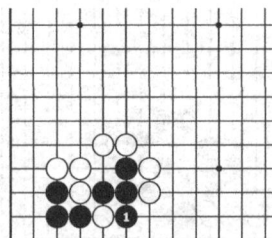

第 336 题

第四章
死活基础

4.1 真眼假眼

判断真眼假眼

第337题 √	第338题 ×	第339题 ×
第340题 ×	第341题 √	第342题 √
第343题 √	第344题 ×	第345题 ×
第346题 ×	第347题 ×	第348题 √
第349题 √	第350题 √	第351题 ×
第352题 ×	第353题 ×	第354题 √
第355题 ×	第356题 √	第357题 √
第358题 √	第359题 √	第360题 √
第361题 √	第362题 ×	第363题 ×
第364题 √	第365题 √	第366题 √

做眼

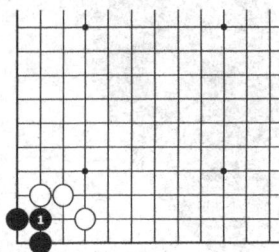

第 367 题

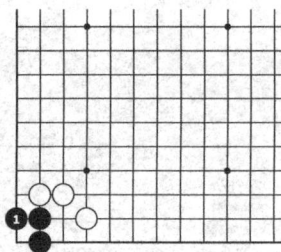

第 368 题

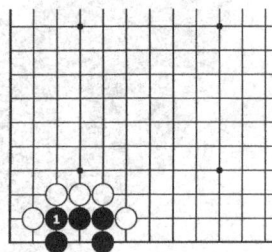

第 369 题

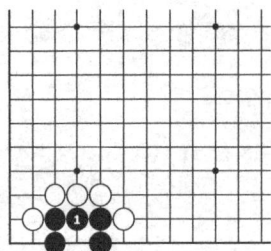

第 370 题

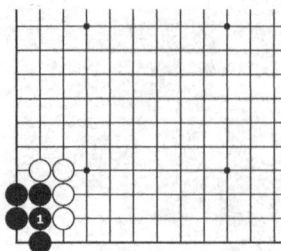

第 371 题

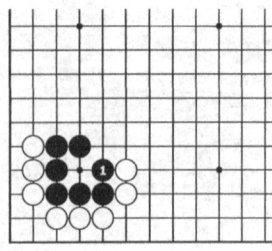

第 372 题

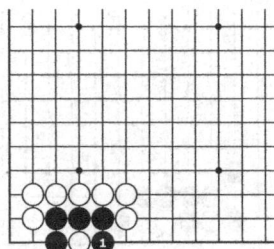

第 373 题

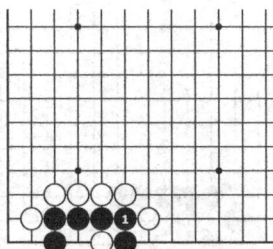

第 374 题

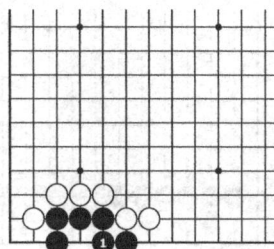

第 375 题

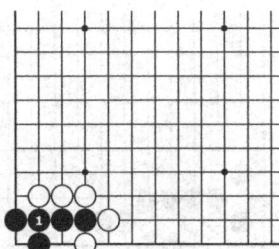

第 376 题

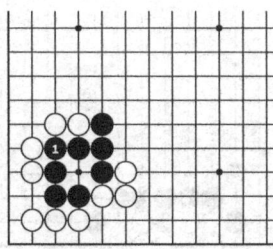

第 377 题

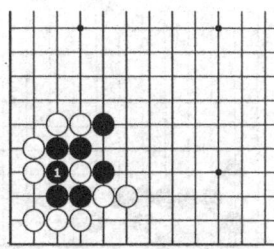

第 378 题

破眼

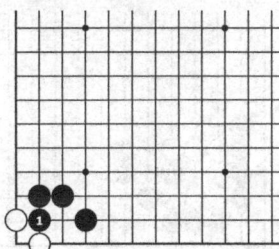

第 379 题

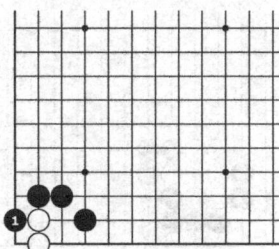

第 380 题

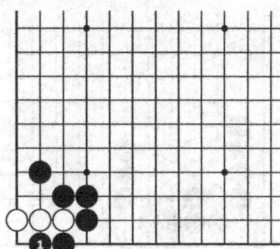

第 381 题

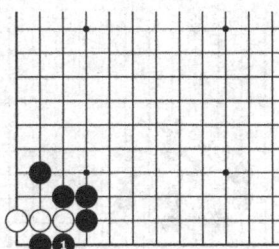

第 382 题

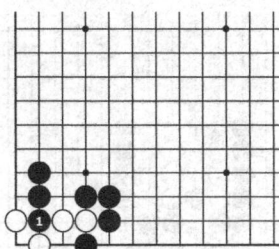

第 383 题

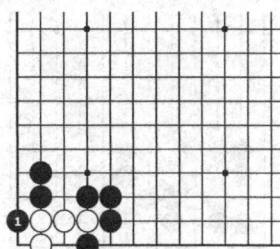

第 384 题

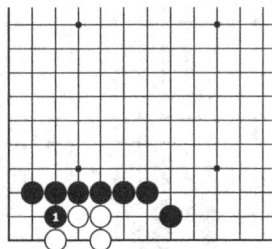

第 385 题

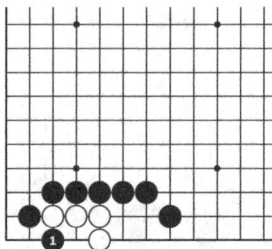

第 386 题

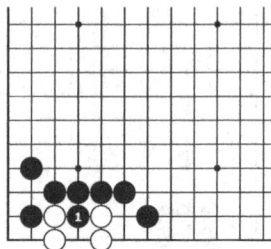

第 387 题

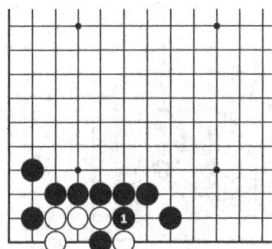

第 388 题

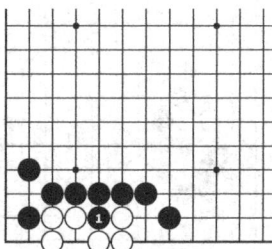

第 389 题

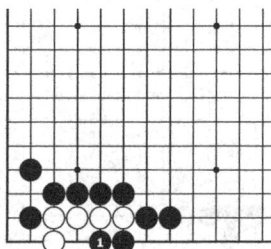

第 390 题

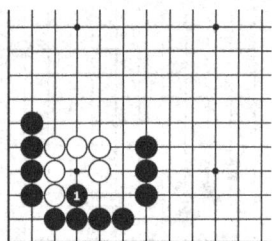

第 391 题

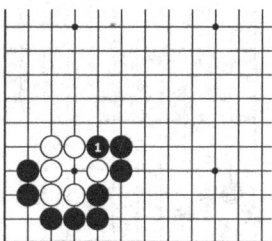

第 392 题

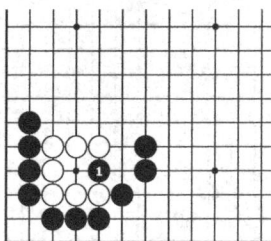

第 393 题

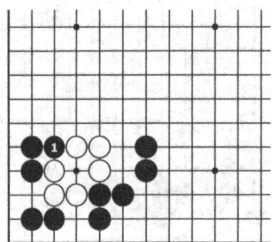

第 394 题

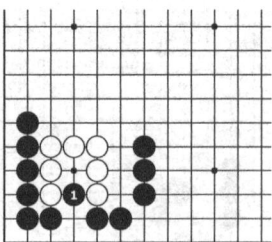

第 395 题

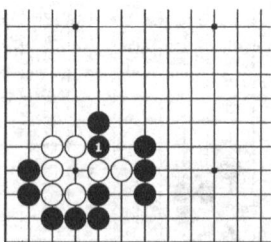

第 396 题

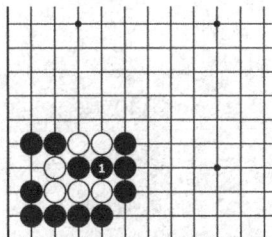

第 397 题

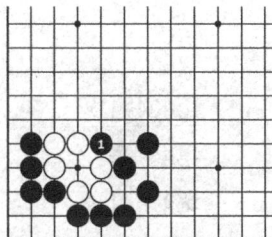

第 398 题

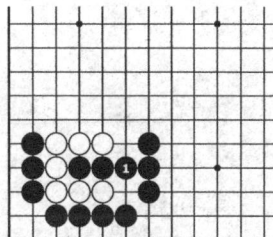

第 399 题

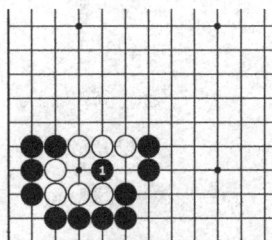

第 400 题

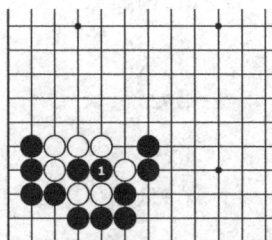

第 401 题

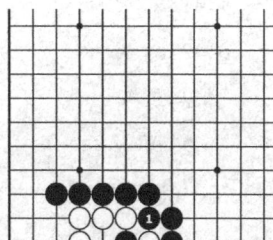

第 402 题

4.2 基本死活

判断死棋活棋

第403题 ×	第404题 ×	第405题 ×
第406题 √	第407题 √	第408题 √
第409题 ×	第410题 ×	第411题 ×
第412题 ×	第413题 ×	第414题 √
第415题 ×	第416题 ×	第417题 √
第418题 ×	第419题 √	第420题 √
第421题 ×	第422题 ×	第423题 √
第424题 ×	第425题 ×	第426题 ×
第427题 √	第428题 ×	第429题 √
第430题 √	第431题 ×	第432题 ×

基本活棋

第 433 题

第 434 题

第 435 题

第 436 题

第 437 题

第 438 题

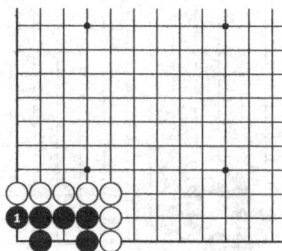

第 439 题

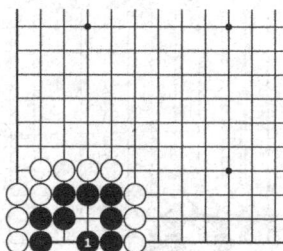

第 440 题

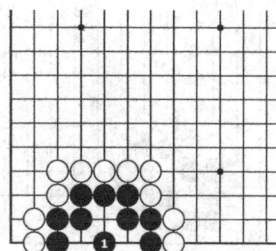

第 441 题

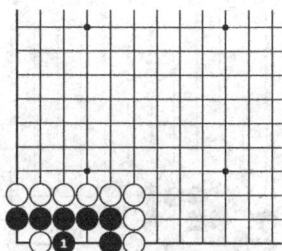

第 442 题

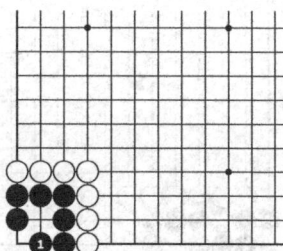

第 443 题

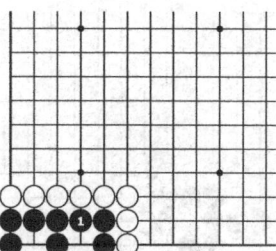

第 444 题

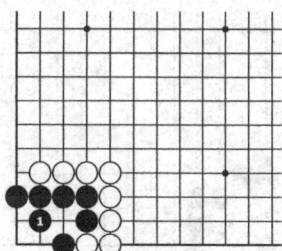

第 445 题

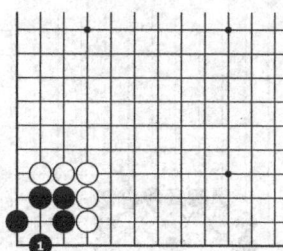

第 446 题

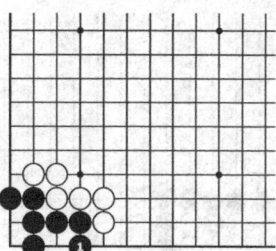

第 447 题

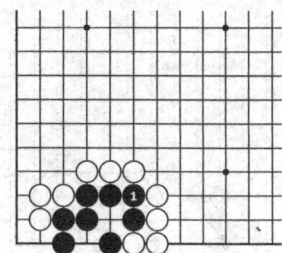

第 448 题

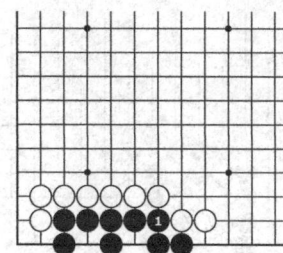

第 449 题

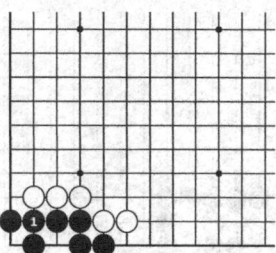

第 450 题

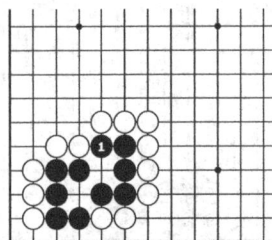

第 451 题

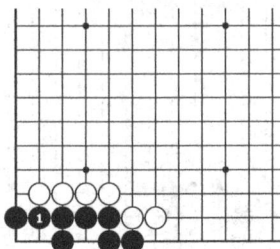

第 452 题

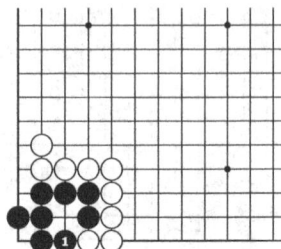

第 453 题

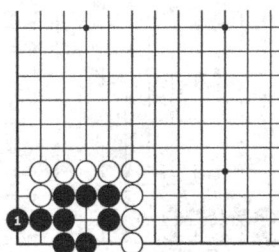

第 454 题

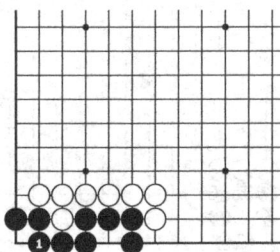

第 455 题

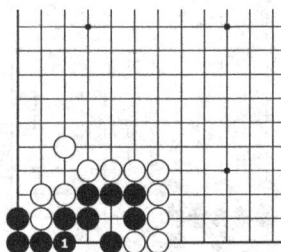

第 456 题

基本杀棋

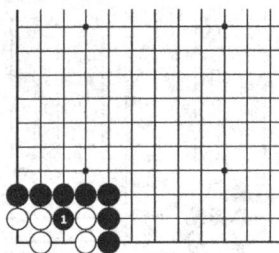

第 457 题

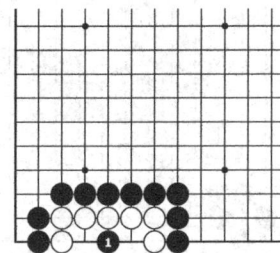

第 458 题

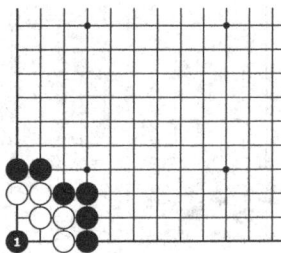

第 459 题

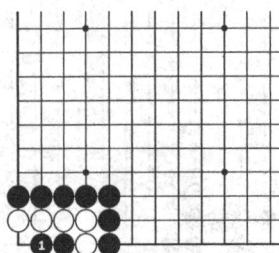

第 460 题

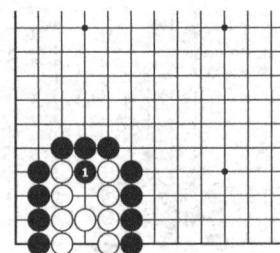

第 461 题

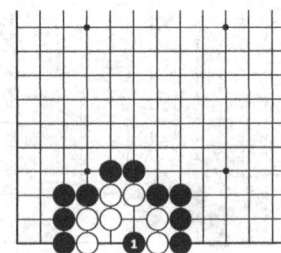

第 462 题

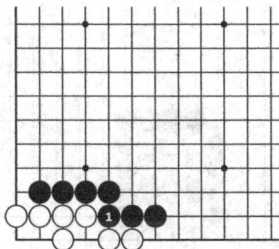

第 463 题

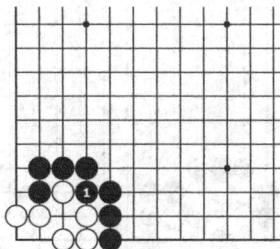

第 464 题

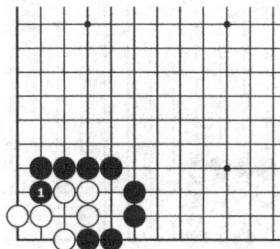

第 465 题

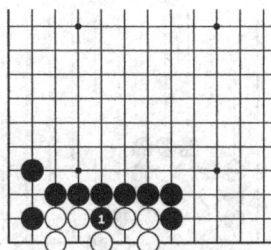

第 466 题

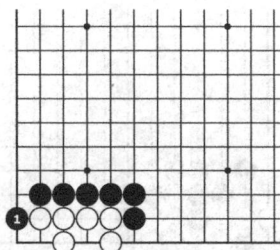

第 467 题

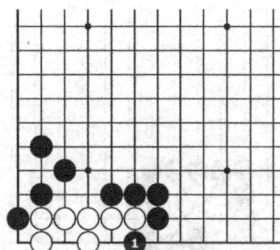

第 468 题

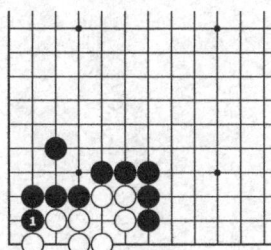

第 469 题

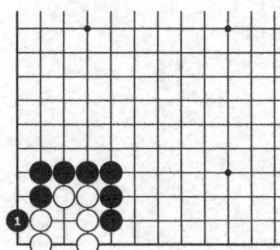

第 470 题

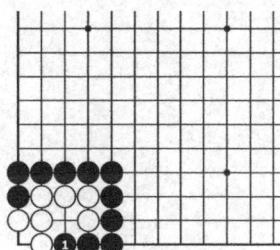

第 471 题

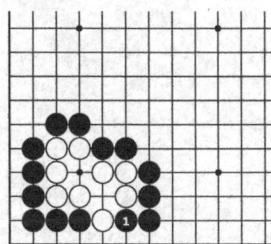

第 472 题

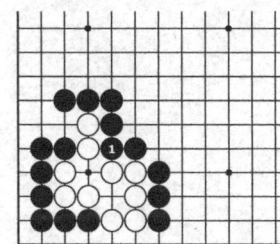

第 473 题

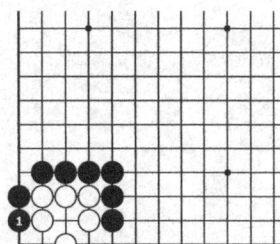

第 474 题

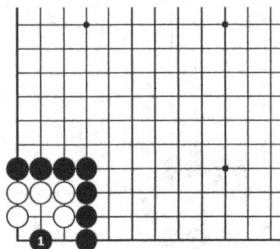

第 475 题

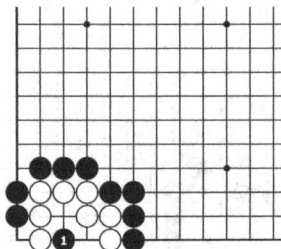

第 476 题

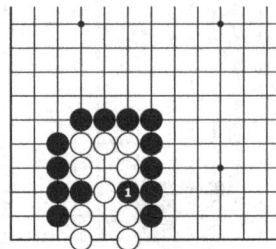

第 477 题

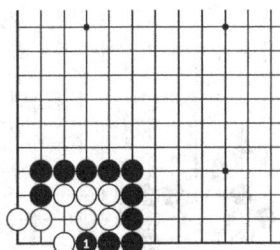

第 478 题

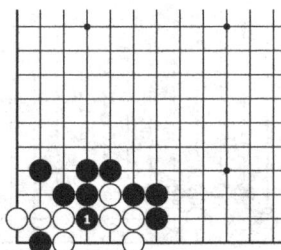

第 479 题

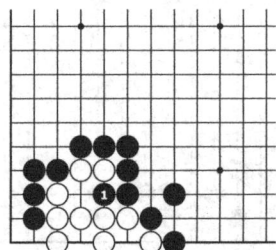

第 480 题

第五章
吃子技巧（二）

5.1 倒扑

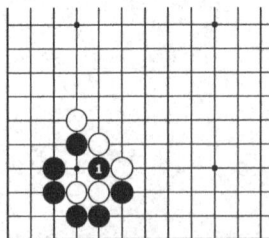

第 481 题

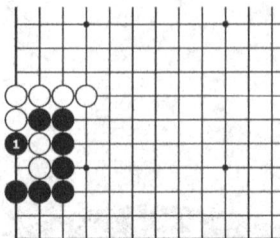

第 482 题

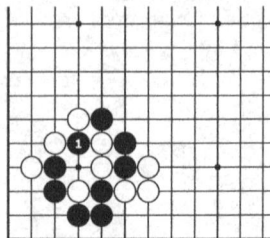

第 483 题

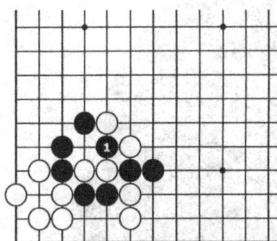

第 484 题

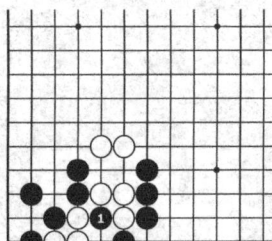

第 485 题

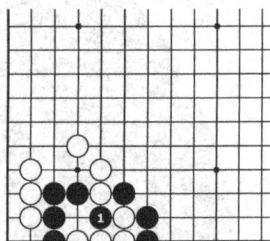

第 486 题

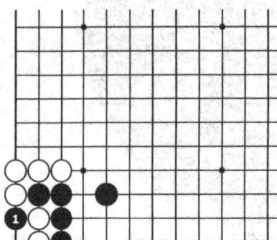

第 487 题

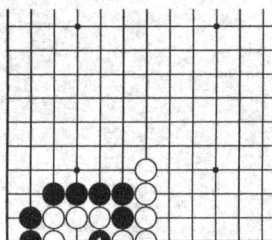

第 488 题

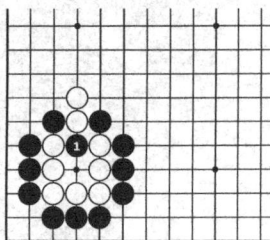

第 489 题

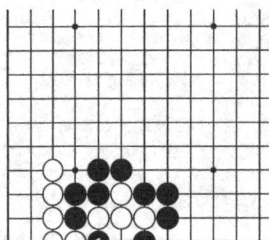

第 490 题

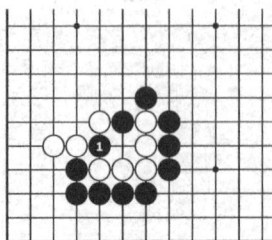

第 491 题

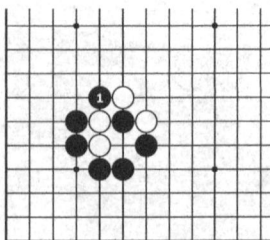

第 492 题

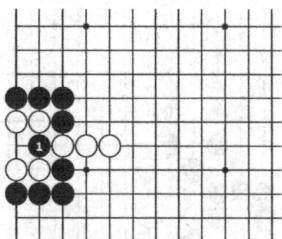

第 493 题

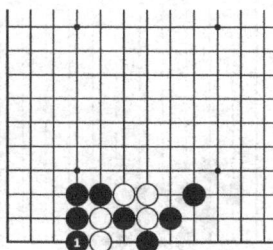

第 494 题

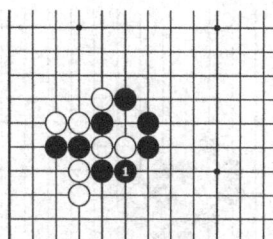

第 495 题

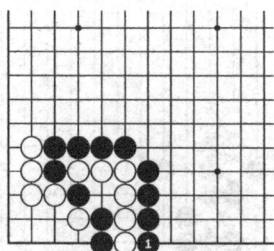

第 496 题

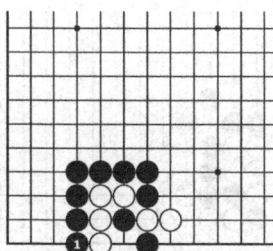

第 497 题

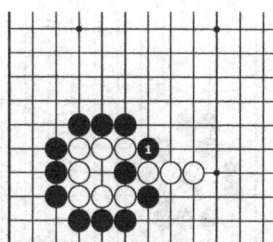

第 498 题

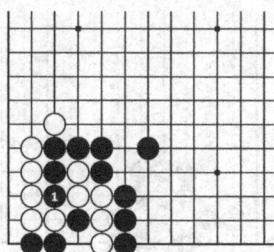

第 499 题

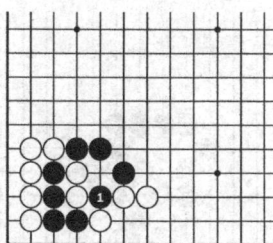

第 500 题

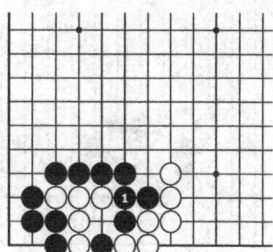

第 501 题

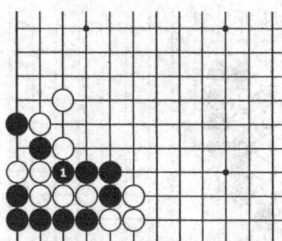

第 502 题

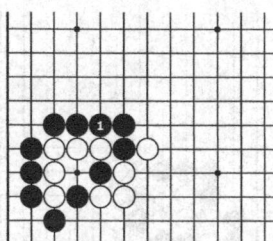

第 503 题

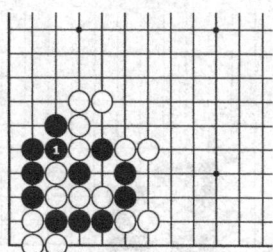

第 504 题

5.2 接不归

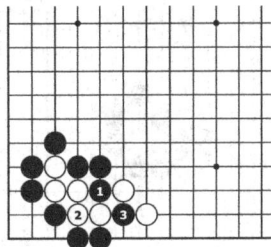

第 505 题

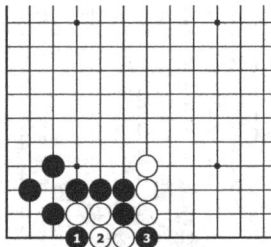

第 506 题

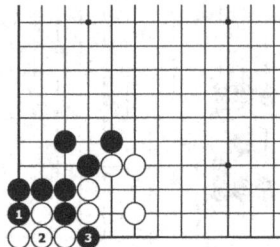

第 507 题

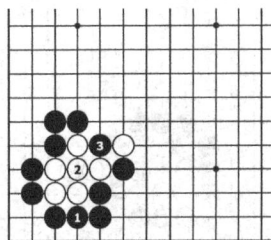

第 508 题

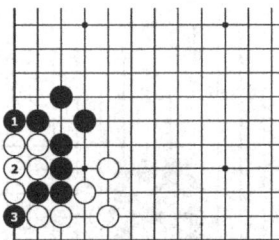

第 509 题

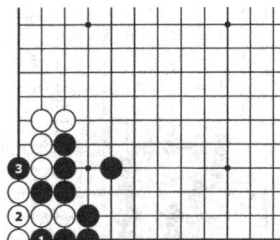

第 510 题

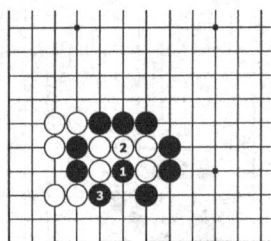

第 511 题

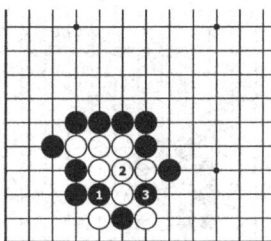

第 512 题

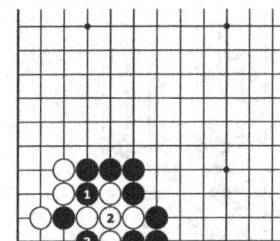

第 513 题

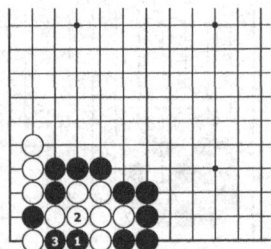

第 514 题

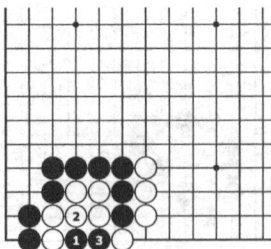

第 515 题

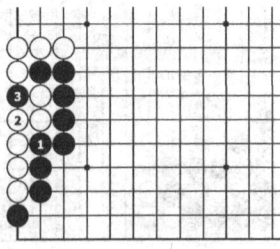

第 516 题

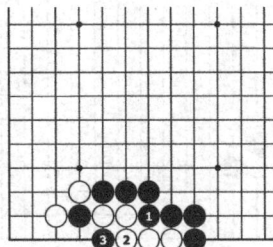

第517题

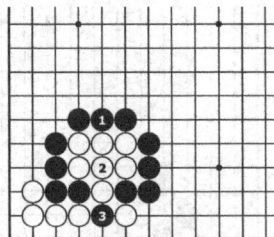

第518题

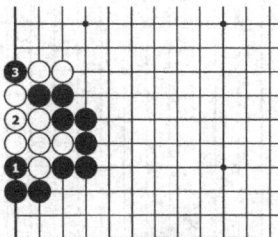

第519题

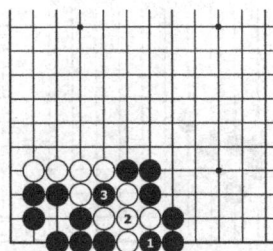

第520题

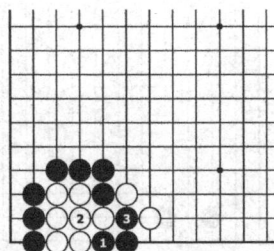

第521题

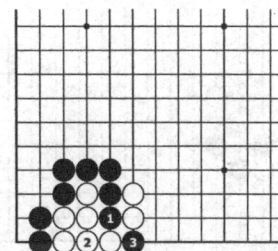

第522题

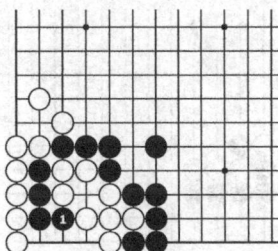

注：黑1打吃，白已被杀。

第523题

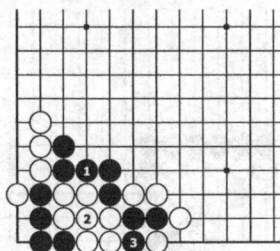

第524题

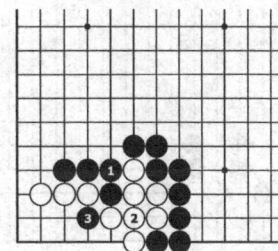

第525题

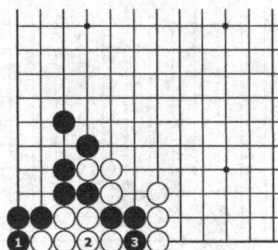

第526题

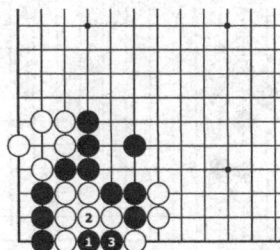

第527题

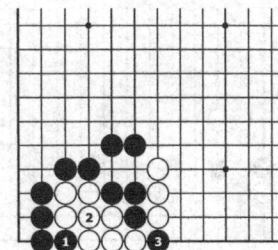

第528题

5.3 边线吃子

吃一线子

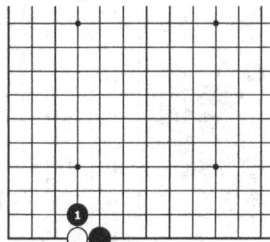

第 529 题

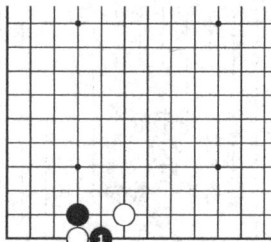

第 530 题

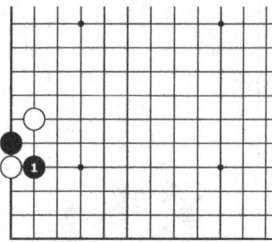

第 531 题

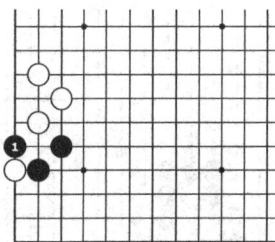

第 532 题

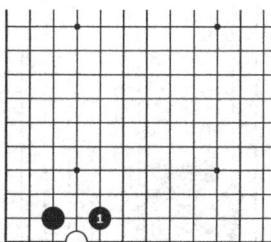

第 533 题

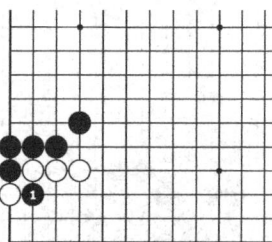

第 534 题

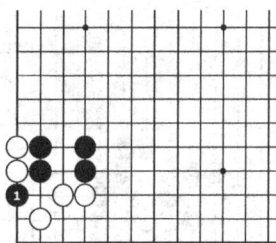

第 535 题

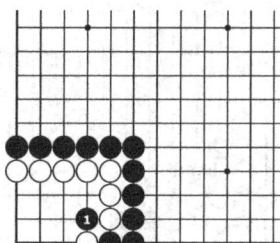

第 536 题

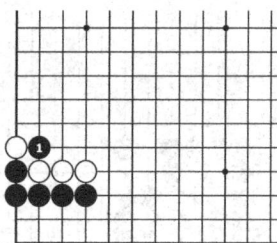

第 537 题

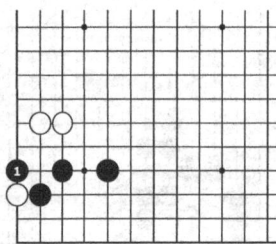

第 538 题

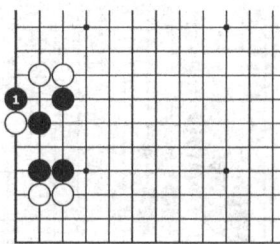

第 539 题

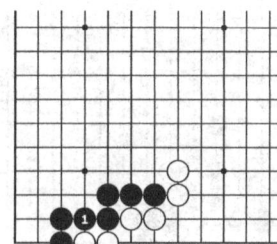

第 540 题

吃二线子

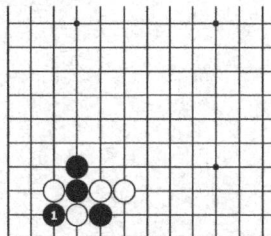

第 541 题

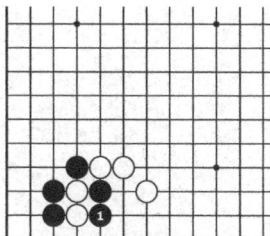

第 542 题

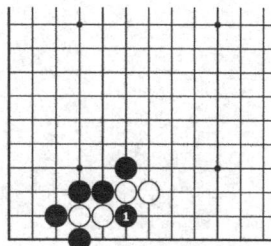

第 543 题

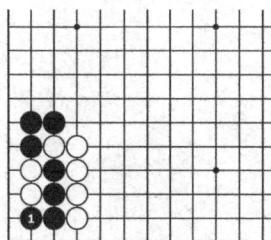

第 544 题

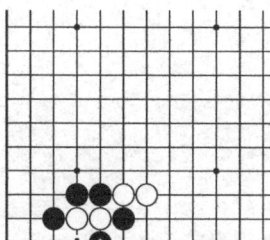

注：黑1也可下在A处。

第 545 题

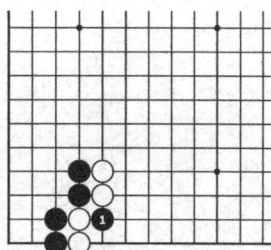

第 546 题

吃三线子

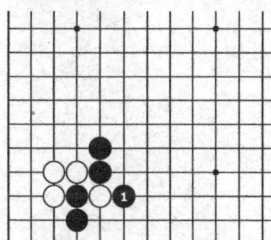

第 547 题

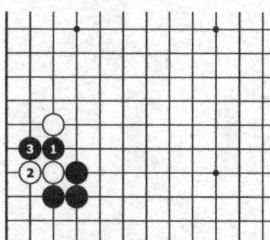

提示：白2长，黑3断。

第 548 题

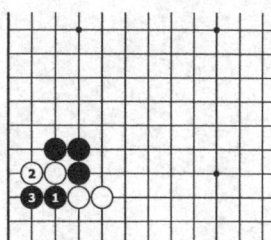

提示：白2长，黑3挡。

第 549 题

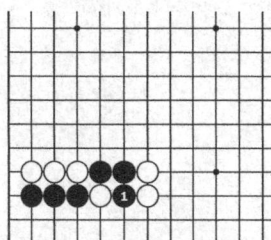

第 550 题

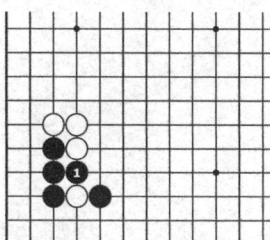

第 551 题

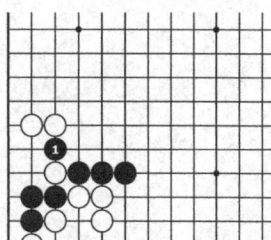

第 552 题

第六章
逃子与对杀

6.1 逃子

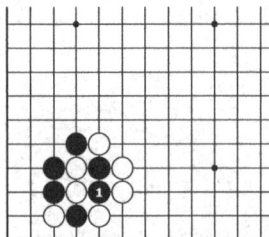

第 553 题

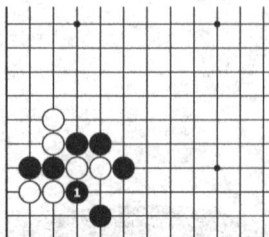

第 554 题

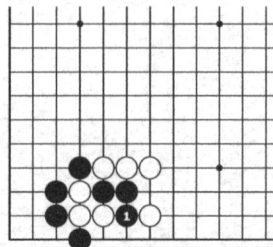

第 555 题

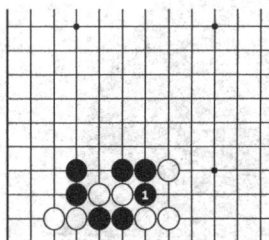

第 556 题

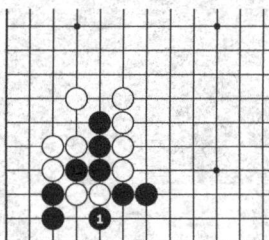

第 557 题

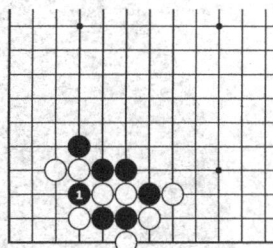

第 558 题

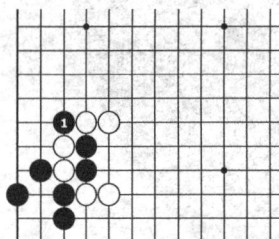

第 559 题

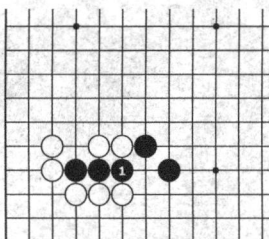

第 560 题

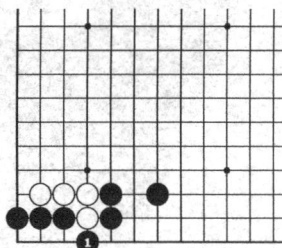

第 561 题

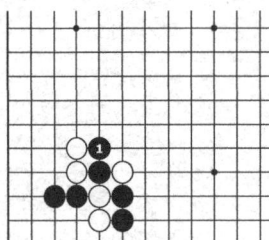

第 562 题

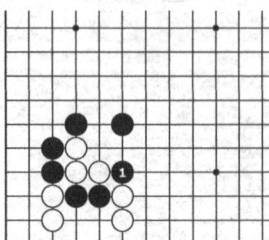

第 563 题

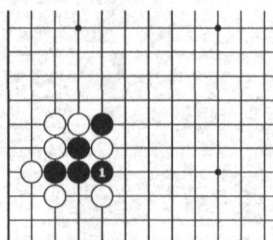

第 564 题

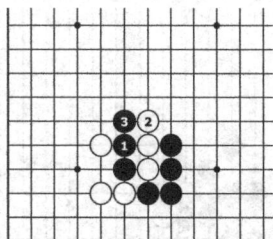

第 565 题

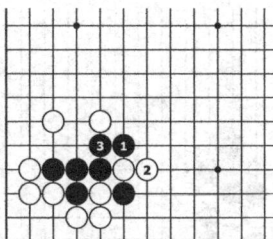

第 566 题

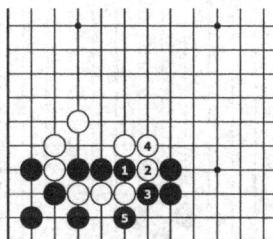

第 567 题

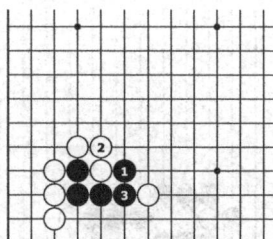

第 568 题

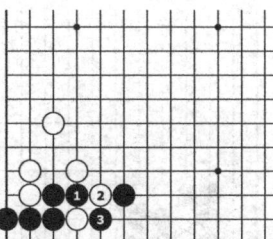

第 569 题

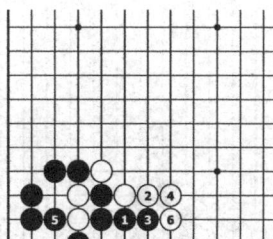

第 570 题

6.2 对杀

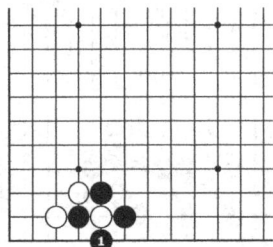

第 571 题

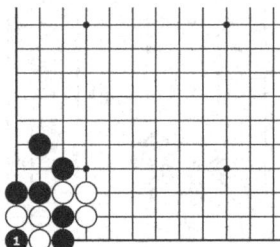

第 572 题

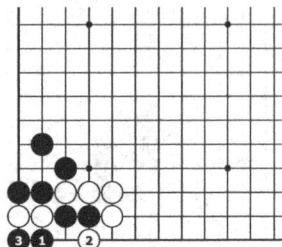

第 573 题

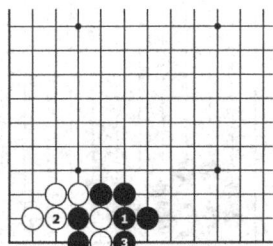

第 574 题

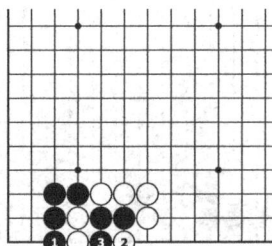

第 575 题

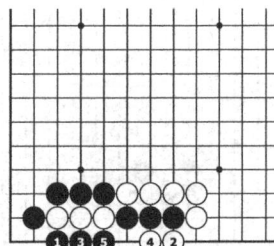

第 576 题

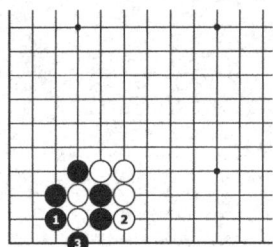

第 577 题

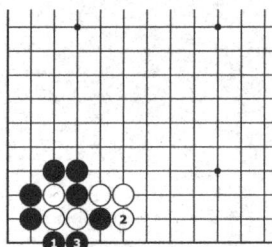

第 578 题

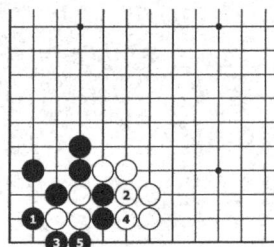

第 579 题

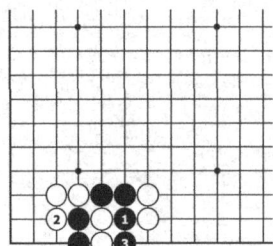

第 580 题

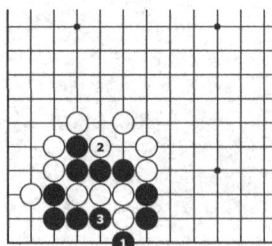

第 581 题

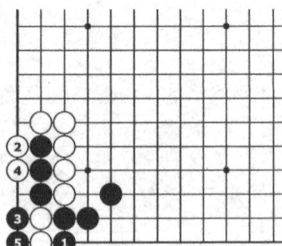

第 582 题

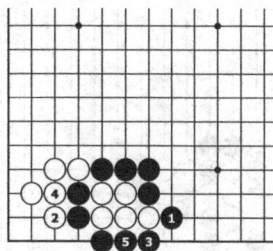

第 583 题

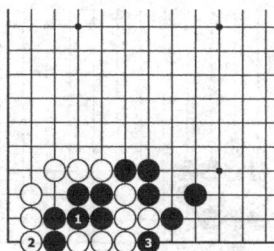

第 584 题

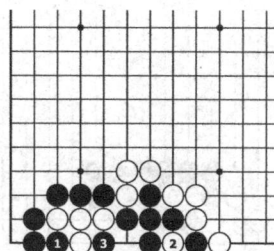

第 585 题

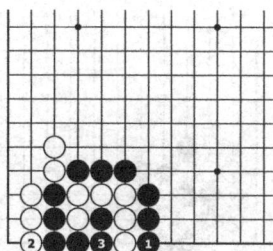

第 586 题

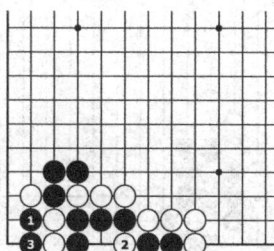

第 587 题

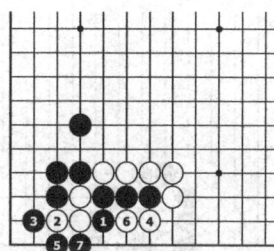

第 588 题

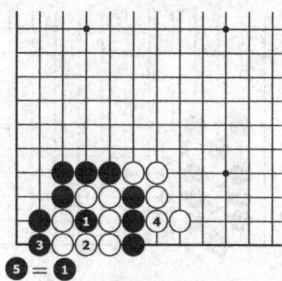

第 589 题

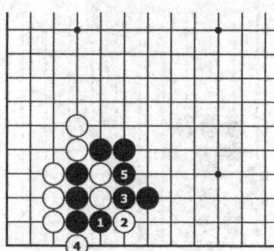

第 590 题

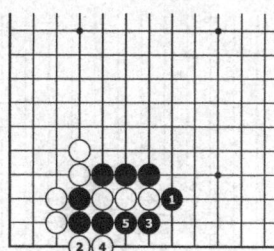

第 591 题

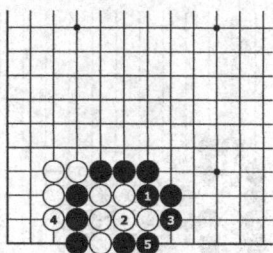

第 592 题

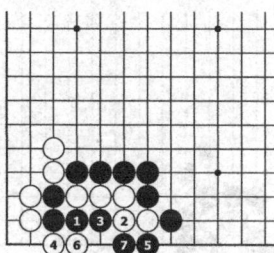

第 593 题

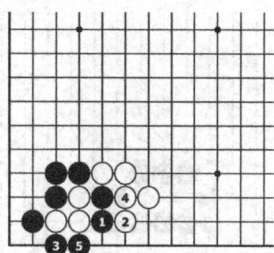

第 594 题

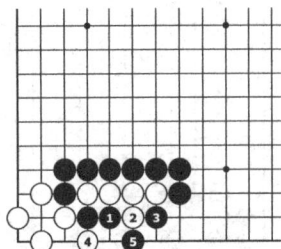

第 595 题

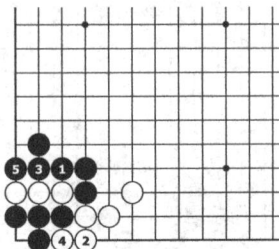

第 596 题

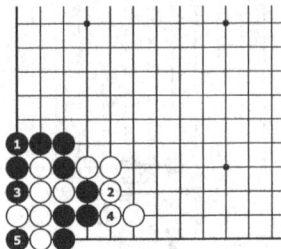

第 597 题

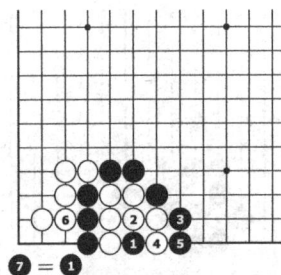

第 598 题

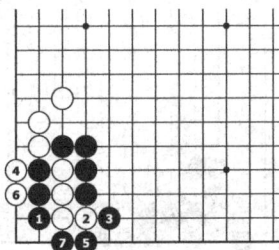

第 599 题

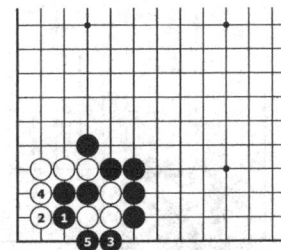

第 600 题

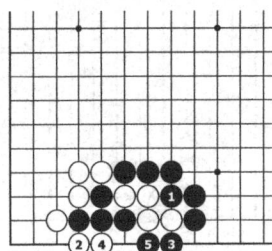

第 601 题

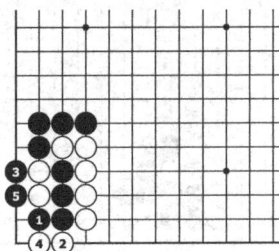

第 602 题

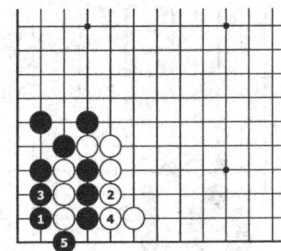

第 603 题

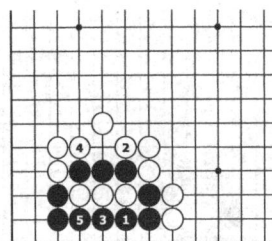

第 604 题

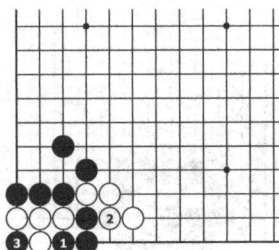

第 605 题

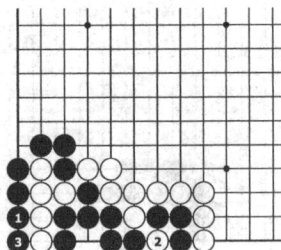

第 606 题

第七章
基本死活常形

直二、方四一只眼

第607题 1	第608题 2	第609题 1
第610题 1	第611题 1	第612题 1
第613题 1	第614题 1	第615题 2
第616题 1	第617题 0	第618题 1

直三、弯三补一手

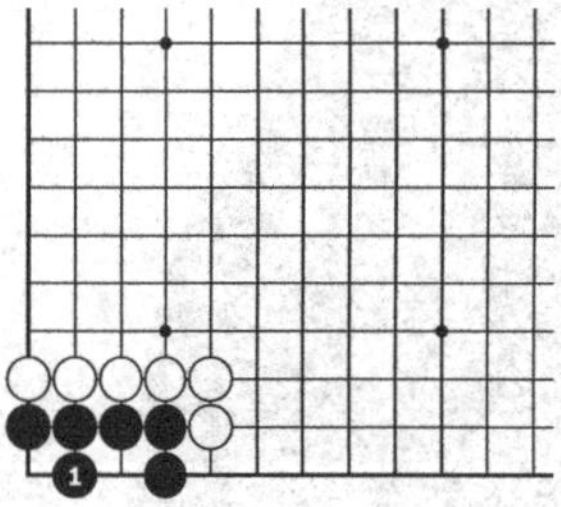

第 619 题

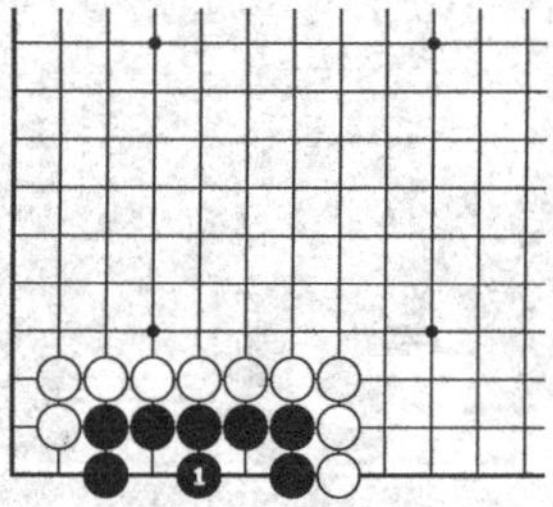

第 620 题

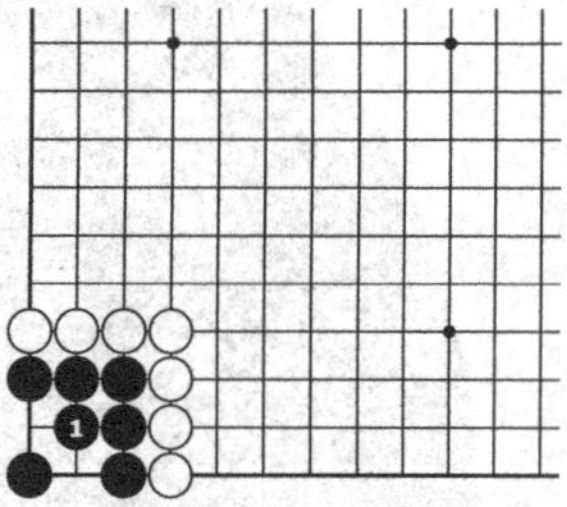

第 621 题

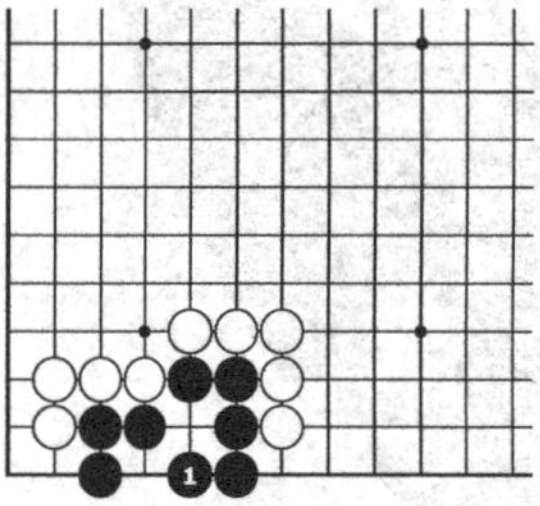

第 622 题

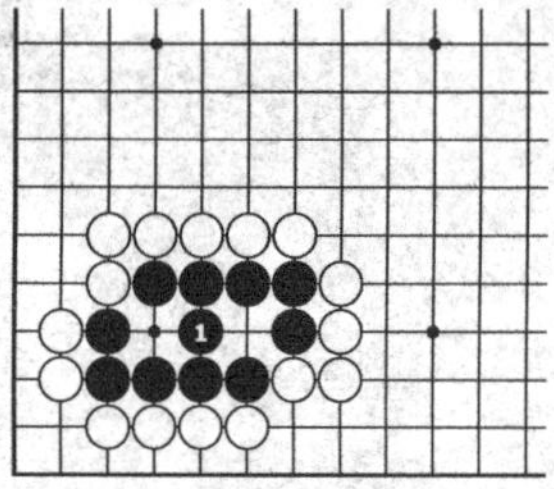

第 623 题

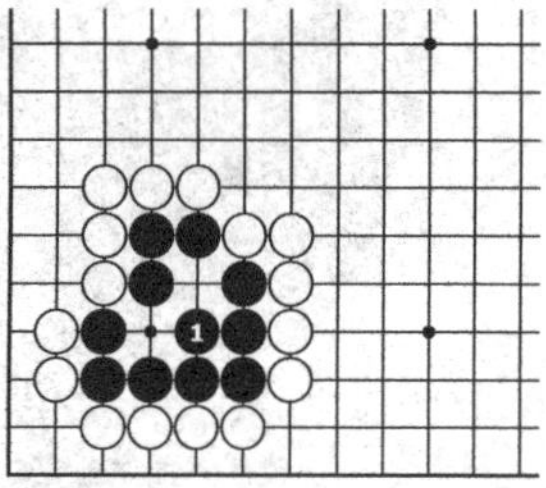

第 624 题

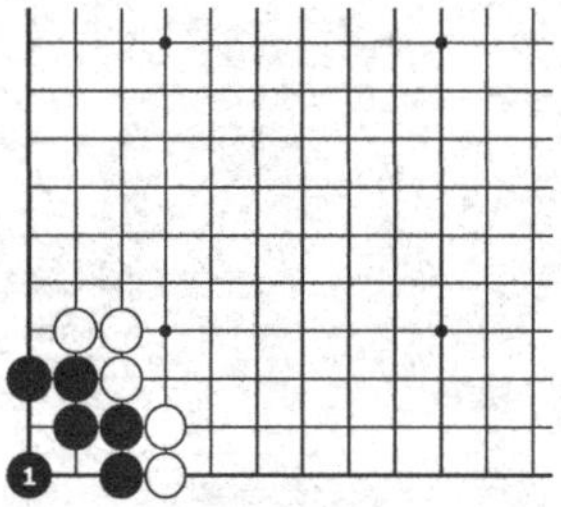

第 625 题

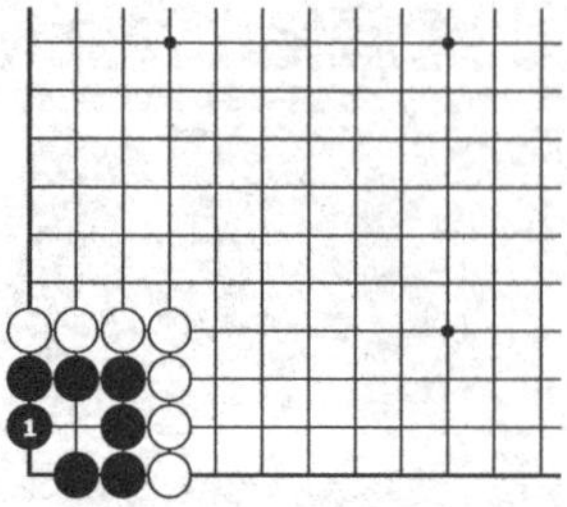

第 626 题

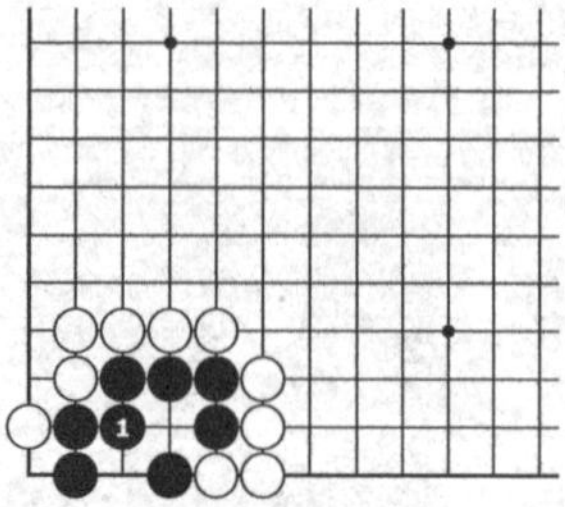

第 627 题

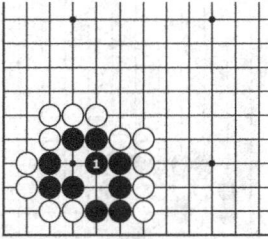

第 628 题

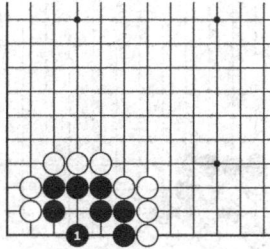

第 629 题

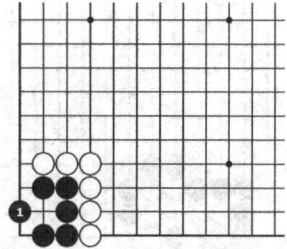

第 630 题

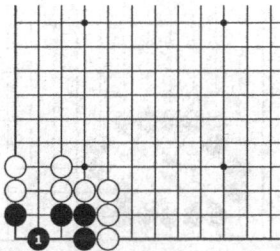

第 631 题

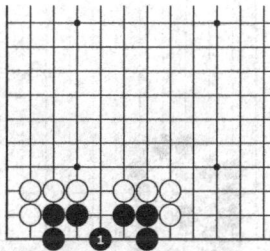

第 632 题

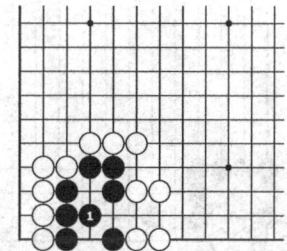

第 633 题

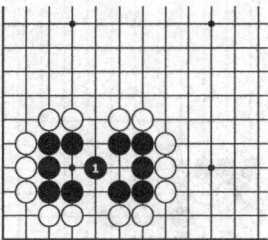

第 634 题

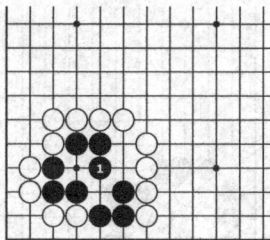

第 635 题

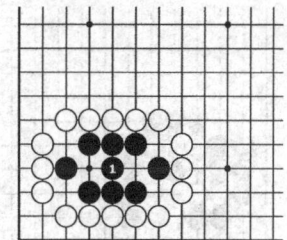

第 636 题

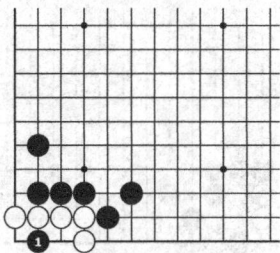

第 637 题

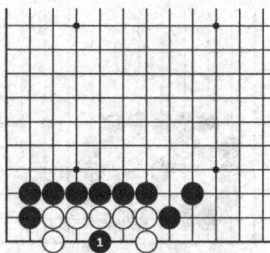

第 638 题

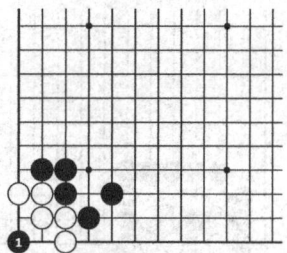

第 639 题

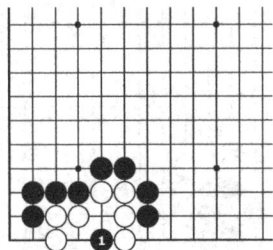

第 640 题

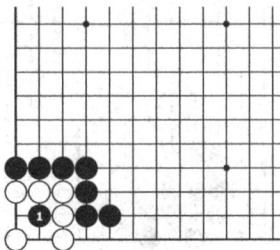

第 641 题

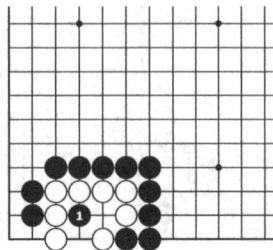

第 642 题

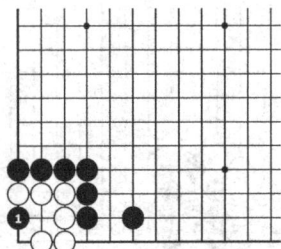

第 643 题

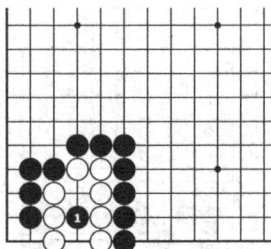

第 644 题

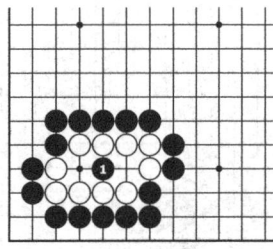

第 645 题

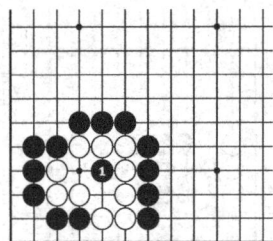

第 646 题

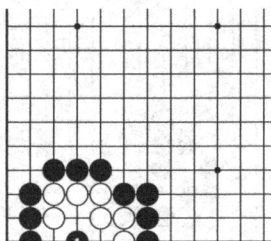

第 647 题

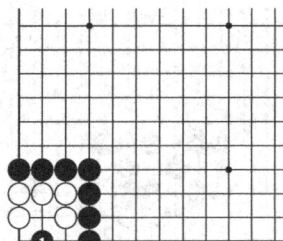

第 648 题

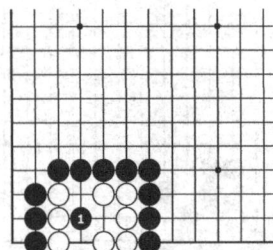

第 649 题

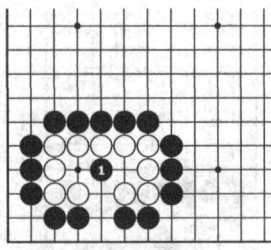

第 650 题

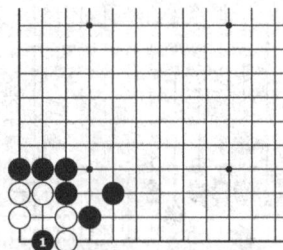

第 651 题

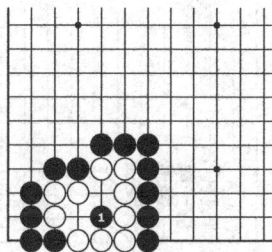

第 652 题

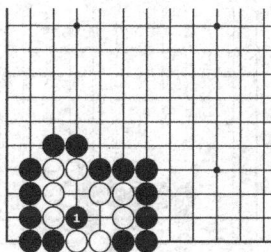

第 653 题

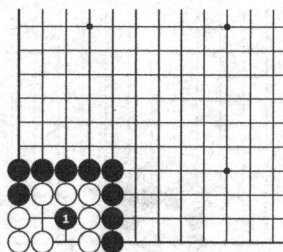

第 654 题

丁四、刀把五补一手

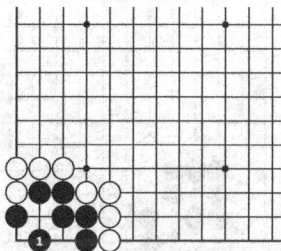

第 655 题

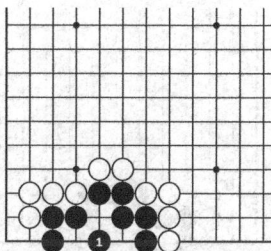

第 656 题

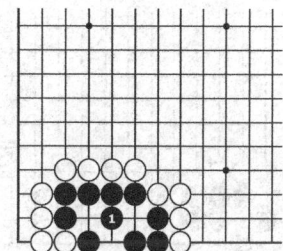

第 657 题

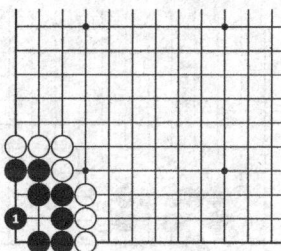

第 658 题

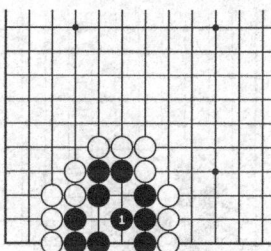

第 659 题

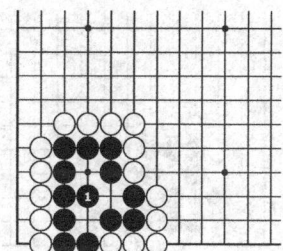

第 660 题

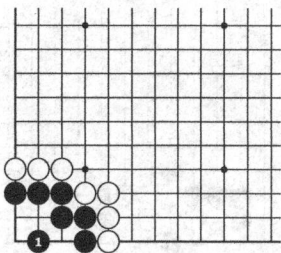

第 661 题

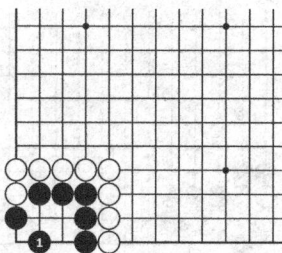

第 662 题

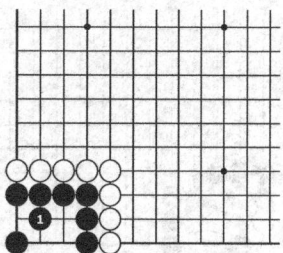

第 663 题

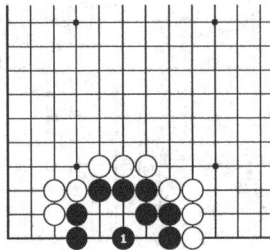

第 664 题

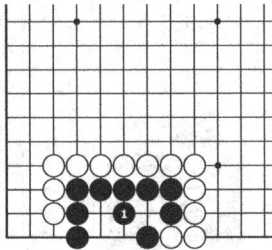

第 665 题

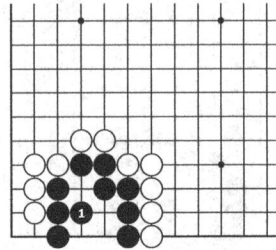

第 666 题

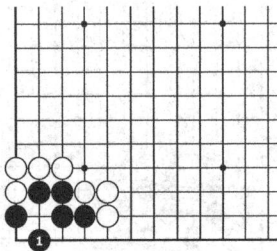

第 667 题

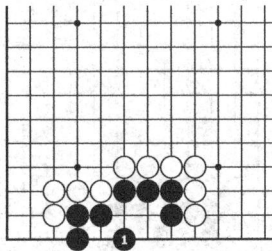

第 668 题

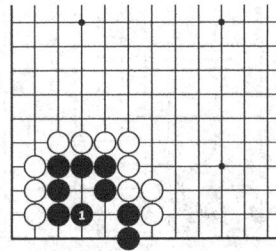

第 669 题

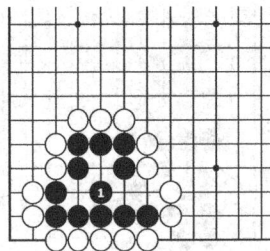

第 670 题

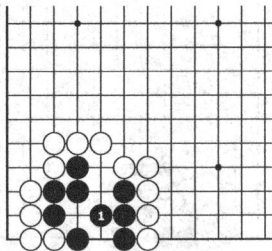

第 671 题

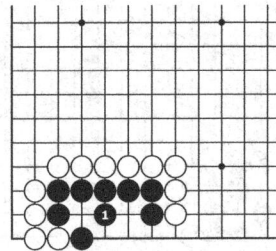

第 672 题

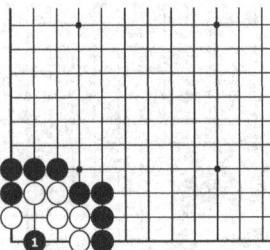

第 673 题

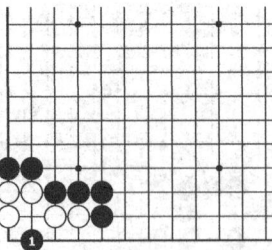

第 674 题

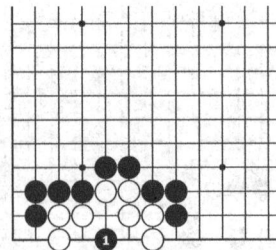

第 675 题

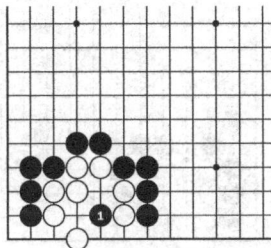

第 676 题

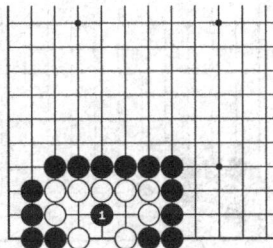

第 677 题

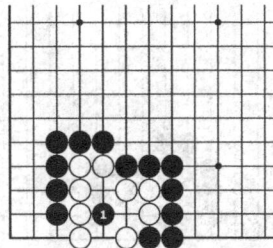

第 678 题

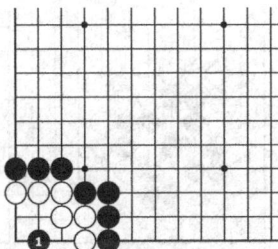

第 679 题

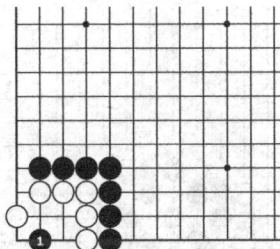

第 680 题

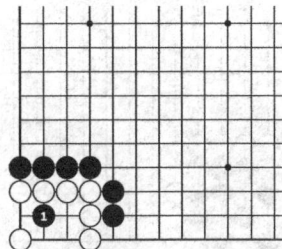

第 681 题

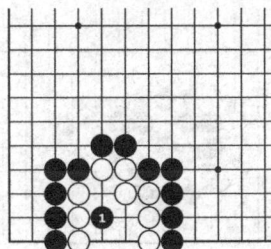

第 682 题

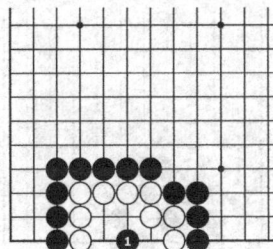

第 683 题

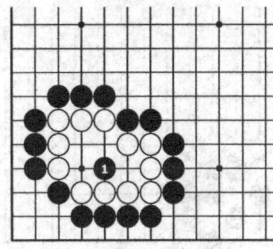

第 684 题

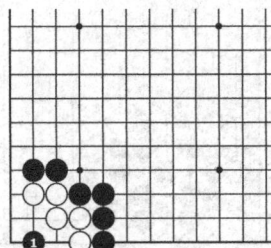

第 685 题

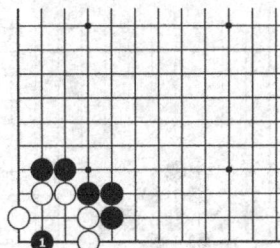

第 686 题

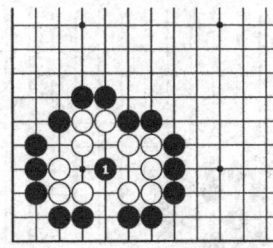

第 687 题

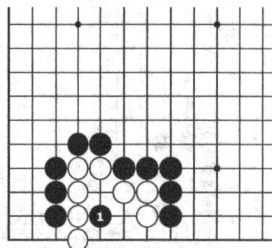

第 688 题

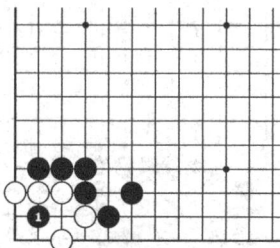

第 689 题

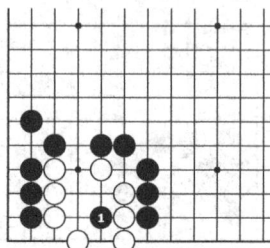

第 690 题

梅花五、葡萄六补一手

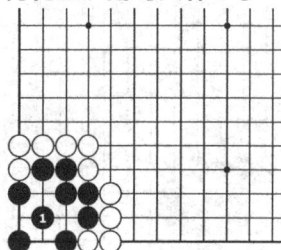

第 691 题

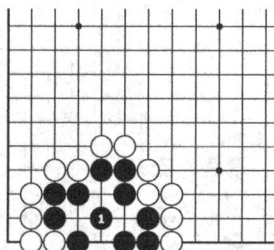

第 692 题

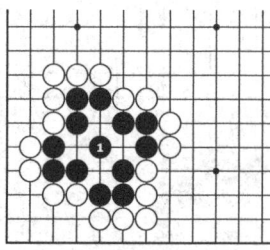

第 693 题

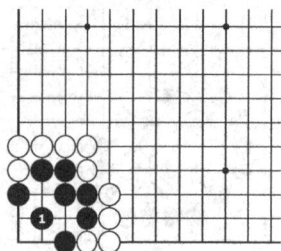

第 694 题

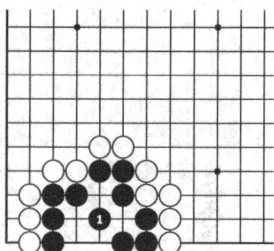

第 695 题

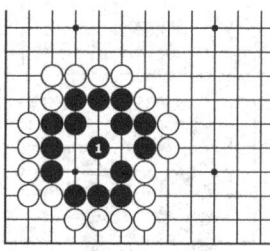

第 696 题

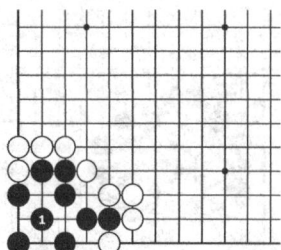

第 697 题

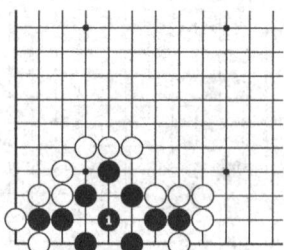

第 698 题

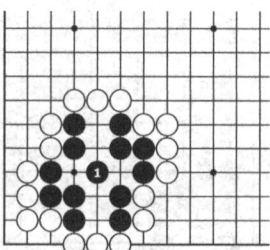

第 699 题

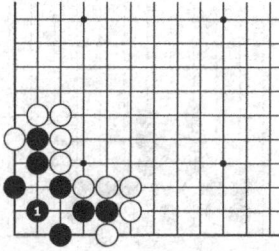

第 700 题

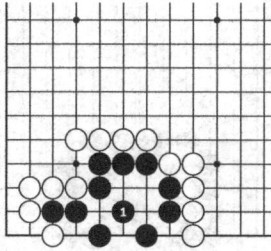

第 701 题

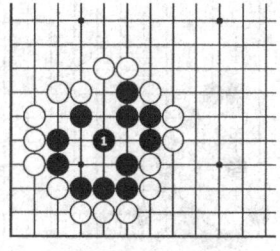

第 702 题

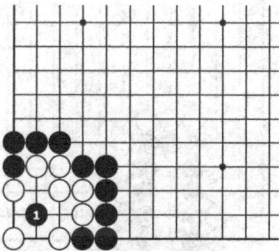

第 703 题

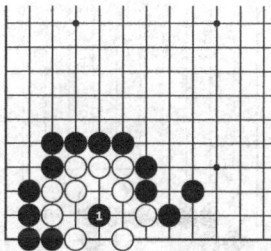

第 704 题

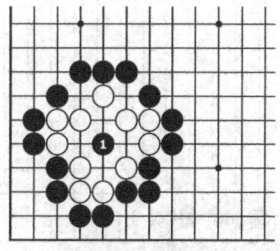

第 705 题

第 706 题

第 707 题

第 708 题

第 709 题

第 710 题

第 711 题

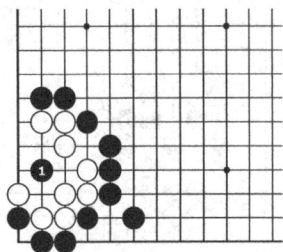

第 712 题

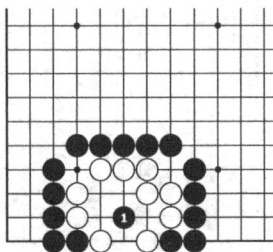

第 713 题

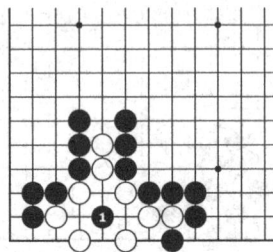

第 714 题

直四、弯四两只眼

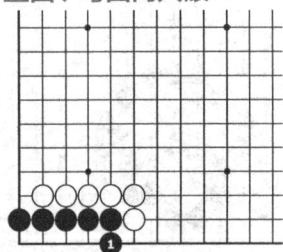

第 715 题

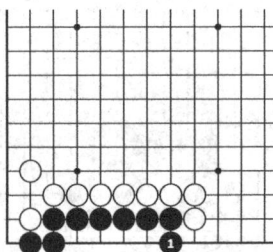

第 716 题

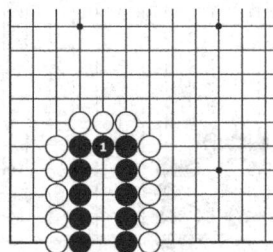

第 717 题

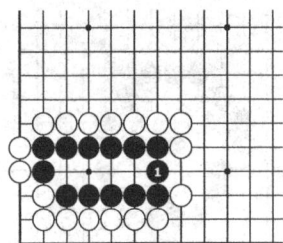

第 718 题

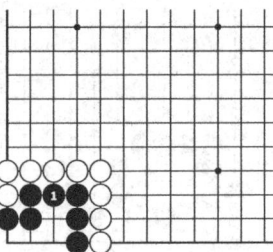

第 719 题

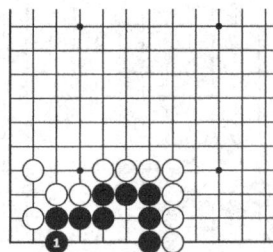

第 720 题

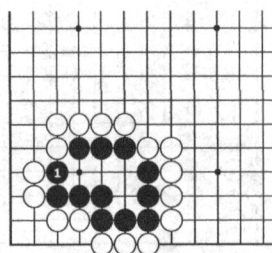

第 721 题

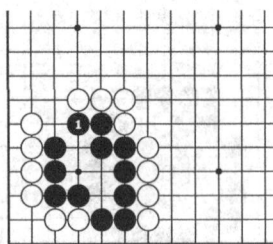

第 722 题

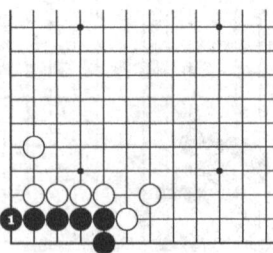

第 723 题

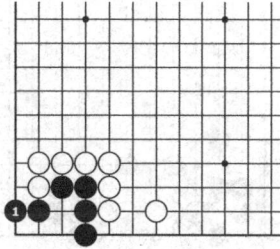

第 724 题

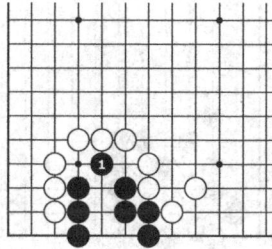

第 725 题

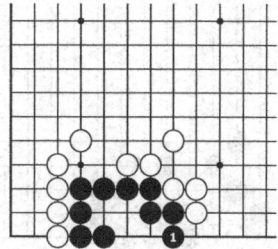

第 726 题

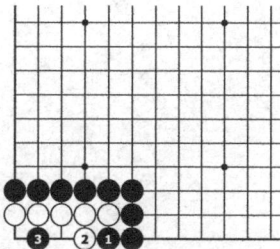

第 727 题

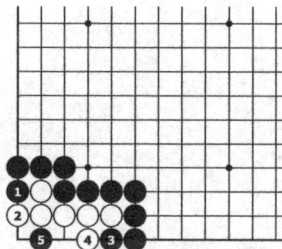

第 728 题

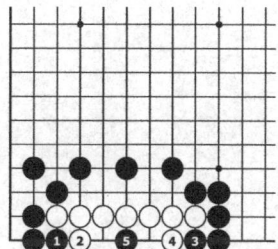

第 729 题

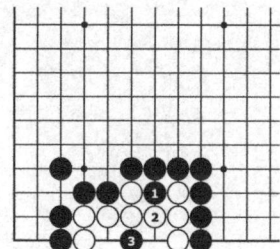

第 730 题

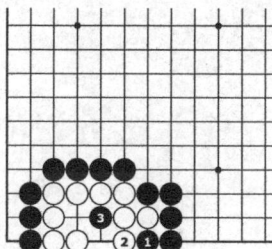

第 731 题

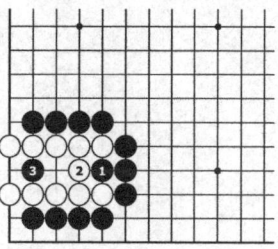

第 732 题

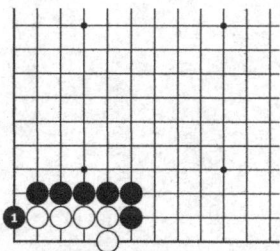

注：黑1扳，白已被杀。

第 733 题

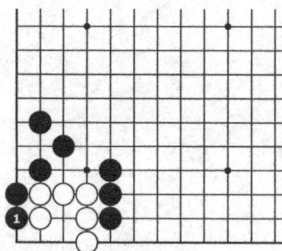

注：黑1长，白已被杀

第 734 题

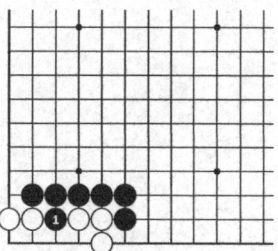

注：黑1冲，白已被杀

第 735 题

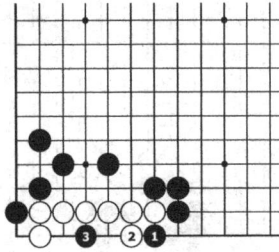

第 736 题

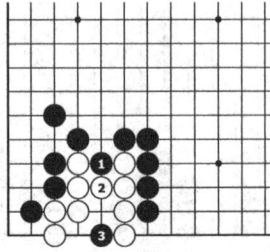

第 737 题

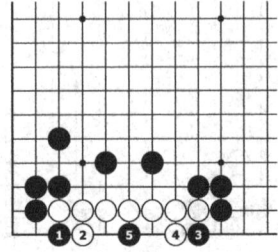

第 738 题